Poder Judiciário e Serviço Social

www.editorasaraiva.com.br

Poder Judiciário e Serviço Social

Vânia Morales Sierra
Doutora e mestra em Sociologia pelo Instituto Universitário
de Pesquisa do Estado do Rio de Janeiro (IUPERJ)

Josélia Ferreira Reis
Doutoranda e mestra em Política Social e especialista em Questões
de Gênero e Saúde pela Universidade Federal Fluminense (UFF)

Renato Veloso
Coordenador da Coleção Serviço Social e professor adjunto
da Universidade Estadual do Rio de Janeiro (UERJ)

ISBN 978-85-472-3209-2

DADOS INTERNACIONAIS DE CATALOGAÇÃO NA PUBLICAÇÃO (CIP)
ALINE GRAZIELE BENITEZ CRB-1/3129

S573p Sierra, Vânia Morales
1.ed.   Poder judiciário e serviço social / Vânia Morales Sierra, Josélia Ferreira dos Reis. – 1.ed. – São Paulo: Saraiva Educação, 2018. (Série Gestão Estratégica de saúde)

Inclui bibliografia.
ISBN: 978-85-472-3209-2

1. Direito – poder judiciário. 2. Serviço social. 4. Direitos humanos. I. Reis, Josélia Ferreira dos. II. Título. III. Série.

CDD 340
CDU 347.9

Índices para catálogo sistemático:
1. Direito: poder judiciário
2. Serviço social: direitos humanos

Copyright © Vânia Morales Sierra e Josélia Ferreira dos Reis
2018 Saraiva Educação
Todos os direitos reservados.

SOMOS EDUCAÇÃO | **saraiva** uni

Av. das Nações Unidas, 7221, 1º Andar, Setor B
Pinheiros – São Paulo – SP – CEP: 05425-902

SAC 0800-0117875
De 2ª a 6ª, das 8h às 18h
www.editorasaraiva.com.br/contato

Vice-presidente	Claudio Lensing
Diretora editorial	Flávia Alves Bravin
Gestão editorial	Rita de Cássia S. Puoço
Aquisições	Fernando Alves
	Julia D'Allevo
Editores	Ana Laura Valerio
	Neto Bach
	Thiago Fraga
Produtoras editoriais	Alline Garcia Bullara
	Amanda M. Loyola
	Daniela Nogueira Secondo
Suporte editorial	Juliana Bojczuk Fermino
Preparação	Regiane Stefanelli
Revisão	Beatriz Simões
Arte miolo	2 Estúdio Gráfico
Diagramação	Caio Cardoso
Capa	Guilherme P. Pinto
Impressão e acabamento	Gráfica Paym

1ª edição

Nenhuma parte desta publicação poderá ser reproduzida por qualquer meio ou forma sem a prévia autorização da Saraiva Educação. A violação dos direitos autorais é crime estabelecido na lei nº 9.610/98 e punido pelo artigo 184 do Código Penal.

EDITAR 16360   CL 651152   CAE 625914

"... a Justiça continuou e continua a morrer todos os dias. Agora mesmo, neste instante em que vos falo, longe ou aqui ao lado, à porta da nossa casa, alguém a está matando. De cada vez que morre, é como se afinal nunca tivesse existido para aqueles que nela tinham confiado, para aqueles que dela esperavam o que da Justiça todos temos o direito de esperar: justiça, simplesmente justiça. Não a que se envolve em túnicas de teatro e nos confunde com flores de vã retórica judicialista, não a que permitiu que lhe vendassem os olhos e viciassem os pesos da balança, não a da espada que sempre corta mais para um lado que para o outro, mas uma justiça pedestre, uma justiça companheira quotidiana dos homens, uma justiça para quem o justo seria o mais exato e rigoroso sinônimo do ético, uma justiça que chegasse a ser tão indispensável à felicidade do espírito como indispensável à vida é o alimento do corpo. Uma justiça exercida pelos tribunais, sem dúvida, sempre que a isso os determinasse a lei, mas também, e sobretudo, uma justiça que fosse a emanação espontânea da própria sociedade em ação, uma justiça em que se manifestasse, como um iniludível imperativo moral, o respeito pelo direito a ser que a cada ser humano assiste."

José Saramago

Agradecimentos

Este trabalho não teria sido feito se não fossem as contribuições recebidas. Destacamos nossos agradecimentos a toda a equipe do Serviço de Apoio aos Assistentes Sociais (SEASO) do Tribunal de Justiça do Estado do Rio de Janeiro (TJRJ) e às assistentes sociais empenhadas na luta pela defesa das garantias constitucionais, bem como à Justiça Federal de Primeiro Grau no Rio de Janeiro que permitiu a pesquisa de mestrado cujas análises integram o corpo deste livro.

Cabe reconhecer a importância da participação dos alunos nesse processo. Agradecemos à Michelle Baptista Santos Oliveira, Leila Aparecida, Dayanna Henrique Gomes, Tatiane Barbosa da Silva, Vanessa Antonietta, John e Luciane. Ao Ramiro Carlos Rocha Rebouças, agradecemos pelas reflexões sobre o Poder Judiciário, bem como os esclarecimentos de diversas dúvidas.

Um agradecimento especial aos profissionais do Poder Judiciário Federal envolvidos em todo esse processo, às equipes de Serviço Social da Justiça Federal do Rio de Janeiro, nas áreas da Saúde, Central de Penas e Medidas Alternativas e à Equipe de Serviço Social dos Juizados Especiais Federais de São Paulo, que nos receberam ainda em 2005, quando a pesquisa era um sonho distante, e nos forneceram dados preciosos para a elaboração da futura dissertação de mestrado e orientação para implantação de um novo serviço no Rio de Janeiro. Aos colegas da Subsecretaria de Atividades Judiciárias, em especial a João Paulo de Souza Santos e Luiz Henrique de Andrade Costa, que nos apoiaram na empreitada.

Agradecemos também aos nossos familiares e amigos pelo incentivo e compreensão diante da atenção por vezes negligenciada pela necessidade de compatibilizar todas as atividades que nos são exigidas.

Não podemos deixar de reconhecer a contribuição no trabalho de revisão de Bárbara Ferreira dos Reis, cujo esforço e cuja dedicação se sobressaem diante da necessidade de ter que entregar todo o material em tão pouco tempo.

Agradecemos ao Renato dos Santos Veloso pelo empenho nas publicações da área do Serviço Social e à Editora Saraiva por propiciar a divulgação de nossa contribuição para a reflexão sobre o direito e o Poder Judiciário na categoria profissional.

Por fim, um destaque para a fé, essa força sobrenatural que nos mantém firmes e dispostas a enfrentar as lutas na vida. Assumir que o "essencial é invisível aos olhos" significa valorizar o que é bom, mas que não se pode segurar. Não se pode segurar pois são todas as coisas que ficam e deixam saudades, porque são eternas; não se constituem na propriedade de alguém, ainda que todos possuam. Como uma ponte ao infinito, a fé ultrapassa o ser, expande a alma. Revela aos obscuros caminhos da terra que, em algum lugar, brilha um arco-íris no céu.

Sobre as autoras

Vânia Morales Sierra

É doutora e mestra em Sociologia pelo Instituto Universitário de Pesquisa do Estado do Rio de Janeiro (IUPERJ). Atualmente integra o corpo de docente permanente do curso de Pós-Graduação em Serviço Social da Faculdade de Serviço Social da Universidade do Estado do Rio de Janeiro (FSS/UERJ) e participa como docente colaboradora do curso de Pós-Graduação em Sociologia Política da Universidade Estadual do Norte Fluminense Darcy Ribeiro (UENF). É professora adjunta da UERJ. Tem experiência na área de Sociologia, atuando principalmente nos seguintes temas: política social, gestão pública, judicialização, direitos humanos, da criança e do adolescente.

Josélia Ferreira Reis

É doutoranda e mestra em Política Social pela Universidade Federal Fluminense (UFF) e especialista em Questões de Gênero e Saúde também pela UFF. Atualmente é pesquisa-dora do Núcleo de Pesquisas sobre Proteção Social, Gênero, Famílias e Gerações e do Núcleo de Direitos Humanos e Cidadania, ambos da Universidade Federal Fluminense, e analista judiciário/serviço social da Justiça Federal de Primeiro Grau no Rio de Janeiro. Integrou a diretoria do Conselho Regional de Serviço Social do Rio de Janeiro (CRESS-RJ) no período de 2011 a 2013.

Prefácio

Ao longo das últimas oito décadas o Serviço Social vem se consolidando como profissão em nosso país. Constituída por um conjunto de competências e atribuições, previstas nos art. 4º e 5º da lei n. 8662/93, esta profissão é marcada por rica trajetória, iniciada na sua fase "tradicional", passando por uma etapa de "renovação", até chegar a um período de "maturidade teórica", no âmbito do que, a partir da segunda metade da década de 1990, vem sendo denominado pela categoria profissional como "projeto ético-político profissional".

Esta maturidade profissional evidenciou o crescente potencial do Serviço Social para a análise de diversos fenômenos de ordem política, econômica e social, demonstrando a importante contribuição que essa profissão tem a oferecer aos processos de reflexão teórica e de construção de alternativas de intervenção junto às expressões da "questão social", matéria-prima fundamental para o trabalho profissional.

É inegável que o desenvolvimento desta maturidade está fortemente conectado à interlocução que o Serviço Social estabelece com a tradição marxista, iniciada em meados da década de 1960, no âmbito do Movimento de Reconceituação, e aprofundada, a partir de 1980, no interior do debate profissional brasileiro. A tradição marxista trouxe para o Serviço Social uma contribuição que possibilitou estabelecer certa perspectiva nitidamente crítica do processo social, marcada pela análise radical dos fundamentos do movimento da realidade social, para entendê-la e transformá-la. Este amadurecimento intelectual possibilitou à profissão inserção qualificada e crítica no debate das ciências sociais, abandonando a condição de subalternidade intelectual característica de sua fase tradicional.

Ao longo dessas décadas, temos aprofundado nossas habilidades e competências, investindo nas dimensões constitutivas do exercício profissional. O enfrentamento de armadilhas profissionais, tais como o fatalismo, o messianismo, o tecnicismo, o teoricismo e o politicismo, dentre outros, tem sido possível devido ao aprofundamento da análise histórica do processo de produção e reprodução social e ao investimento em qualificação nas dimensões teórico-metodológica, ético-política e técnico-instrumental. As novas demandas e requisições que nos são cotidianamente apresentadas são mais bem respondidas à medida que aprofundamos as pesquisas sobre as expressões da "questão social" e ampliamos nosso arcabouço teórico-metodológico.

O Serviço Social tem se consolidado como profissão de caráter interventivo, com atuação reconhecida e legitimada em diversas áreas, dentre as quais se encontra o campo sociojurídico. A atuação profissional neste campo é antiga, embora a sua constituição como área de estudos e pesquisa, de forma mais intensa e sistemática, seja relativamente recente, datando, aproximadamente, da primeira metade dos anos 2000.

Várias são as produções que se dedicam aos desafios do exercício profissional no sociojurídico. O debate já acumulado demonstra que os avanços obtidos pela profissão, nessas últimas décadas, têm permeado o debate específico da área, com destaque (mas não exclusividade) para os esforços de construção de alternativas técnicas e operativas (sem desprezo das dimensões teórico-metodológica e ético-política) que permitam a produção de respostas profissionais competentes e qualificadas.

Este livro, *Poder Judiciário e Serviço Social*, de Vânia Morales Sierra e Josélia Ferreira dos Reis, acrescenta ao debate uma importante contribuição, abordando a intervenção do Serviço Social em um contexto de judicialização das demandas sociais pela garantia de direitos. Tratando de temas como a formação, a centralidade do Poder Judiciário na política e seu impacto na cidadania e no reconhecimento de direitos, as autoras, fundamentadas na perspectiva marxista, analisam as contradições sociais expressas na correspondência entre a infra e a superestrutura, que implicam em obstáculos no acesso aos Sistemas de Justiça e na insuficiência de acolhimento das demandas sociais pelas políticas sociais. De forma didática e acessível, com base em rica experiência docente e profissional, demonstram a ampliação das atribuições do Serviço Social no Poder Judiciário, destacando a sua atuação na garantia dos direitos fundamentais, na proteção da individualidade. Merecem destaque a perspectiva de defesa dos direitos humanos, a preocupação com a ética profissional e a ênfase no debate sobre instrumentalidade e documentação profissional.

Assistentes sociais têm enfrentado, ao longo dos anos, importantes desafios. Respostas profissionais criativas, críticas e competentes têm sido elaboradas e implementadas pelos diversos segmentos que integram nossa categoria profissional. A presente obra acrescenta a esse esforço empreendido pela categoria um sólido e consistente contributo, tratando-se, dessa forma, de leitura fundamental para estudantes e profissionais da área.

Renato Veloso
Assistente social e professor da Faculdade de Serviço Social
da Universidade Estadual do Rio de Janeiro (UERJ)

Sumário

Capítulo 1
Estado, direito e lei: aspectos conceituais 1
1.1 O Estado capitalista e o direito: breves considerações acerca da crítica marxista 5
1.2 O direito como aparelho de hegemonia 10
1.3 O direito no processo de alienação: a correspondência entre a forma da mercadoria
 e a forma "sujeito de direito" 12
1.4 O Estado e o direito: a manutenção da coesão social e a institucionalização
 do sujeito de direito 15
1.5 O direito no regime de acumulação flexível 17

Capítulo 2
Poder Judiciário, direito e questão social no Brasil 23
2.1 Concepções do Poder Judiciário no Estado Moderno 24
2.2 Poder Judiciário, cultura política e desigualdade de classe no Brasil 27
2.3 A formação do Poder Judiciário no Brasil: marcos históricos e legais 31

Capítulo 3
Legislação social no Brasil: dilemas da relação entre política social e cidadania 43
3.1 Política social e cidadania: breves considerações acerca da construção da proteção social no Brasil ... 44
3.2 Origem e desenvolvimento da legislação social – período de 1917 a 1987 47
3.3 Redemocratização, direitos sociais e a reação conservadora – período entre 1985 e 2015 49
3.4 Dilemas da proteção social: as controvérsias da relação entre assistência social,
 cidadania e trabalho 54
3.5 BPC: um direito constitucional de seguridade social 60
    3.5.1 Requisitos para habilitação ao BPC 63
    3.5.2 Competências institucionais e procedimentos no acesso ao BPC 64
    3.5.3 Breves considerações sobre o BPC 65

Capítulo 4
Justiça constitucional no Estado Democrático de Direito: o Poder Judiciário na efetivação dos direitos fundamentais no Brasil ... 67
4.1 Justiça constitucional em tempo de capital fetiche ... 67
4.2 O Poder Judiciário e o Sistema de Justiça ... 79
    4.2.1 Poder Judiciário ... 79
    4.2.2 Ministério Público ... 80
    4.2.3 Defensoria Pública ... 80
    4.2.4 Advocacia ... 82
4.3 Os mecanismos jurídicos para a defesa dos direitos individuais, difusos e coletivos ... 83

Capítulo 5
O acesso à justiça e a judicialização das demandas sociais ... 87
5.1 Direitos sociais e cidadania: implicações do acesso à justiça para a questão das desigualdades sociais ... 88
5.2 O acesso à justiça no Brasil ... 94
5.3 As barreiras de acesso aos direitos na justiça ... 97
    5.3.1 A hipossuficiência em questão ... 99
    5.3.2 As dificuldades de acesso à Defensoria Pública ... 100
    5.3.3 Obstáculos das regras e procedimentos judiciais: breves considerações acerca do acesso aos bens essenciais à vida ... 101
    5.3.4 A doutrina da reserva do possível na jurisprudência da justiça ... 103

Capítulo 6
Direitos Humanos e Serviço Social: fundamentos éticos da profissão ... 107
6.1 Direitos Humanos, Serviço Social e democracia ... 108
6.2 Serviço Social, Direitos Humanos e movimentos sociais ... 113
6.3 O projeto ético-político do Serviço Social como via para a defesa dos Direitos Humanos ... 118

Capítulo 7
O Serviço Social e o Poder Judiciário ... 127
7.1 Serviço Social, direitos e o Poder Judiciário: a origem da profissão no Brasil ... 128
7.2 A estrutura do Poder Judiciário no Brasil ... 133
7.3 O Serviço Social na Justiça Federal ... 136

Capítulo 8

Instrumentos técnico-operativos do Serviço Social na justiça 145
8.1 Uma trajetória crítica sobre a técnica instrumental 148
8.2 Informações sobre o público-alvo da intervenção profissional 150
8.3 Instrumentos mais utilizados 151
    8.3.1 Projeto de intervenção 151
    8.3.2 Atendimento direto ou plantão social 153
    8.3.3 Entrevista 154
    8.3.4 Livros de registro de ocorrência, livros de plantão e livros de atas 155
    8.3.5 Encaminhamentos 155
    8.3.6 Relatórios 156
8.4 Cuidados éticos em pesquisa 163

Considerações finais 165

Referências 169

Introdução

Saber se o Poder Judiciário pode tornar mais democrática a sociedade brasileira tem sido uma questão central. Desde a década de 1990, a proeminência do Poder Judiciário na dinâmica do processo democrático suscita questionamentos sobre a formação profissional e o processo de seleção na carreira da magistratura, a cultura institucional, o acesso à justiça, a relação entre os Poderes do Estado, enfim, temáticas que vêm sendo estudadas por pesquisadores das ciências humanas, como Luiz Werneck Vianna, Maria Teresa Sadeck, Andrey Koerner etc.

A judicialização da política e das relações sociais tornou-se conhecida pela maior parte da sociedade brasileira, gerando polêmicas diversas entre gestores das políticas públicas, profissionais do direito, intelectuais e movimentos sociais, que também têm ajuizado ações visando à garantia de direitos.

Foi notória sua atuação no processo de destituição de Dilma Roussef da presidência do país, em 2016. O protagonismo do juiz Sérgio Moro não deixa dúvidas de que o Poder Judiciário se destaca como *player* político – uma questão que será ainda bastante debatida, principalmente após o ministro do Supremo Tribunal Federal (STF), Ricardo Lewandowski, ter declarado numa aula da Faculdade de Direito em São Paulo que o *impeachment* foi um tropeço na democracia.[1]

Desde a década de 1990 que novos arranjos políticos têm sido formados na política envolvendo o Poder Judiciário. Com isso, abordagens sobre a posição desse Poder na democracia passam a ser feitas, abrangendo desde a política partidária, a formulação e a gestão de políticas sociais e envolvendo inclusive os espaços das microinterações, como os relacionamentos na família, nas escolas, nos hospitais, e assim por diante. As mudanças que produzem o aumento do Poder Judiciário e o fenômeno da judicialização da política e das relações sociais seguem um movimento contraditório que envolve simultaneamente a positivação progressiva de novos direitos e a destituição dos direitos trabalhistas; a inserção das demandas de grupos subalternizados e o aumento do controle

---

[1] Matéria publicada no Jornal *O Estado de S. Paulo*, por Julia Lindner, no dia 28 de setembro de 2016. Disponível em: <http://politica.estadao.com.br/noticias/geral,lewandowski-diz-que-impeachment-de-dilma-foi-um-tropeco-na-democracia,10000078768>. Acesso em: 10 nov. 2017.

social e da punição. Identificar como os paradoxos são processados no interior do Estado nos dias atuais requer considerar os movimentos do capital, posto que os períodos de expansão e de retração têm por exigencia a implementação de ajustes institucionais que tendem a manter o sistema em equilíbrio. Diante de um contexto de crise do capitalismo, assegurar os direitos constitucionais torna-se um desafio, daí as dificuldades lançadas ao Poder Judiciário, que tem como atribuição a defesa da Constituição Federal e da democracia, com base num sentido de justiça que finca suas raízes nos direitos fundamentais.

O enfoque neste trabalho se concentra sobre as mudanças que têm sido geradas na política com a ingerência desse Poder, principalmente nas políticas sociais. Considerando que o contexto político neoliberal avança contra a efetivação dos direitos sociais, trazer uma reflexão sobre o Poder Judiciário, com ênfase em sua atuação como defensor desses direitos, requer conhecer sua trajetória, compreendendo o significado de sua relação com o Poder Executivo, ao longo do processo de sua constituição enquanto poder político.

O Estado Democrático de Direito no Brasil surgiu com a Constituição Federal de 1988, restaurando a democracia com uma proposta de equidade social, trazida pela concepção de dignidade da pessoa humana, base da promoção e expansão dos direitos sociais. Na década de 1990, as medidas de cunho neoliberal foram tomadas, lançando ao infinito as possibilidades de efetivação da Constituição Federal, no sentido da realização de uma sociedade justa e solidária. Por conseguinte, os riscos para a democracia tornaram-se mais expressivos em vista do aumento da exclusão previdenciária, provocada pelo desemprego estrutural, o aumento da informalidade e da precarização dos contratos de trabalho.

Desta forma, questiona-se a possibilidade do Poder Judiciário garantir os direitos da classe trabalhadora por meio da regulação da relação salarial. A seguridade social tem se tornado alvo de críticas e mudanças, sendo as dificuldades para seu acesso um dos motivos da demanda no Poder Judiciário. Nesse contexto, indagar sobre a disputa pelo direito é fundamental, pelo menos enquanto se mantém a referência da vigência de um Estado Democrático de Direito no Brasil.

Este livro deriva de uma pesquisa sobre judicialização da política e da questão social, desenvolvida pela autora Vânia Morales Sierra, junto ao Serviço Social do Tribunal de Justiça do Estado do Rio de Janeiro, com o financiamento do Conselho Nacional de Desenvolvimento Científico e Tecnológico (CNPq), entre os anos de 2012 e 2015. No desenvolvimento da pesquisa, foram identificadas no Serviço Social dificuldades em compreender o que é o direito e qual a importância do Poder Judiciário na defesa da cidadania.

Uma segunda pesquisa, realizada por Josélia Ferreira dos Reis para sua dissertação de mestrado entre 2008 e 2010, também integra as reflexões aqui apresentadas. Ao analisar a judicialização do acesso ao benefício de prestação continuada, a autora apresenta a atuação da Justiça Federal na apreciação e reconhecimento de direitos dos sujeitos sociais frente à política de Assistência Social, bem como apresenta um espaço pouco conhecido de atuação do assistente social: o Poder Judiciário Federal. A reflexão sobre a judicialização da política é ainda recente nos debates e se constitui num desafio urgente.

O Serviço Social, nesse contexto, se depara com um fenômeno que requer análise, principalmente porque se trata de um processo que o envolve diretamente. A multiplicação de estatutos e normas legais referentes à proteção social requer o conhecimento do Estado, não como sinônimo do Poder Executivo, como muitas vezes é empregado, mas compreendido a partir da dinâmica da relação entre os três poderes. As decisões do Poder Judiciário têm se sobressaído nos casos que envolvem os direitos das mulheres, idosos, crianças e adolescentes, pessoas com deficiência e homossexuais, com implicações para a sociedade brasileira de um modo geral. Por sua vez, tem se ampliado as atribuições do Serviço Social em seu interior e, nesse processo, a quantidade de assistentes sociais contratados para trabalhar no sociojurídico também tem aumentado.

Por se tratar de uma profissão em que a defesa dos direitos da classe trabalhadora está definida no Código de Ética e no seu projeto ético-político, o debate sobre o Poder Judiciário e o aumento das demandas judiciais por direitos sociais não pode ser tratado de forma lateral. O debate sobre o Poder Judiciário interessa ao Serviço Social pelas mudanças que fizeram com que ele se tornasse uma referência para a garantia dos direitos de cidadania, em especial da classe trabalhadora. Nesse sentido, importa conhecer as implicações que essas mudanças trazem ao exercício profissional.

O livro tem uma preocupação didática na forma de sua organização. O primeiro capítulo desenvolve, numa perspectiva marxista, um debate sobre as definições de Estado e Direito, no intuito de desmistificar a identificação entre direito e legalidade e a confusão tão comum entre Estado, Direito e Lei. Não se pretende aqui debater meramente o distanciamento entre a norma abstrata e o real concreto, mas, sobretudo, direcionar a análise para a constituição das formas que definem o direito. Nesse sentido, o enfoque se concentrará na articulação entre a economia e a política, com destaque às transformações na estrutura jurídica.

No capítulo seguinte, a ênfase será na relação entre a questão social no Brasil e o Poder Judiciário. A construção dessa relação está baseada no período que se inicia com a República, quando a questão social era considerada "caso de polícia", chegando até as suas novas configurações. O objetivo é mostrar a insuficiência do Poder Judiciário enquanto autoridade imparcial e exclusiva da aplicação da punição. A subordinação do Poder Judiciário ao Poder Executivo é uma das questões apresentadas, em vista de sua ocorrência ter sido registrada durante vários períodos da formação histórica brasileira. Considera-se que a trajetória política do Poder Judiciário é atravessada por um jogo político de força e de submissão, que faz com que a legalidade seja garantida mesmo contra a democracia. Ao desempenhar a função de aplicar o direito num país demasiadamente injusto e desigual, esse Poder acaba tendo que enfrentar outro grande desafio: impor a legalidade contra as elites que sempre resistiram a tal submissão. Em vários momentos, tanto na democracia como na ditadura, o Poder Judiciário enfrentou inúmeras dificuldades para punir com imparcialidade as elites brasileiras.

No terceiro e quarto capítulos, será desenvolvido o tema da constitucionalização dos direitos, considerando as limitações impostas pelas determinações do capital. A análise se concentra sobre a judicialização da política e destaca brevemente algumas definições de elementos do sistema de justiça brasileiro. Apresenta ainda os mecanismos jurídicos para a defesa dos direitos individuais, difusos e coletivos.

A temática da judicialização da política e da questão social é relevante ao Serviço Social por se tratar de uma questão intrinsecamente relacionada às mudanças no direito e muito presente no cotidiano dos assistentes sociais, não apenas pela proliferação de direitos para segmentos que até então não haviam sido reconhecidos (mulheres, pessoas com deficiência, idosos etc.), mas, principalmente, pela resistência do Estado em efetivar os direitos definidos por lei.

Posteriormente, no quarto e quinto capítulos, a questão do acesso aos sistemas de justiça é analisada, considerando o papel das políticas sociais e sua insuficiência no acolhimento das demandas sociais. O destaque será para as disputas entre diferentes projetos políticos que impactam sobre a formulação das políticas sociais – uma das causas para a insuficiência do acolhimento de demandas sociais.

Nos três últimos capítulos, a abordagem se volta para a intervenção do serviço social em um contexto de judicialização das demandas sociais pela garantia de direitos junto ao Poder Judiciário. A atuação do assistente social na garantia dos direitos fundamentais e da proteção da individualidade será tratada em consideração à defesa dos direitos humanos, com destaque para a nova legislação social.

A revisão da literatura foi realizada, retomando o histórico da profissão, sua relação com o Poder Judiciário e as instituições do campo sociojurídico. Apresentou-se uma breve abordagem sobre os requisitos do assistente social como perito nos processos judiciais e as questões éticas que atravessam a atividade. Foi feita uma articulação com a discussão sobre a ética profissional e os desafios postos na atuação do assistente social.

Também realizou-se uma discussão instrumental sobre os documentos do Serviço Social, principalmente os mais requisitados durante a intervenção e o estudo social, articulando a fundamentação teórica do fazer profissional com as possibilidades e limites dos instrumentos técnicos utilizados pelo assistente social. Discutiu-se algumas propostas metodológicas de abordagem e intervenção, considerando instrumentos como a entrevista social e a elaboração de documentos específicos (laudos, questionários e instrumentos de pesquisa, relatórios, pareceres, projetos de intervenção etc.).

Foram apresentados também a história profissional com relação ao instrumental técnico, seu reconhecimento como elemento a serviço da burocracia e do conservadorismo, sua rejeição durante a reconceituação e seu resgate, com base crítica, na perspectiva de alinhamento aos interesses da população usuária dentro dos limites do projeto ético-político.

Capítulo 1

Estado, direito e lei: aspectos conceituais

Introdução

O Direito é a base para a construção do Estado Moderno, o alicerce de sua organização. Todavia, não se confunde com ele e nem se restringe a legalidade. Não se define apenas como um sistema de leis, podendo ser inclusive a negação da lei, uma vez que não supera as contradições da sociedade. Segundo Lyra Filho,[1] o direito é resultado de um processo histórico e dialético e, por isso, não deve ser concebido como um sistema fechado de normas fixas, pois a realidade é movimento e transformação, contendo, ao mesmo tempo, o direito e a sua negação – o antidireito. Nessa perspectiva, a redução do direito "à pura legalidade já representa a dominação ilegítima, por força desta mesma suposta identidade".[2,3]

Sendo assim, o Direito não é apenas uma referência necessária para solucionar conflitos entre as partes, servindo de base a um terceiro imparcial designado para a realização de um julgamento. O direito serve, primeiramente, para definir as formas de distribuição do poder político, legitimando certo tipo de dominação. Ou seja, o direito autoriza o exercício do poder político por parte do Estado, conferindo-lhe o monopólio da violência. Uma violência empregada contra todos que pretenderem subverter a ordem criada na legalidade.

---
[1] LYRA FILHO, R. *O que é o direito*. 11. ed. São Paulo: Brasiliense, 1982.
[2] LYRA FILHO, 1982, p. 6.
[3] Direito não é o mesmo que legalidade, pois a ultrapassa, não se resumindo ao conjunto de leis organizadas pelo poder do Estado. Conforme afirmou Ihering, a vida do direito é a luta, pois não é mera teoria, mas uma força de vida (IHERING, R. von. *A luta pelo direito*. São Paulo: Forense, 2006, p. 1).

A universalidade e a generalidade do Direito são por vezes entendidas como seus fundamentos éticos. Porém, são fundamentos de uma ética que paira acima das circunstâncias e das necessidades sociais, respaldada no princípio da universalidade abstrata. Sendo, portanto, a-histórica e descontextualizada, encobre as injustiças de classe ao reunir os sujeitos como se fossem iguais sem que, de fato, sejam. Aliás, uma ética que não é extraída da experiência de submissão do interesse individual ao interesse da coletividade, como era na antiga *pólis* grega, mas que é identificada com a necessidade de submissão à lei e às normas. Logo, não avalia o conteúdo da lei, mas identifica o justo com o legal, admitindo como "correta" toda ação em conformidade com a lei positiva. Essa ética é a mesma que torna legítima as desigualdades sociais e ainda legaliza a exploração. O Direito Positivo não existe porque todos são iguais, mas por haver desigualdade, ele se torna necessário.

Certamente há uma relação intrínseca entre o Estado e o Direito, mas eles não podem ser confundidos, pois o direito realiza a mediação entre a sociedade e o Estado, contribuindo na organização econômica, cultural, política e social, que tanto o influenciam e o modificam como podem ser moldados por ele. Logo, o Direito não se reduz à função de controle, pois também contribui na construção do consenso social, sendo imprescindível à hegemonia da classe dominante. Ainda que seja um Direito classista, desprezá-lo por completo não seria razoável, visto que na disputa pela hegemonia também pode atender aos interesses da classe trabalhadora.

De certo modo, o Direito é importante porque não somente institui o poder político, como também o delimita. Para Thompson,[4] o domínio da lei é um bem humano incondicional, pois também serve para disciplinar a classe dominante e conter o arbítrio do poder do Estado e de outros indivíduos contra determinado sujeito. Mesmo sendo fundado na cisão entre as classes, o direito é o que pode impor limites,[5] oferecendo ao mesmo tempo alguma proteção aos destituídos de poder.

A pretensão de limitar o alcance do Direito em benefício da classe trabalhadora surge no projeto iluminista, que separa do direito a política e a moral. Na Teoria Pura do Direito,[6] Kelsen sustenta essa separação a partir da concepção do direito como um "sistema de normas". Nessa perspectiva, o Direito e o Estado surgem simultaneamente, descartando todo o processo histórico que culminou na sua formação. Esse sistema de normas, na forma como foi concebido, encobre o fato de que fora criado para regular os conflitos numa sociedade dividida em classes sociais antagônicas.

Kelsen,[7] ao conceber o sistema jurídico de forma isolada, tentou assegurar a "neutralidade" do direito, a fim de lhe atribuir cientificidade. O positivismo jurídico kelseniano, ao reconhecer o direito apenas como legislação do Estado, concebe a norma jurídica como uma técnica de organização social, cuja finalidade é a orientação da conduta. Daí a importância atribuída à sanção, o que torna a coação um elemento central do Direito.

---

[4] THOMPSON, E. P. *Senhores e caçadores*: a origem da lei negra. Rio de Janeiro: Paz e Terra, 1987. p. 387.
[5] Para Thompson, "a imposição de restrições efetivas ao poder e a defesa do cidadão frente às pretensões de total intromissão do poder" tornam a lei um bem humano incondicional (1987, p. 357).
[6] KELSEN, H. *Teoria pura do direito*. 6. ed. São Paulo: Martins Fontes, 1996.
[7] KELSEN, 1996.

Contrariando essa perspectiva, Lyra Filho[8] defende que o confinamento do Direito no Estado e sua redução à legislação estatal é uma ideologia do positivismo jurídico, pois o direito não é isento da luta de classes, pelo contrário, ele é o fundamento da ordem social, estabelecida sobre a desigualdade de classe. Na perspectiva marxista, que toma a realidade como totalidade dialética, a instituição da propriedade privada dos meios de produção é uma garantia legal, que encontra nos aparelhos repressivos do Estado as condições necessárias para sua proteção.

O Direito é, portanto, o fundamento da ordem liberal e não apenas o arcabouço para sua criação, porque também contribui para sua legitimidade. Nesse sentido, a ofensa à lei não significa meramente uma violação ao direito do outro, mas é, sobretudo, uma ofensa contra o Estado, de modo que as violações ao Direito são ao mesmo tempo violações contra a ordem liberal. Sendo assim, as ameaças ao Direito são também ameaças à ordem e à segurança, daí o Direito estar necessariamente relacionado ao emprego da força. Como afirmou Bobbio,[9] o Direito é um instrumento para a realização da ordem, pois a intenção do legislador é "organizar a sociedade mediante a força".[10]

Na perspectiva marxista, a relação entre o Direito e a justiça é compreendida a partir dos processos políticos de transformação e mudança. Sendo assim, o Direito não é elaborado por juristas a partir de uma metafísica da universalidade do dever, nem corresponde às diferentes aspirações sociais, por mais que possa ser ampliado inserindo as inúmeras reivindicações dos diferentes segmentos. O Direito é o resultado de tensões e disputas políticas travadas por sujeitos pertencentes a determinados grupos e/ou classes sociais desiguais. Tais disputas, de um modo geral, consistem em tentar fazer com que o Estado empregue a força no sentido da realização da justiça, entendida como combate contra as desigualdades, que podem ser de gênero, classe social, cor, etnia etc. Nesse sentido, a divergência entre direito e lei pode expressar tanto a pretensão de mudança como à resistência a ela.

De acordo com Thompson, o direito entendido como costume do povo pode até se chocar com a lei. Em determinados casos, o direito surge como resistência às novas leis que contrariam os costumes. Por outro lado, mesmo que a lei sirva à manipulação, legitimando a dominação de classe como uma ideologia, ela não se restringe a isso, sendo também "um foro autêntico por onde podem ser tratados os conflitos de classe".[11] Portanto, a origem da lei não deriva de nenhum poder ou órgão do Estado, pois sua raiz é o conflito. Conforme o pensamento de Thompson,

> a lei, considerada como instituição (os tribunais, com seu teatro e procedimentos classistas) ou pessoas (os juízes, os advogados, os juízes de paz), pode ser muito facilmente assimilada à lei da classe dominante. Mas nem tudo o que se está vinculado "à lei" subsume-se a essas instituições. A lei também pode ser vista como ideologia ou regras e sanções

---

[8] LYRA FILHO, 1982.
[9] BOBBIO, N. *Teoria do ordenamento jurídico*. 6. ed. Brasília: UNB, 1995.
[10] BOBBIO, 1995, p. 70.
[11] THOMPSON, 1987, p. 356.

> específicas que mantém uma relação ativa e definida (muitas vezes um campo de conflito) com as normas sociais; e, por fim, pode ser vista simplesmente *enquanto lei*. E não é possível conceber nenhuma sociedade complexa sem lei. [grifos do autor] [12]

Nesse sentido, importa frisar que nem tudo que é legal é justo, pois a justiça ultrapassa o Direito e não pode ser reduzida a ele. Além disso, o acesso à justiça não significa exclusivamente o acesso ao Poder Judiciário. Logo, ser íntegro nem sempre corresponde a viver conforme a legalidade, mesmo porque as normas podem servir à vida, mas não o contrário, uma vez que a vida sendo dinâmica e complexa tende a ultrapassá-las.

Os movimentos sociais clamam por justiça social muitas vezes se posicionando contra a legalidade, lutando na direção da sua mudança. Portanto, o que se realiza é um trabalho constante de construção e reconstrução da relação entre a política e o Direito.

De certo modo, as contradições do Direito, assim como as do Estado, prosseguem evidenciando conflitos, produzindo inúmeras possibilidades. Logo, o significado do Direito não pode ser restrito a um sistema de normas, visto que não está somente relacionado à política. Ele é, em si mesmo, a própria política.

Nesse sentido, as contribuições marxistas são importantes, visto que desenvolvem a crítica ao direito sem precisar reportar a nenhuma metafísica, eliminando, dessa forma, sua identificação enquanto conjunto de normas, tornando explícito o seu caráter de classe e desmistificando a presunção da igualdade entre os desiguais.[13]

Nos dias atuais, a ampliação do Direito frequentemente tem se constituído em uma crítica dos marxistas, que advertem contra a fragmentação e o conformismo da classe trabalhadora. A positivação das reivindicações dos movimentos sociais tem ocorrido em meio a um processo contraditório, marcado pela ampliação dos direitos de grupos como o das crianças, dos indígenas, dos negros, dos idosos, entre outros, que reclamam por proteção social no contexto de uma política econômica neoliberal orientada, sobretudo, no objetivo da destituição dos direitos trabalhistas. Para melhor compreensão desse processo, a próxima seção realizará uma breve revisão da crítica marxista ao Estado e ao Direito. Como esse debate comumente acontece sem considerar as diferenças de concepção dentro do marxismo, o pensamento de autores será abordado a fim de apresentar a complexidade da questão.

---

[12] THOMPSON, 1987, p. 351.
[13] Vale lembrar que Marx e Lênin cursaram a faculdade de direito, apesar de não terem seguido carreira nesse campo.

1.1 O Estado capitalista e o direito: breves considerações acerca da crítica marxista

Ao considerar a natureza classista do Estado, os marxistas enfatizaram a correspondência entre o Direito e a economia na sociedade capitalista. Marx concebia as relações jurídicas como formas de Estado, que não poderiam ser compreendidas a partir de si mesmas e nem do desenvolvimento geral do espírito humano por estarem enraizadas nas relações materiais de vida, ou seja, na sociedade civil.[14] Em sua crítica ao direito, sustenta que a estrutura econômica da sociedade é a base real sobre a qual se ergue a superestrutura jurídica e política, na qual correspondem determinadas formas de consciência social. Como as mudanças na economia produzem contradições na vida material, elas derivam formas jurídicas, políticas, religiosas, artísticas e filosóficas que se reproduzem como ideologias.[15] No Direito, a sua dimensão ideológica consiste em se colocar como expressão do interesse geral, ocultando a dominação de classe. Por entender o Estado como um instrumento para dominação da classe burguesa sobre a classe trabalhadora, Marx propunha como finalidade da revolução a eliminação do Direito.

Da revolução ao fim do Estado, o Direito desempenha papel relevante no seu pensamento, pois se torna uma condição para realização deste processo. Em *Crítica do programa de Gotha*, Marx atribui ao direito a finalidade de realizar a transição ao comunismo, a partir de uma modificação gradual em sua forma. Concebe a igualdade formal como uma abstração que possibilita equiparar condições desiguais de existência. O trabalhador objetivamente pensado como força de trabalho, ou seja, como mercadoria, é o que torna possível a realização dessa equiparação pelo direito.

Na concepção formal de justiça, as necessidades humanas não constituem o elemento central no Direito, mas são as condições estabelecidas no contrato de trabalho que servem de fundamento para a definição do que é legal. Uma das medidas capaz de evitar essa abstração, segundo Marx, seria relacionar o Direito às necessidades da classe trabalhadora, produzindo com isso um direito desigual.

> O direito só pode consistir, por natureza, na aplicação de uma medida igual; mas os indivíduos desiguais (e não seriam indivíduos diferentes se não fossem desiguais) só poderiam ser medidos por uma mesma medida sempre e quando sejam considerados sob um ponto de vista igual, sempre e quando sejam olhados apenas sob um aspecto *determinado*; por exemplo, no caso concreto, *só como operários*, e não se veja neles nenhuma outra coisa, isto é, prescinda-se de tudo mais. Prossigamos: uns operários são casados e outros não, uns têm mais filhos que outros etc. etc. Para igual trabalho, e por conseguinte, para

---

[14] MARX, K. Crítica do programa de Gotha. In: MARX, K.; ENGELS, F. *Obras escolhidas*. v. 2. Lisboa-São Paulo: Editora Alfa e Ômega, 1982. p. 530.
[15] MARX, 1982, p. 530.

> igual participação no fundo social de consumo, uns obtêm de fato mais que outros, uns são mais ricos do que outros etc. Para evitar todos estes inconvenientes, o direito não teria que ser igual, mas desigual. [grifos do autor][16]

Marx, ao entender que o direito acompanha o processo de desenvolvimento econômico, considera que a estrutura jurídica nunca pode ser superior às estruturas econômicas, por estar articulado culturalmente a ela. Em vista das transformações consideradas necessárias para execução de um projeto revolucionário, reconhece a importância do direito na primeira fase da sociedade comunista, na condição de ser um direito desigual. A abolição do Estado corresponderia assim ao declínio progressivo do direito, fato que não se realizaria apenas mediante a ação do poder político, mas, sobretudo, a partir de mudanças implementadas na produção. Em suas palavras,

> em uma fase superior da sociedade comunista, quando houver desaparecido a subordinação escravizadora dos indivíduos à divisão do trabalho e, com ela, o contraste entre o trabalho intelectual e o trabalho manual; quando o trabalho não for somente um meio de vida, mas, a primeira necessidade vital; quando com o desenvolvimento dos indivíduos em todos os seus aspectos, crescerem também as forças produtivas e jorrarem em caudais os mananciais da riqueza coletiva, só então será possível ultrapassar-se totalmente o estreito horizonte do direito burguês e a sociedade poderá inscrever em suas bandeiras: de cada um segundo a sua capacidade; a cada qual, segundo suas necessidades![17]

A relação que Marx estabelece entre o direito e a produção social insere o trabalho no centro da análise da estrutura jurídica enquanto fundamento da justiça. Entendendo como princípio para regular o critério de justiça a relação entre capacidades e necessidades, Marx parte de uma base antropológica, extraindo daí a sua crítica ao Direito universal e abstrato. No começo da revolução haveria o Direito burguês, porque sua base seria o trabalho, mas seria o Direito burguês sem a burguesia.

Em Marx, o Direito é a expressão da cultura produzida pelas classes como resultado da dominação. Desse modo, ele não se constitui como uma referência para humanização, mas, pelo contrário, representa uma via para reprodução da ordem que acentua alienação, tornando legal a opressão da classe trabalhadora. Tornar-se humano na perspectiva marxista significa poder produzir, criar, transformar a natureza de forma consciente, humanizada. A diferença entre o ser social e o ser natural é o trabalho enquanto atividade vital realizada de modo consciente para a satisfação das necessidades humanas. O trabalho é que faz mediação entre o homem e a natureza. Por seu intermédio, o homem transforma a natureza e muda a si mesmo. Em Marx, o humano não pode ser pensado sem considerar as condições reais para a sua sobrevivência, ou

---

[16] MARX, 1982, p. 530-531.
[17] MARX, 1982, p. 214-215.

seja, a sua dependência com relação ao trabalho. Daí a crítica de Marx à abstração dos direitos humanos, pois não se pode separar o homem de suas necessidades básicas, sendo o trabalho o meio fundamental para a sua satisfação.

Em *A questão judaica,* com base nas declarações e constituições francesas e americanas do século XVIII,[18] Marx mostra o quanto esse discurso humanista se distancia das reais condições de existência da maior parte da população: a classe trabalhadora. Numa sociedade em que os trabalhadores estão separados dos meios de produção, as condições de sobrevivência tornam-se desumanas. A redução da força de trabalho a mera mercadoria, a alienação decorrente da subordinação ao processo de divisão social do trabalho e a divisão entre trabalho intelectual e manual reforçam as desigualdades, subjugando a classe trabalhadora a condições de vida degradantes. Nessas condições, pensar em direitos humanos sem reconhecer a violência (re)produzida na sociedade capitalista é recorrer ao inatingível, pois é um equívoco acreditar que o direito possa ser elaborado como se estivesse acima das relações sociais. Contudo, conceber o indivíduo como sujeito isolado tem sido a forma como o direito tem servido à cisão da vida humana, separando o homem do cidadão, o privado do público.

A crítica de Marx sobre o Direito e o Estado trouxe uma série de indagações à perspectiva socialista. Em Lênin,[19] o direito e o Estado se identificam de forma negativa, pois a exploração capitalista não é realizada sem o "poder especial de repressão", imposto à classe operária, sendo o Direito a instituição que permite o exercício da repressão para defesa da ordem.

A crítica de Lênin ao Estado se refere também à sua forma. Apesar de considerar a república democrática burguesa como "a melhor forma de Estado para o proletariado no regime capitalista", adverte que se trata de um Estado que legitima a dominação da maioria pela minoria. Nas palavras do autor, a democracia "é uma organização destinada a assegurar o exercício sistemático da violência por uma classe contra a outra, por uma parte da população contra a outra".[20] Nesse sentido, a democracia, ainda que funcione o mais próximo possível do seu ideal, comporta o risco de suprimir as minorias, reproduzindo com isso o problema de o Estado legislar a favor da maioria.

Obstante a crítica mencionada acima, o que surge como um problema torna-se também um meio para sua solução. Ao entender a democracia como o caminho mais curto para a ditadura do proletariado, Lênin ressalta sua importância no processo revolucionário pela possibilidade de inversão da situação criada, a partir do momento em que a classe operária se torna maioria. No entanto, se assim consegue indicar uma direção para revolução, a questão do Direito logo se faz presente ao considerar o passo seguinte, que consiste na necessidade de saber como o poder pode ser exercido pela maioria e qual sua função nesse processo. Em outras palavras, trata-se de saber como evitar a instauração de um estado de exceção após a revolução.

---

[18] Marx faz referência aos seguintes documentos: Declaração dos Direitos do Homem e do Cidadão de 1781 e Declaração dos Direitos Humanos de 1793, as Constituições Francesas de 1791, 1793 e 1795, e as Constituições norte-americanas da Pensilvânia e de New-Hampshire. (Cf. MARX, K. *A questão judaica*: manuscritos econômicos-filosóficos. Lisboa: Edições 70, 1993.).
[19] LÊNIN, V. I. *O Estado e a revolução*. 2 ed. Lisboa: Editorial Estampa, 1978.
[20] LÊNIN, 1978, p. 109.

Lênin recorre ao texto de Marx, *Crítica do programa de Gotha*, para responder como deveria ser empregado o Direito após a revolução. Destaca ser a igualdade jurídica um pressuposto da desigualdade, uma concepção cujo efeito é o obscurecimento do real. Compreende que a injustiça ocorre por estar o Direito relacionado ao trabalho, não apenas em razão da separação proveniente da apropriação dos meios de produção, mas, sobretudo, da forma de repartição do produto. Defende a abolição parcial do Direito, compreendendo que a revolução econômica se realizaria mediante a socialização dos meios de produção. Nessas condições, entende que se poderia abolir o "direito burguês".

Todavia, o Direito manteria a equivalência que permitiria o cálculo equiparado entre a quantidade de trabalho e a de produtos, funcionando "como regulador da repartição do trabalho entre os membros da sociedade", seguindo o princípio bíblico do apóstolo Paulo "quem não trabalha não deve comer". Nessas condições, ainda permaneceria a injustiça, pois os indivíduos, mesmo sendo diferentes, receberiam partes iguais tendo como medida o trabalho realizado. De acordo com Lênin,

> todo direito consiste na aplicação de uma regra única a pessoas diferentes, a pessoas que, de fato, não são idênticas, nem iguais. Por isso, o "direito legal" equivale a uma violação da igualdade, a uma injustiça. Com efeito, cada um recebe, por uma parte igual de trabalho social fornecido por si, uma parte igual do produto social.[21]

O direito, ao ser balizado na divisão social do trabalho, mesmo com a superação da apropriação privada dos meios de produção, guardaria ainda normas burguesas em um Estado sem burguesia. Isso porque sendo o trabalho o princípio organizativo do Estado socialista, a participação da sociedade na repartição da riqueza teria como critério a capacidade e não a necessidade dos sujeitos. Esse seria apenas o primeiro momento após a tomada do poder do Estado.

Segundo Lênin, a emancipação social ocorreria apenas com o fim do Estado, quando não mais existisse o direito. Para isso, seria necessário que as funções dos serviços se transformassem em operações de controle e de registros de tal modo simples, que pudessem ser alcançadas pela imensa maioria e, posteriormente, pela totalidade da população.[22] Nessa passagem, torna-se mais clara sua posição com relação à participação popular no Poder, pensada como uma via substitutiva àquela da regulamentação e da burocratização. Sua perspectiva, portanto, é contrária àquela que entende ser o direito um caminho viável para emancipação. Em Lênin, o direito não só não leva a esse objetivo, como o obstrui. Trata-se de um "mal necessário", mas que deve ser empregado na transição para a sociedade sem Estado.

Na tradição marxista, de modo algum há relação entre justiça e direito. Pelo contrário, mesmo no socialismo a existência do direito prenuncia injustiças e a sua correção não implica aperfeiçoamento das normas jurídicas e muito menos dos aparelhos coercitivos

---

[21] LÊNIN, 1978, p. 122.
[22] LÊNIN, 1978, p. 104.

que a fazem funcionar. Em Lênin, a realização da justiça e da igualdade depende de mudanças que vão além das formas jurídicas, construídas mediante a participação social no processo revolucionário, tendo em vista o fim do Direito.

A importância de compreender a questão do direito em Lênin reside na consideração da relação entre o direito, o trabalho e o princípio de justiça que a sustenta. A legitimidade da exploração contra a classe operária se realiza tanto no âmbito da apropriação dos meios de produção como da repartição do produto do trabalho. É com relação a este último que a questão da burocracia surge como um problema, tendo em vista a necessidade de simplificar as operações de controle e registro do Estado para que todos possam participar. Trata-se de um problema técnico e operativo no sentido não apenas do acesso, mas também da competência para o desempenho das funções do Estado.

Tal processo, segundo Lênin, não seria desencadeado pela mobilização da classe trabalhadora, tendo o objetivo de reformar o Estado. De acordo com sua análise, as reformas não significariam uma via alternativa, pois os direitos sociais, ainda que conquistados pela classe operária, não poderiam eliminar ou corrigir as injustiças, e muito menos conciliar as classes sociais. Nesses termos, a separação entre espaço público, como espaço de participação política e de certa forma contra o Estado, é o que deveria predominar como alternativa, por ser uma fonte de regulação suficiente para instauração da ordem política.

De acordo com seu pensamento, suprimida a propriedade privada, não haveria mais a divisão de classes, mas apenas uma desigualdade que poderia ser ultrapassada pelas conquistas da participação popular no espaço público, alcançadas paulatinamente. Isso ocorreria pois a justiça comunista não seria estabelecida tendo como critério fundamental a equiparação pelo trabalho. Ainda que nessa perspectiva o trabalho fosse valorizado como central para atividade humana, e o homem concebido como um ser produtivo, a condição de superação da igualdade jurídica seria a princípio realizada pelo critério que levaria em consideração a relação entre capacidade e necessidade.[23]

Em síntese, a ideia de justiça em Lênin remete a duas proposições: a igualdade com relação à participação no espaço público e a desigualdade no que tange à repartição dos objetos de consumo. Sendo a primeira uma condição para a realização da segunda, o consenso republicano democrático seria suficiente para a regulação da ordem, o que dispensaria a necessidade da norma jurídica e do aparelho judiciário. Ademais, a possibilidade de realização da justiça social decorreria do fato de que nessa sociedade a minoria não seria oprimida pela maioria e nem as diferenças seriam ofuscadas por uma suposta igualdade. Em vez disso, a necessidade como ponto de partida para correção da desigualdade se tornaria uma referência, servindo como fundamento para a solidariedade e o civismo, sentimentos que poderiam emergir da participação na *comunitas*.[24]

---

[23] LÊNIN, 1978, p. 126.
[24] A *comunitas* é o espaço de participação política que se contrapõe ao poder organizado na forma do Estado. É a forma política da ditadura do proletariado, que serve à organização do poder na transição ao comunismo. Uma comunidade política autônoma que constitui uma República Democrática, com o objetivo de suprimir a dominação. Segundo Lênin (1978), a Comuna de Paris realizou historicamente a ditadura do proletariado.

Para Lênin, a tensão entre Direito e o trabalho na sociedade capitalista é o motivo da existência do Direito. Nesse sentido, a condição para a extinção completa do Estado consiste na liberação da coerção sobre as condições de trabalho. Comenta Lênin que o Estado pode ser extinto "quando os homens tiverem tão habituados a respeitar as regras fundamentais da vida em sociedade e o seu trabalho se tiver tornado tão produtivo, que trabalharão voluntariamente segundo as suas capacidades".[25] Nessa linha de raciocínio, a extinção do Estado se concretiza com a libertação da obrigação de trabalhar, da mesma forma que o Direito pode se tornar irrelevante quando deixar de servir como fonte de regulação para as relações de classe, enraizadas no mundo da produção.

Em *O socialismo jurídico*, Engels e Kautsky[26] se posicionaram contrários às reformas no direito, alegando que os direitos sociais não ultrapassariam os limites do modo de produção capitalista. Criticaram a concepção jurídica do mundo como uma realização da burguesia criada para iludir as classes trabalhadoras, tentando fazer com que enxergassem o mundo pelas "coloridas lentes jurídicas".[27] A análise de Lênin trouxe significativa contribuição ao pensamento marxista sobre o Estado e o Direito, apesar de não ter estabelecido uma diferença clara entre eles.

1.2 O direito como aparelho de hegemonia

Na perspectiva marxista, Gramsci é quem vai identificar claramente a diferença entre direito e Estado ao desenvolver o conceito de hegemonia. De acordo com seu pensamento, a dominação capitalista se consolida a partir de uma articulação entre os aparelhos privados de hegemonia e os mecanismos coercitivos de controle. Nesse sentido, o Direito é concebido como um instrumento da classe dominante, servindo para cristalizar sua ideologia, contribuindo para a formação do consenso.

No pensamento de Gramsci, o direito positivo, elaborado na consideração do universal, contribui para a expansão do grupo dominante sobre o grupo subordinado, elevando os conflitos a uma questão de interesses gerais assegurados pelo Estado. Nessas condições, a função do Direito, no Estado e na sociedade, consiste em homogeneizar o grupo dominante, produzindo um conformismo social útil ao grupo dirigente, ultrapassando assim a atividade estatal e governativa.[28] Trata-se de um problema de assimilação e conformação de todo o grupo à fração mais avançada. O desenvolvimento de técnicas no direito pode atender a esse objetivo, pois também serve para direcionar a sociedade civil. Seguindo essa perspectiva, Buckel e Ficher-Lescano[29] entendem que a dogmática e a teoria jurídica que fundamentam as decisões judiciais visam à legitimidade, servindo para normalizar as lutas hegemônicas. Destacam que:

---

[25] LÊNIN, 1978, p. 126.
[26] ENGELS, F.; KAUTSKY, K. *O socialismo jurídico*. 2. ed. São Paulo: Boitempo, 2012.
[27] ENGELS & KAUTSKY, 2012, p. 21.
[28] GRAMSCI, A. *Cadernos do cárcere*. v. III. Rio de Janeiro: Civilização Brasileira, 2000. p. 240.
[29] BUCKEL, S.; FISCHER-LESCANO, A. Reconsiderando Gramsci: hegemonia no direito global. *Rev. direito GV.* v. 5, n. 2, 2009.

> as doutrinas oferecem uma espécie de infraestrutura para universalização e estandardização, isto é, para tornar compatíveis projetos hegemônicos inconciliáveis. Tanto a abstração quanto os procedimentos justificatórios formalizados oferecem, através das entidades jurídicas já estabelecidas – e da fixação, da sistematização e de sua reprodutibilidade –, um reservatório para a argumentação, que é, por conta disso, desvinculado de sua arbitrariedade em benefício de interesses particularistas através de uma espécie de restrição formal.[30]

Em Gramsci, o Direito é repressão, mas também proporciona a construção da hegemonia e, por isso, possui uma importante finalidade, visto que serve à atividade educativa do Estado. Em suas palavras, "o direito é o aspecto repressivo e negativo de toda atividade positiva de educação cívica desenvolvida pelo Estado".[31]

A instrumentalidade do Direito em Gramsci decorre de sua concepção de Estado, visto que ao desempenhar uma função educativa, o Direito se integra ao Estado como um aparelho de hegemonia, servindo para modificar hábitos e costumes, adequando os comportamentos e a moralidade das massas às necessidades do desenvolvimento contínuo da produção.

> Se todo Estado tende a criar e a manter certo tipo de civilização e de cidadão (e, portanto, de conivência e de relações individuais), tende a fazer desaparecer certos costumes e atitudes e a difundir outros, o direito será o instrumento para esta finalidade (ao lado da escola de outras instituições e atividades) e deve ser elaborado para ficar conforme tal finalidade, ser maximamente eficaz e produtor de resultados positivos.[32]

Nessa perspectiva, o direito é, ao mesmo tempo, coerção e consenso. De acordo com Cutler, "a 'face dupla do direito', consensual e coerciva, constitui uma dialética específica da concepção burguesa de direito, a qual Gramsci pressupõe ser uma concepção ética".[33] Seguindo essa perspectiva, Buckel e Ficher-Lescano[34] consideram que o direito é um aspecto do Estado, visto que possui atividade mais extensa, servindo como suporte ao monopólio da violência.

Gramsci entende o Estado como "todo o complexo de atividades práticas e teóricas com as quais a classe dirigente justifica e mantém não só seu domínio, mas consegue obter o *consentimento ativo* dos governados".[35] Sendo assim, o Estado é concebido como o organismo próprio de um grupo, destinado a criar as condições favoráveis à expansão máxima desse grupo dominante sobre o grupo subordinado.

---

[30] BUCKEL & FICHER-LESCANO, 2009, p. 480.
[31] BUCKEL & FICHER-LESCANO, 2009, p. 28.
[32] GRAMSCI, 2000, p. 28.
[33] CUTLER, 2005, p. 529 apud BUCKEL & FISCHER-LESCANO, 2009, p. 481.
[34] BUCKEL & FISCHER-LESCANO, 2009, p. 481.
[35] GRAMSCI, 2000, p. 331.

1.3 O direito no processo de alienação: a correspondência entre a forma da mercadoria e a forma "sujeito de direito"

Tanto Lênin como Gramsci enfatizaram a questão da propriedade privada ao identificar o Direito como classista. Em geral, atribui-se a origem do Estado e do Direito à instituição da propriedade privada com a expropriação dos meios de produção da classe trabalhadora e à divisão social do trabalho. Todavia, numa perspectiva ontológica genética do Direito, a questão central é a correspondência entre o Direito e a *forma mercadoria*. Essa correlação está presente no *Grundrisse,* de Karl Marx. Nesse manuscrito, Marx concebe o concreto como síntese de múltiplas determinações e propõe a construção de um movimento contrário, que, em vez de sair do concreto para o abstrato, apropria-se do concreto reproduzindo o concreto pensado. Em sua crítica, considera que o interesse universal consiste na universalidade dos interesses egoístas,[36] porque a mercadoria ou o trabalho estão determinados somente como valor de troca, sendo a relação entre as diferentes mercadorias apresentada como troca objetiva. Nesse processo, os sujeitos são equiparados como trocadores de mercadorias.[37] Essa relação é econômica, sendo a troca entendida como a forma pela qual a igualdade é posta entre os sujeitos, ou seja, as relações políticas e sociais desenvolvidas nessas condições é que constituem a base dessa forma de igualdade.[38]

Pachukanis desenvolve a perspectiva de Marx, demonstrando que a correspondência entre a igualdade e a lei do valor expressa uma relação íntima entre o sujeito jurídico e o proprietário da mercadoria, tendo em vista que a forma contrato viabiliza a reprodução da dominação de classe.

> A filosofia do direito, cujo fundamento é a categoria do sujeito com a sua capacidade de autodeterminação, nada mais é, com certeza, do que a filosofia da economia mercantil, que estabelece as condições mais gerais, mais abstratas, sob as quais se pode efetuar a troca de acordo com a lei do valor e ter lugar a exploração sobre a forma de contrato livre.[39]

Pachukanis amplia a visão marxista, que restringe as questões jurídicas à coerção e à ideologia, buscando dar uma "explicação jurídica como forma histórica".[40] A gênese da forma jurídica estaria assim nas relações de troca, que se desenvolvem histórica e paralelamente ao sistema conceitual, como um particular sistema de relações. Nessas condições, o sujeito de direito não é real, mas uma máscara do cidadão egoísta da sociedade de produção mercantil. A moral desse cidadão não advém da

---
[36] MARX, K. *Grundrisse*. São Paulo: Boitempo, 2011. p. 298.
[37] MARX, 2011, p. 293.
[38] MARX, 2011, p. 293.
[39] PACHUKANIS, E. B. *Teoria geral do direito e marxismo*. São Paulo: Acadêmica, 1988. p. 9.
[40] PACHUKANIS, 1988, p. 21.

sua experiência na coletividade e nem de sua inserção no público, mas corresponde aos interesses do homem enquanto proprietário:

> O homem, efetivamente, enquanto sujeito moral, ou seja, enquanto pessoa igual às outras, nada mais é do que a condição prévia da troca com base na lei do valor. O homem, enquanto sujeito jurídico, ou seja, enquanto proprietário, representa também a mesma condição. Estas duas determinações estão, finalmente, estreitamente ligadas a uma terceira na qual o homem figura como sujeito econômico egoísta.[41]

Segundo Pachukanis,[42] é na esfera da circulação das mercadorias que se encontra a gênese da forma do Estado e do Direito. Os sujeitos de direito, trabalhadores e proprietários dos meios de produção, tidos como livres e iguais, estabelecem uma relação de troca regulada juridicamente, e por ser a troca desigual, mas realizada como se fosse entre duas partes equivalentes, é que a relação jurídica se estabelece, dispensando a necessidade da força.

Na sociedade capitalista, a forma jurídica alcança o mais elevado grau de abstração. A generalização das relações de troca se estabelece por meio das inúmeras relações jurídicas, asseguradas pelo Estado. Na esfera do poder político é que se pode regular, modificar, determinar e concretizar a forma e o conteúdo do contrato jurídico.[43]

Assim como Pachukanis, Lukács entende que o direito não pode ser dissociado da forma mercadoria. Numa sociedade em que a reprodução social depende da circulação das mercadorias, sendo, portanto, submetida às leis de mercado, o valor de troca é o determinante na reciprocidade social. Nessas condições, os indivíduos podem firmar um contrato por serem considerados iguais, ainda que sejam diferentes.

Nessa linha de raciocínio, a forma mercantil é dominante em todo conjunto social.[44] A alienação se acentua na medida em que amplia a fragmentação da vida social, pois o homem, ao ser submetido tanto a uma realidade abstrata como a uma fragmentada, "vai deixando de perceber as mediações entre ele e a totalidade".[45] A norma jurídica, sendo expressão da forma de mercadoria, contribui na reprodução de uma realidade fabricada, idealizada, onde se estabelece uma lacuna entre o singular e o universal.

Reforçando a crítica ao Estado e ao Direito, Lukács recusa a concepção de uma essência eterna e imutável do homem, capaz de realizar a correspondência entre a sua natureza e a do proprietário. Considera que a dissociação entre a singularidade e a universalidade inscrita no direito é decorrente do processo de alienação em que os indivíduos estão submetidos, não somente porque se encontram destituídos dos meios de produção, mas também por terem que se submeter às condições de reprodução que sobrepõem o trabalho social abstrato ao trabalho concreto.

---

[41] PACHUKANIS, 1988, p. 21.
[42] PACHUKANIS, 1988.
[43] PACHUKANIS, 1988, p. 54.
[44] CROCCO, F. L. T. Geörg Lukács e a reificação: teoria da constituição da realidade social, *Kínesis*, v. 1, n. 2, 2009.
[45] CROCCO, 2009, p. 52.

Nessa perspectiva, o direito não expressa meramente o interesse da classe dominante, pois não se trata apenas de um direito de conteúdo classista, mas, sobretudo, tem a capacidade de se colocar como mediação, garantindo a reprodução do complexo social total. Lukács[46] considera que, para Marx, "a lei é o movimento interno e imanente do ser social", é ela que unifica os processos heterogêneos e heterogeneamente movidos da complexa realidade.

Em Lukács, o direito é reflexo e manipulação, isto é, reflexo abstrato de uma realidade contraditória, mas idealizada como homogênea, e manipulação por ser elaborado por especialistas que se propõem "a captar a singularidade das condutas por meio da mediação estatal, pretensamente situada acima dos interesses antagônicos da sociedade civil-burguesa".[47]

É na análise empírica do Estado Capitalista que se atém Lukács, negando-se a encarar o Estado, o Direito e a economia capitalista como o único meio possível para a existência do proletariado. Em sua crítica, diz ser esse um fundamento da visão de mundo legalista, tentando mostrar que a luta do proletariado deve ocorrer também por fora da legalidade, já que não se trata de tentar melhorar esses meios, visto que o Estado é um "mero fator de poder", ou seja, deve ser apreendido considerando a forma como se desenvolve na totalidade concreta. A seu ver, "o Estado capitalista deve aparecer como um elo de um desenvolvimento histórico".[48]

Na ontologia lukacsiana, o direito emerge como produto de um processo histórico, em que a divisão do trabalho ao socializar a produção diversificou as funções, constituindo um conjunto complexo de especializações. O mundo socializado da produção estabeleceu formas de sociabilidade próprias, inerentes. Ao constituir um sistema cooperativo no processo de produção, mas competitivo no momento da circulação da mercadoria produzida, a relação do sujeito singular com o complexo social total foi tornada possível pelas mediações, sendo o direito uma delas.

Nesse processo, a alienação resulta da fragmentação dos processos de produção e da divisão do trabalho, que acentuam o fracionamento da subjetividade, impedindo aos sujeitos o domínio e o conhecimento sobre todo o processo de produção mercantil. Com base no pensamento de Lukács, Crocco[49] entende que "o sistema como um todo se sustenta não apenas impondo aos indivíduos suas leis contingentes, mas também impossibilitando um conhecimento total ou integral da realidade social".

Em Lukács, a complexificação das relações de trabalho e a circulação de mercadorias constituem a base da estruturação do direito. As estruturas jurídicas reforçam as hierarquias na estrutura social, ou seja, a economia, sendo a base para a classificação dos sujeitos segundo a posição ocupada na produção, pressupõe um direito que regule os relacionamentos, naturalizando a desigualdade. Além disso, ao definir o que é "normal", o direito procura inibir as ameaças de ruptura dos nexos produzidos nas normas jurídicas por meio da coerção.

---

[46] LUKÁCS, G. *Ontologia do ser social*: os princípios ontológicos fundamentais de Marx. São Paulo: LECH, 1979.
[47] SARTORI, V. B. *Lukács e a crítica ontológica do direito*. São Paulo: Cortez, 2010. p. 105.
[48] LUKÁCS, 1979, p. 476.
[49] CROCCO, 2009, p. 56.

1.4 O Estado e o direito: a manutenção da coesão social e a institucionalização do sujeito de direito

Poulantzas, ao discordar da perspectiva da identificação do direito com a forma mercadoria, vai destacar a importância da separação entre o Estado e as relações de produção, entendendo ser este o princípio fundamental para a organização dos aparelhos do Estado, como a justiça, o exército, a administração, a polícia, a burocracia, as instituições representativas, o sistema jurídico etc.[50] Tais instituições instauram a classe politicamente dominante, assegurando a separação radical dos meios de produção do trabalhador, estabelecendo por meio da codificação as formas de divisão do trabalho.

Em sua análise sobre o direito, Poulantzas destaca que "a lei é o código da violência pública organizada".[51] Considera que o direito, ao institucionalizar a expropriação dos meios de produção pela classe dominante, desenvolve a individualização. Isso porque, ao determinar a separação entre a economia e a política, homogeniza em nome da igualdade da lei e da necessidade de submissão ao Estado todos os trabalhadores, transformando-os em sujeitos jurídicos. Essa individualização é que constitui a figura material das relações de produção e da divisão social do trabalho nos corpos capitalistas, sendo consequência material das práticas e técnicas do Estado, que cria e subjuga o corpo político.[52]

Essa operação se realiza por meio da ação do Estado, que não se resume em reprimir ou doutrinar ideologicamente, mas que também age de maneira positiva, criando, transformando e realizando.[53] O Estado organiza a divisão social do trabalho, reproduzindo a individualização e o fracionamento social, separando as pessoas de suas classes sociais, pelo emprego de técnicas de poder associadas aos mecanismos de consentimento.[54] Nas palavras de Poulantzas,

> [O Estado é] fator constitutivo da organização da divisão social do trabalho, produzindo permanentemente fracionamento-individualização social. Isso faz-se também pelos procedimentos ideológicos: o Estado consagra e institucionaliza a individualização pela constituição das mônadas econômicas-sociais em indivíduos-pessoas sujeitos jurídicos e políticos.[55]

Para o autor, o sistema jurídico não se reduz à mera ideologia que disfarça as diferenças, pois é ele mesmo que instaura e sanciona as ideologias, construindo a base de um sistema de coesão, organizador da unidade-homogenização das diferenças individuais e de classe. De acordo com sua linha de raciocínio,

---

[50] POULANTZAS, N. *O Estado, o poder, o socialismo*. 2. ed. Rio de Janeiro: Graal, 1980. p. 56.
[51] POULANTZAS, 1980, p. 86.
[52] POULANTZAS, 1980, p. 75.
[53] POULANTZAS, 1980, p. 35.
[54] CARNOY, M. *Estado e teoria política*. 2. ed. Campinas: Papirus, 1988. p. 150.
[55] POULANTZAS, 1980, p. 73.

a formalidade e a abstração da lei estão em relação primeira com os fracionamentos reais do corpo social na divisão social do trabalho, com a individualização dos agentes em andamento no processo de trabalho capitalista.[56]

Nessa perspectiva, o Estado detém autonomia relativa, não devendo ser considerado como unidade, mas como relação. Desse modo, o direito surge como expressão das relações de força travadas politicamente. O Estado é concebido como o resultado da "condensação material de uma relação de forças entre classes e frações de classe".[57] É constituído por núcleos e redes de poder, que desenvolvem estratégias em meio a contradições e decalagens uns em relação aos outros. O exercício do poder é assegurado pelos aparelhos de Estado, que "organizam, unificam o bloco no poder ao desorganizar, dividir continuamente as classes dominadas, polarizando-as para o bloco no poder e ao curto circuitar suas organizações políticas específicas".[58]

Segundo Poulantzas, a lei no Estado capitalista serve para amortizar e canalizar as crises políticas, de modo a impedir que elas afetem a sua estabilidade, a fim de conservar a hegemonia de uma classe ou fração de classe. Desse modo, o Direito também é empregado para regular o exercício do poder diante das classes dominadas.

Seguindo a perspectiva não instrumental do Estado concebida por Poulantzas, Bob Jessop[59] concorda que o Estado é o fator de coesão na formação social. Segundo Laclau e Mouffe,[60] "a unidade ou a coesão de uma formação social é produto específico de práticas políticas e ideológicas mediatizadas através do Estado e/ou das instituições privadas". Essa definição recusa o reducionismo econômico, que entende como automática a relação entre a base e a superestrutura. Ainda que a definição de Poulantzas possa ser criticada como funcionalista, em vista do Estado desempenhar a função objetiva da reprodução da coesão social, Jessop considera ser essa coesão contingente antes que necessária ao poder do Estado.[61]

Em um artigo posterior, Jessop concebe o Estado como uma importante força estratégica e estrutural, que desempenha duas funções particularmente importantes: assegurar as condições de valorização do capital e garantir as condições para reprodução da força de trabalho. Tal definição está relacionada às concepções de *Welfare State* keynesiano e *Workfare State* shumpeteriano. Conforme Jessop,[62] o *Welfare State* está articulado ao regime fordista,[63] enquanto o *Workfare State* surge como uma tendência na transição

---

[56] POULANTZAS, 1980, p. 98.
[57] POULANTZAS, 1980, p. 147.
[58] POULANTZAS, 1980, p. 161.
[59] JESSOP, B. *The capitalist state*: marxist theories and methods. Oxford: Martin Robertson and Company Ltd., 1982. p. 16.
[60] LACLAU & MOUFFE, 1981 apud JESSOP, 1982, p. 19.
[61] LACLAU & MOUFFE, 1981 apud JESSOP, 1982, p. 19.
[62] JESSOP, B. Towards a Schumpeterian Workfare State? Preliminary Remarks on Post-Fordist Political Economy. *Studies in Political Economy*, n. 40, Spring: 7-39, 1993.
[63] O fordismo consiste no princípio que articula o processo de produção com o modo de consumo, e que sob essa base instaura a produção em massa, universalizando o trabalho assalariado (AGLIETTA, M. *Regulación y crisis del capitalismo*: la experiencia de los Estados Unidos. Madrid: Siglo Veintiuno, 1979, p. 94)).

para o surgimento de um novo regime – o pós-fordismo, em desenvolvimento nas economias ocidentais. Esses conceitos se referem às diferentes formas de intervenção do Estado na economia. A diferença fundamental entre eles se expressa no objetivo do *Welfare*, que consiste em promover o pleno emprego em uma economia nacional relativamente fechada, principalmente por meio da gestão da demanda e da generalização das normas de consumo com os direitos de bem-estar e as novas formas de consumo coletivo.[64] No *Workfare*, o objetivo se volta à promoção do produto, do processo, da organização e da inovação do mercado; a competição estrutural visando à valorização de economias abertas, principalmente por meio da intervenção sobre a oferta e da subordinação da política social às demandas da competição estrutural e da flexibilidade do mercado de trabalho.[65]

Com o desenvolvimento do *Workfare*, o Estado permanece crucial enquanto arcabouço institucional e discursivo das lutas políticas, mantendo a soberania, embora como ficção jurídica reproduzida por meio do reconhecimento mútuo na comunidade política internacional.[66] Nessas condições, a capacidade de projetar o poder dentro da fronteira nacional encontra-se cada vez mais limitada, devido ao complexo triplo do deslocamento de poder, de modo que algumas de suas capacidades são transferidas para agências panregionais, plurinacionais e internacionais; enquanto outros são desenvolvidos a nível regional e local no interior do Estado. Ademais, existem também transações assumidas nas redes de poder regionais e/ou locais, que atravessam o Estado e articulam regiões e localidades em várias sociedades.[67]

Tais mudanças podem emergir enquanto produtos conjunturais do gerenciamento ou de estratégias deslocadas de crises de curto prazo, mas, ao mesmo tempo, correspondem às mudanças estruturais de longo prazo na economia global. Nesse contexto, a capacidade política de rearticulação prática não é alcançada simplesmente por mudanças formais ou táticas, mas é obtida com a tendência a redução da autonomia do Estado, compensada pela possibilidade de coordenação supranacional e pela criação do espaço para ressurgência subnacional.[68] Tais medidas lançam ao Estado o desafio de ter de cumprir com a efetivação dos direitos, garantindo a estabilidade das democracias, controlando na medida do possível os anseios por *status* e bem-estar social.

1.5 O direito no regime de acumulação flexível

Os anos de 1990 demonstraram, em grande medida, as limitações para execução dos direitos constitucionais. Durante a predominância do fordismo, a questão social se situava no núcleo da regulação, tendo como efeito o compromisso entre as partes em conflito para expansão dos direitos sociais e das políticas sociais.

---

[64] JESSOP, 1993, p. 9.
[65] JESSOP, 1993, p. 9.
[66] JESSOP, 1993, p. 10.
[67] JESSOP, 1993, p. 10.
[68] JESSOP, 1993, p. 10.

Segundo Harvey,[69] o fordismo pode ser visto como um modo de vida total, uma vez que a produção em massa proporcionou a padronização do produto e consumo de massa, implicando uma nova estética e mercantilização da cultura.[70] O fordismo e o keynesianismo significaram a assunção de novos papéis por parte do Estado, implicando na formação de novos poderes institucionais.[71]

Com a crise desse modelo, no período entre 1965 e 1973, o Estado tornou-se incapaz de conter as contradições do capitalismo. Com a recessão de 1973, acentuada pelo choque do petróleo, o fordismo foi criticado em razão da "rigidez dos investimentos de capital fixo de larga escala e de longo prazo em sistema de produção em massa".[72] A falta de flexibilidade na alocação e nos contratos de trabalho, devido aos compromissos assumidos pelo Estado com a classe trabalhadora, acarretou a crise fiscal e a crise de legitimidade do Estado. O corte nos gastos sociais era defendido pelos neoliberais, como se fosse o remédio para conter o aumento da inflação e a incapacidade de o Estado retomar o crescimento econômico.

Segundo Harvey,[73] o regime de acumulação flexível se pauta na flexibilidade dos processos de trabalho, dos mercados de trabalho, dos produtos e padrões de consumo, relacionada ao surgimento de novos setores de produção, novas maneiras de fornecimento de serviços financeiros, abertura de novos mercados e altas taxas de inovação comercial, tecnológica e organizacional. Com a acumulação flexível, a implementação de novas técnicas e formas organizacionais de produção provocaram a desindustrialização, acentuando o desemprego, que deixava de ser friccional para se tornar estrutural, e minando o padrão de regulação do keynesianismo-fordismo. As inovações nos processos de produção e trabalho implicaram transformações nos padrões de desenvolvimento desigual, tanto em setores como em regiões geográficas, pois se verificava maior concentração de empregos nos "setores de serviços", e no surgimento de novos conjuntos industriais em regiões como Terceira Itália e Flandres.[74]

Com o novo padrão de acumulação, os altos níveis de desemprego e o rebaixamento dos salários estiolam os sindicatos e precarizam os direitos trabalhistas. Uma nova estrutura social é definida, sendo constituída não na forma piramidal, mas circular, onde no centro se encontram os empregados "em tempo integral, condição permanente e posição essencial para o futuro de longo prazo da organização".[75] Esses trabalhadores são mais estáveis, possuem boas expectativas de promoção e atualização, além de disporem de pensão, seguro e outras vantagens indiretas. No entanto, devem ser adaptáveis, flexíveis e, se necessário, geograficamente móveis.[76]

Na periferia estão localizados os outros dois subgrupos, sendo um deles formado por empregados em tempo integral com habilidades facilmente disponíveis no mercado

---

[69] HARVEY, D. *Condição pós-moderna*. 6. ed. São Paulo: Loyola, 1998.
[70] HARVEY, 1998, p. 131.
[71] HARVEY, 1998, p. 125.
[72] HARVEY, 1998, p. 135.
[73] HARVEY, 1998, p. 140.
[74] HARVEY, 1998, p. 140.
[75] HARVEY, 1998, p. 144.
[76] HARVEY, 1998, p. 144.

de trabalho (setor financeiro, secretárias, áreas de trabalho rotineiro e de trabalho manual menos especializado); e outro grupo constituído por trabalhadores flexíveis, nos quais se incluem os empregados em tempo parcial, empregados casuais, pessoal com contrato por tempo determinado, temporários, subcontratação e treinados com subsídio público.[77]

Como a tendência é a redução do número de trabalhadores mais estáveis e a contratação maior dos facilmente descartáveis, a flexibilização acaba por significar precarização do contrato de trabalho e a decomposição da organização da classe trabalhadora. Esse processo produz efeitos sobre a cidadania, tendo em vista a destituição dos direitos sociais, especialmente dos direitos trabalhistas.

No regime de acumulação flexível, a redução do tempo de giro no consumo, o incremento das telecomunicações e a velocidade das inovações tecnológicas produzem a compressão do espaço-tempo, afetando com isso o funcionamento regular das instituições. A desregulamentação do trabalho e o fortalecimento do capital financeiro acentuam a intensidade das crises econômicas, ameaçando a estabilidade política e econômica dos países. A volatilidade do capital financeiro restringe a autonomia dos Estados nacionais no controle da própria economia. O objetivo de atrair os investidores acaba limitando a capacidade de deliberação dos espaços tradicionais de representação política, em assuntos referentes aos processos econômicos que atingem a nação.

Acerca do Estado na contemporaneidade, Harvey[78] afirma ser o poder político "constituído por alguma combinação instável de coerções, emulações e exercício da liderança mediante o desenvolvimento do consentimento". No entanto, destaca que, para se tornarem efetivos, esses meios precisam estar apoiados em três pilares que sustentam a hegemonia do capitalismo: o dinheiro, a capacidade produtiva e a força militar.[79]

O pensamento de Harvey contribui para a compreensão das transformações políticas e sociais, destacando a importância da lei e das normas sobre o trabalho e seus efeitos sobre o comportamento dos indivíduos. A articulação entre a estrutura e a superestrutura é apresentada com base nas conexões entre a economia e as outras instituições políticas e sociais, conforme o modo de regulação correspondente ao regime de acumulação.

No atual processo de acumulação, as inúmeras medidas tomadas pelo Estado, no sentido da privatização, do corte nos gastos sociais e da redução da máquina administrativa, seguindo as determinações da agenda neoliberal das agências multilaterais,[80]

---

[77] HARVEY, 1998, p. 144.
[78] HARVEY, D. *O novo imperialismo*. São Paulo: Loyola, 2004. p. 43.
[79] HARVEY, 2004, p. 43.
[80] Segundo Bresser Pereira (1991), um conjunto de medidas foi debatido, demonstrando a tendência da direita neoliberal que predominou no Consenso de Washington. Este consenso formou-se a partir da crise do consenso keynesiano e da proposta de desenvolvimento econômico dos anos 1940 e 1950. De acordo com a abordagem de Washington elaborada pelas agências multilaterais (FED, Tesouro dos EUA, ministérios das finanças do G7 e presidentes dos vinte maiores bancos interacionais), a crise latino-americana possui duas causas básicas, que são: o excesso de regulação das empresas estatais ineficientes e a incapacidade de controlar o déficit público e de manter sob controle as demandas salariais. Com essa avaliação, o equilíbrio fiscal e a estabilização monetária foram considerados objetivos a serem alcançados, mediante reformas implementadas com a finalidade da redução do tamanho Estado, da liberalização do comércio internacional e da promoção das importações (1991:5).

tiveram por efeito a degradação da proteção social, o fortalecimento do mercado financeiro e a acentuação do individualismo. Diante disso, garantir a cidadania tem se tornado um desafio ao Estado que, pressionado a submeter-se à racionalidade da acumulação internacional, precisa garantir as condições necessárias para manter e reproduzir o atual sistema. Sendo cobrado de prover as condições para a manutenção do regime democrático, com base na supremacia constitucional, os governos enfrentam dificuldades para gerir os recursos, executando as políticas públicas e garantindo basicamente a cidadania social, sem aluir os circuitos do capital.

Desse modo, as dificuldades para a implementação das políticas públicas se multiplicam e as cobranças por parte da sociedade vão sendo acentuadas, à medida que se agravam as expressões da questão social. É nesse contexto que o Direito e o Estado se tornam alvos de diversas revisões para se adequar ao processo de acumulação flexível, mesmo que o efeito disso seja o aumento das desigualdades sociais, com a degradação das condições de vida da classe assalariada, com e sem emprego.

Politicamente, o Direito opera no sentido da consolidação da ordem, tentando compatibilizar a democracia com o neoliberalismo. Nessa estrada tenebrosa, é lançado ao direito o desafio da integração social, já enfraquecida com o grande contingente de trabalhadores instáveis, desempregados ou que sobrevivem na informalidade, todos excluídos da previdência social.

Desse modo, o direito não se constitui apenas como hegemonia ou mediação. Ainda que apresente esses aspectos, o Direito se insere na totalidade, acentuando a alienação pelo emprego de instrumentos e mecanismos que exacerbam o individualismo, contribuindo assim com o aumento da burocracia sobre a vida, ao mesmo tempo em que transmite uma ideia de justiça, que remete à vingança, reforçando a importância do aumento do controle e da punição. Nesse processo, o cidadão que é concebido como o sujeito de direito se traduz no sujeito cuja proteção é legal. Trata-se de um sujeito definido de maneira estática e abstrata, segundo determina a lei. O reconhecimento de suas necessidades não surge de uma análise de suas condições de vida, mas de um cálculo que tem como base de "justiça" a "dignidade" do acesso ao "mínimo existencial", o que requer um cálculo tornado possível na medida em que esse "sujeito de direito" pode ser pensado da mesma forma que se realizam os cálculos do trabalho abstrato. Enfim, um sujeito juridicamente capaz, que pode suprir suas necessidades segundo os limites de renda definidos institucionalmente. Dependendo desse valor, a dignidade pode ser mais uma ficção, assim como o próprio "sujeito de direito".

Não espanta o fato desse sujeito servir como referência aos operadores do direito e aos executores das políticas sociais. Instituir a ordem democrática constitucional requer a instituição desse sujeito, produzida pelos instrumentos, mecanismos e instituições que, em nome da defesa de seus direitos, separa-o da coletividade, processando-o judicialmente, transformando, assim, questões públicas em problemas individuais, tidos como casos de violação de direitos. Desse modo, assegura-se a reprodução da desigualdade social pela manutenção da sociedade dividida em classe.

Nessas condições, o individualismo se exacerba ao mesmo tempo em que se produz a falsa impressão de liberdade, pois o sujeito tende a pensar que tem direitos, por entender que o Estado pode defendê-lo dos abusos dos outros sujeitos ou de outras instituições. Esquece, no entanto, de considerar que é o próprio Estado o principal agente de violação ou de omissão do direito.

Aliás, o indivíduo "sujeito de direito" não é o sujeito imerso nas relações sociais. É antes o sujeito para quem o outro representa uma ameaça e até mesmo um risco para a sua vida. No Poder Judiciário, ele é visto como sujeito separado da sociedade, julgado a partir da cobrança de responsabilidade individual pelo ato praticado, o que propicia uma avaliação moral de suas ações, desconectada dos problemas estruturais. Dividido entre o cidadão real e o sujeito de direito, seu julgamento vai seguir as determinações legais da lógica judiciária, embasada no cálculo da relação entre o dano e a sua reparação, medida pelo tempo de restrição da liberdade.

A resistência a esse processo de individualização da conflitividade social se torna possível com a recusa à submissão dos sujeitos aos dispositivos de poder que acentuam a fragmentação do sujeito, estigmatizando-o, classificando-o, tipificando as suas condutas, reforçando a tendência da reprodução da classe dominada, como classe subalterna.

No contexto atual de crise do capitalismo, a luta política não deve se abster de uma discussão sobre o Estado, o Direito e o Poder Judiciário. Na articulação entre eles, a democracia se depara com uma situação paradoxal, pois ao reforçar a liberdade individual, encontra diante de si uma sociedade ávida por proteção e segurança, reclamando a ampliação dos aparelhos de repressão e de controle, prontos para suprimi-la.

Nesse sentido, a abordagem sobre o Estado e o direito na perspectiva marxista se faz relevante, pois se mantém atual, contribuindo com a crítica para os rumos da sociedade. Afinal, o debate do coletivismo *versus* individualismo é antigo nas ciências sociais, novas são as formas e os dispositivos adotados pelo poder político, num contexto de restrição de direito e, portanto, de ameaça às democracias, para garantir a reprodução do neoliberalismo na ordem global.

Capítulo 2

Poder Judiciário, direito e questão social no Brasil

Introdução

O Poder Judiciário no Estado Democrático de Direito tem sido convocado a responder sobre as "expressões da questão social", passando a intervir nos conflitos que envolvem a relação entre o Estado e a sociedade civil, seja na defesa contra os abusos da intervenção do governo, seja na denúncia contra sua omissão. A presença do Poder Judiciário na política tem sido interpretada dessas duas formas, indicando que se por um lado o Estado se excede, por outro, falta. Sua interferência na implementação das políticas sociais ocorre em meio a esses extremos e resulta de um conjunto de fenômenos que trouxe para o seu interior as demandas de justiça social. Tal mudança decorre do processo de constitucionalização do direito, que, segundo Barroso,[1] compreende três marcos: (i) o *marco histórico* caracterizado pela formação e consolidação do Estado constitucional de direito no final do século XX; (ii) o *marco filosófico* fundamentado no pós-positivismo, na centralidade dos direitos fundamentais e na reaproximação entre Direito e ética; e (iii) o *marco teórico*, formado por um conjunto de mudanças decorrentes da força normativa da Constituição, da expansão da jurisdição constitucional e do desenvolvimento de uma nova dogmática da interpretação constitucional.[2]

---

[1] BARROSO, L. R. Neoconstitucionalismo e constitucionalização do direito (O triunfo tardio do direito constitucional no Brasil). In: SARMENTO, D. A. de M. (Org.); SOUZA NETO, C. P. (Org.). *A constitucionalização do direito*: fundamentos teóricos e aplicações específicas. Rio de Janeiro: Lumen Juris, 2007.
[2] BARROSO, 2007, p. 216.

Todo o alarde em torno da presença do Poder Judiciário na formulação e execução de políticas públicas tem sido feito, ressaltando o enfraquecimento do modelo republicano da separação e da relação harmoniosa entre os poderes, diante do novo modelo de democracia constitucional, que situa o Poder Judiciário no centro da vida política. As controvérsias em torno desse modelo de democracia são inúmeras, contudo, as inovações normativas, relacionadas à crise do positivismo jurídico, ao enfraquecimento dos partidos, à desconfiança na democracia representativa, não traduzem o grande desafio de compatibilizar as instituições responsáveis pela garantia dos direitos de cidadania com o desenvolvimento do atual regime de acumulação. Ou seja, diante dos processos de empobrecimento e do aumento das desigualdades sociais, questiona-se a capacidade do direito, assim como o "lugar" do Poder Judiciário na garantia da justiça constitucional. Nesse contexto, qual relação pode ser identificada entre o direito, o Poder Judiciário e a cidadania no Brasil? Como essa relação tem sido desenvolvida?

A fim de compreender a complexidade relacionada a essas questões, conhecer um pouco a natureza desse Poder no sistema político liberal, bem como compreender as questões relacionadas ao processo de sua construção no Brasil, parece de fundamental importância. Este capítulo foi elaborado a fim de alcançar esses objetivos.

2.1 Concepções do Poder Judiciário no Estado Moderno

Entender o que é o Poder Judiciário requer compreender sua concepção enquanto Poder de Estado, cuja função é julgar, mas que tem, sobretudo, um papel imprescindível na distribuição do poder político. No livro *O espírito das leis*, de Montesquieu, encontra-se a importância do Poder Judiciário para a estabilidade do Estado. A divisão entre Poder Executivo, Poder Legislativo e Poder Judiciário é realizada, considerando a independência, a equipotência e a equivalência entre os três poderes no desempenho de suas atribuições. Contudo, sua criação significa mais uma estratégia para a distribuição do poder do que uma forma de organização para o exercício das diferentes funções. O Estado Moderno, em Montesquieu, admite a correlação de forças entre os poderes pela possibilidade de um poder contrariar o outro. O equilíbrio entre os poderes é realizado mediante a moderação, que consiste em "combinar os poderes, regulá--los, temperá-los, fazê-los agir, dar, por assim dizer, maior peso a um deles para colocá-lo em condições de reagir a outro".[3] Nesse sentido, os poderes não estão completamente separados. No entanto, a equipotência e a equivalência não são asseguradas, visto o Judiciário ser concebido como poder nulo e o juiz como "boca lei". O Judiciário assim definido seria o poder mais fraco, incapaz de se confrontar com os outros poderes.

Por admitir a neutralidade do Poder Judiciário, essa concepção foi criticada pelos federalistas americanos. Hamilton ampliou a perspectiva de Montesquieu ao concebê-lo

---

[3] MONTESQUIEU, C. de S. *O espírito das leis*. São Paulo: Martins Fontes, 1996. p. 74.

como poder ativo, passando a conferir ao juiz o papel de intérprete da lei.[4] Assim, o juiz não exerceria um trabalho praticamente mecânico de aplicação dos códigos, mas deveria conhecer as leis e atribuir um sentido de justiça em suas sentenças.

Madison, Hamilton e Jay escreveram um conjunto de 85 artigos, que foram publicados nos jornais em Nova York, durante os anos de 1786 e 1888, com a intenção de inserir mudanças na nova Constituição dos Estados Unidos. Esses artigos foram reunidos e publicados no livro O Federalista. De modo geral, os federalistas pretendiam criar um Estado administrado por um governo federal forte, mas ao mesmo tempo capaz de proteger as liberdades individuais e de grupos contra o risco da opressão da maioria.

No art. 51, Madison defende a criação de um sistema *checks and balances,* ou seja, um sistema de freios e contrapesos, para assegurar a estabilidade do sistema político. No art. 78, Hamilton prevê um Poder Judiciário autônomo, formado por juízes defensores da Constituição e dos direitos individuais.[5]

A *Judicial Review* ou o controle de constitucionalidade veio acontecer em 1803, no julgamento do caso Malbury *versus* Madison. O presidente da Suprema Corte Norte-americana defendeu o controle judicial, alegando que caberia aos juízes a defesa da supremacia da constituição, considerada "uma lei superior, soberana, irreformável por meios comuns". Entendeu que os juízes tinham poder para anular os atos legislativos, ofensivos à Constituição, alertando que, em caso contrário, não haveria como "limitar um poder de sua natureza ilimitável".[6]

Tocqueville,[7] ao estudar a democracia na América, ressaltou a possibilidade dos magistrados se recusarem a aplicar leis que julgam contrárias à Constituição. No seu entendimento, os tribunais americanos adquiriram um imenso poder político, pela sua capacidade de embarreirar as decisões tomadas nas assembleias políticas. No entanto, nessa perspectiva, esse controle era entendido como uma salvaguarda à liberdade e à estabilidade do regime republicano, pois, de um lado, limitava o poder da maioria sobre os indivíduos e as minorias e, de outro, restringia o poder dos próprios magistrados, visto que só poderiam se contrapor às leis por meios judiciários.[8] Nessa lógica, a tirania da maioria seria um risco à democracia, caso não tivesse o Poder Judiciário a atribuição de zelar pelos seus direitos. O individualismo nas sociedades democráticas encontraria no Poder Judiciário e nas instituições intermediárias as referências éticas fundamentais à preservação da liberdade.

Em Tocqueville, a tensão entre liberdade e igualdade é constante. O risco da supressão da liberdade pelos anseios de igualdade é real, já que os povos preferem a igualdade. Segundo Tocqueville,

---

[4] MADISON, J.; HAMILTON, A.; JAY, J. *Os artigos federalistas*. Rio de Janeiro: Nova Fronteira, 1993.
[5] HAMILTON, A.; MADISON, J.; JAY, J. *O Federalista*. Brasília: Editora UnB, 1984. p. 580.
[6] OLIVEIRA, A. L. de. *A limitação dos efeitos temporais da declaração de inconstitucionalidade no Brasil*: uma análise da influência dos modelos norte-americano, austríaco e alemão. Porto Alegre: EDIPUCRS, 2008. Disponível em: <http://www.pucrs.br/edipucrs/efeitostemporais/pag7.html>. Acesso em: 26 out. 2017.
[7] TOCQUEVILLE, A. de. *A democracia na América*. 2. ed. São Paulo: Itatiaia/Edusp, 1987.
[8] TOCQUEVILLE, 1987, p. 83.

> na realidade, existe uma paixão masculina e legítima pela igualdade, que induz os homens a desejarem ser todos fortes e respeitados. Essa paixão tende a elevar os pequenos ao nível dos grandes; mas também se encontra no coração humano um depravado gosto pela igualdade, que leva os fracos a desejar atrair os fortes para o seu nível e que reduz os homens a preferir a igualdade na servidão à desigualdade na liberdade. Não se trata de dizer que os povos cuja situação social é democrática desdenham naturalmente da liberdade; pelo contrário, tem por ela um gosto instintivo. Mas a liberdade não é o objeto principal e contínuo de seu desejo; o que preferem, com um amor eterno, é a igualdade, lançam-se para a liberdade em impulsos rápidos e movimentos súbitos, e, se não alcançam a sua finalidade, resignam-se; mas nada poderia satisfazê-lo sem a igualdade, e consentiriam antes em perecer que em perdê-la.[9]

Essa tendência estaria na raiz dos regimes autoritários no mundo moderno, como demostrou o nazismo, o fascismo e o socialismo. O autoritarismo dos governos da Alemanha, Itália e Rússia mostrou a fragilidade das garantias individuais diante dos regimes políticos. Tal fato serviu ao entendimento da necessidade da criação de mecanismos jurídicos capazes de limitar o poder do Estado.

A Declaração dos Direitos Humanos, aprovada pela Organização das Nações Unidas (ONU), em 1948, três anos após o fim da Segunda Guerra Mundial, representou a possibilidade de reconstrução da paz e dos próprios direitos humanos tão abalados. O documento destaca como central o princípio da dignidade da pessoa humana. Tal princípio se articula com a fraternidade, remetendo à cooperação e à repartição social. As revoluções em nome da igualdade e da liberdade se espalharam no mundo e, no entanto, não adotaram esse princípio de salvaguarda do sujeito, que é um princípio de justiça social.

Com a positivação, nas constituições federais, dos direitos definidos na Declaração dos Direitos Humanos de 1948, o princípio da dignidade foi reconhecido como um pilar central, alterando as funções do Poder Judiciário, que passou a julgar também os casos de contestação dos abusos do poder público. A inclusão dos direitos humanos nas Constituições Federais passou a significar uma referência para a proteção dos indivíduos contra o Estado, e não meramente uma representação abstrata.

Após as duas grandes guerras foi essa a intenção dos legisladores que, na América Latina e especialmente no Brasil, não chegou a se concretizar. Com a ditadura instaurada em 1964, os direitos fundamentais e os direitos civis foram suprimidos, impedindo assim que o Poder Judiciário pudesse se posicionar em sua defesa.

No Brasil, a história do Poder Judiciário expressa as dificuldades da afirmação da democracia liberal e os obstáculos ao reconhecimento dos direitos de cidadania. Na sua trajetória política, fica patente a sua incapacidade de dar sustentação a relação entre legalidade e democracia.

---

[9] TOCQUEVILLE, 1987, p. 50.

2.2 Poder Judiciário, cultura política e desigualdade de classe no Brasil

A formação do Poder Judiciário no Brasil é fortemente marcada pela influência da escravidão e do latifúndio, mantido por relações sociais baseadas no mando e na violência, impostas pelos chefes locais, donos de terra.[10]

Desde a Independência do Brasil, a Constituição Federal de 1824, apesar de estabelecer a criação dos três poderes, subordinou todos ao Poder Moderador, exercido pelo Imperador Dom Pedro I. A autonomia política nacional foi alcançada sem que houvesse mudanças nas relações econômicas, permanecendo a sociedade organizada pelas estruturas que sustentavam a reprodução das atividades de exploração da monocultura e do trabalho escravo.

A independência nacional, em 1822, não significou a realização de mudanças profundas na ordem política e social, pois foram mantidas as condições de subordinação ao comércio internacional e, no âmbito da política interna, a submissão do interesse público aos interesses privados. O liberalismo econômico se articulou com a política patrimonialista, que tomava o Estado como meio para a realização dos interesses das oligarquias agrárias. Consequentemente, essas elites procuravam fazer com que não houvesse incompatibilidade entre seus interesses e a ordem legal. Segundo Fernandes,[11] o Estado Nacional independente era liberal somente em seus fundamentos formais, pois na prática servia como instrumento de dominação patrimonialista.

Nas primeiras décadas do novo regime, o isolamento, a pobreza, a falta de rendas públicas e a ausência de escrúpulos por parte dos políticos estaduais impediu que a lei se tornasse uma referência universal, sendo o domínio desses chefes predominante e extensivo a todas as instituições.[12] Oliveira Vianna considera que desde os tempos da colônia, passando pelo Império até o começo da República, não foram observadas mudanças significativas. Para Carvalho,[13] houve até um retrocesso, pois a incumbência da oferta de educação primária presente na Constituição Federal de 1824 esteve ausente na Constituição Federal de 1891. Aliás, somente em 1926, com a reforma constitucional, foi autorizado ao governo federal legislar sobre o trabalho.[14]

A distância entre a realidade e a Constituição Federal foi identificada por Vianna[15] numa crítica feita ao idealismo da Constituição de 1891. A seu ver, a solução para o problema econômico e social exigia a realização de esforços que não poderiam ser reduzidos exclusivamente às reformas constitucionais. Vianna criticava a crença de que para democratizar o país bastava mudar a Constituição, alegando que seria necessária a implantação de mudanças institucionais. Como questionava a eficácia das

---

[10] VIANNA, F. J. de O. *Populações meridionais no Brasil*. São Paulo: Paz e Terra, 1973; LEAL, V. N. *Coronelismo, enxada e voto*. 3. ed. Rio de Janeiro: Nova Fronteira, 1997.
[11] FERNANDES, F. *A revolução burguesa no Brasil*: ensaio de interpretação sociológica. 2. ed. Rio de Janeiro: Zahar, 1976. p. 68.
[12] LEAL, 1997.
[13] CARVALHO, J. M. de. *Cidadania no Brasil*: o longo caminho. 3. ed. Rio de Janeiro: Civilização Brasileira, 2002.
[14] CARVALHO, 2002, p. 62.
[15] VIANNA, 1973.

instituições políticas brasileiras, propensas a priorizar o interesse de particulares acima do interesse público, uma das medidas defendidas era a autonomia do Poder Judiciário. Devido à ausência de cultura cívica na sociedade brasileira, considerava que as instituições administrativas e políticas também não protegiam a classe trabalhadora.

> As instituições de ordem administrativas e políticas, que regem a nossa sociedade durante a sua evolução histórica, não amparam nunca, de modo cabal, os cidadãos sem fortuna, as classes inferiores, as camadas proletárias contra a violência, o arbítrio e a ilegalidade.[16]

Para Vianna, não adiantaria reconhecer as liberdades políticas sem antes assegurar as liberdades civis. Nessas condições, seria preciso corrigir esse problema na formação histórica brasileira por meio de uma organização eficiente da justiça, capaz de evitar a sujeição dos magistrados às facções políticas, presentes no Poder Executivo e no Poder Legislativo.

Leal[17] também constrói sua crítica à organização da República, considerando que não havia de fato a separação entre os poderes, mas a subordinação da organização judiciária ao "governismo dos chefes locais", propiciando a incursão do poder privado sobre o poder público a partir do compromisso "coronelista".[18] Nessas condições, a lei não significava uma garantia aos direitos civis ou um instrumento para igualdade formal, mas servia para "fazer justiça aos amigos" e ser aplicada aos adversários. Conforme destacou Carvalho,[19] "tornava-se apenas instrumento de castigo, arma contra os inimigos, algo a ser usado em benefício próprio".

A República, assim, desenvolveu-se praticamente desprovida das virtudes cívicas que poderiam fazer o cidadão sacrificar os próprios interesses em razão do bem comum. Por outro lado, a lei não chegava a representar um meio de defesa do cidadão contra o abuso do poder político. O autoritarismo tradicional da ordem escravista e latifundiária imposto pelo Estado oligárquico teve de se adaptar ao sistema "democrático representativo", transplantado do exterior. Apesar da criação de novas instituições formais, o poder privado continuou prevalecendo sobre o interesse público. A confusão entre o público e o privado foi recorrente nos governos da República, demonstrando a debilidade do Estado para impor o direito, principalmente às elites políticas.

Aliás, o sistema eleitoral era uma farsa, pois as eleições não expressavam a soberania popular, pelo contrário, a maior parte dos eleitores se submetia aos chefes locais, "os coronéis". A troca clientelista entre o eleitor e os candidatos constituía o padrão dos relacionamentos na política, sendo uma prática anterior à República, mas que após a sua declaração adaptou-se às novas condições, conseguindo se perpetuar. Segundo

---

[16] VIANNA, 1973, p. 146.
[17] LEAL, 1997.
[18] Segundo Leal, o coronelismo é um sistema política caracterizado pela incursão do poder privado no domínio público, num momento de formação das estruturas políticas representativas no Brasil. Trata-se de uma estrutura complexa de distribuição de poder que envolve a barganha entre fazendeiros e governo.
[19] CARVALHO, 2002, p. 57.

Leal,[20] o clientelismo não significava meramente a sobrevivência do poder privado, sustentado por uma estrutura agrária, mas era, sobretudo, o resultado da sua adaptação a um regime político de base representativa.

De certo modo, Oliveira Vianna e Vitor Nunes Leal relacionam a formação do Poder Judiciário com o desenvolvimento da cultura social e política do país. Não obstante suas contribuições, tais interpretações deixam de lado outras questões centrais, que reportam as condições para o desenvolvimento do capitalismo nas economias periféricas e dependentes. Nesse sentido, a dominação patrimonialista é entendida como um problema endógeno, desconectado das determinações políticas e econômicas que submetem o Brasil às condições ditadas pelas nações imperialistas. Essa questão é tratada por Florestan Fernandes, que considera a desigualdade de classe como um problema central na política do Estado.

Na perspectiva de Fernandes, a universalidade do direito não se torna uma referência distintiva da República brasileira quando comparada ao período anterior. O capitalismo dependente[21] e periférico requeria da burguesia nacional um esforço no sentido de atender aos interesses da burguesia internacional, o que resultava na imposição da exclusão política à maioria da população. Por conseguinte, o direito não se aplicava indistintamente a todos, passando a se tornar um instrumento de manipulação do Estado, que procurava agir prioritariamente no objetivo de assegurar a proteção e defesa da burguesia contra o seu principal inimigo: a classe trabalhadora.

Na perspectiva de Fernandes,[22] o autoritarismo estatal expresso na cultura política brasileira é resultante das limitações impostas ao desenvolvimento nacional que impediam a constituição de uma democracia irrestrita. Daí a insuficiência das instituições brasileiras de garantir a cidadania universal e, portanto, de tornar a República uma realidade para a classe trabalhadora.

De acordo com Fernandes,[23] até 1930 a República se constituiu num curto período em que o liberalismo econômico se desenvolveu com o liberalismo político, sob a direção de um poder autocrático-burguês que restringiu a democracia às classes altas e médias. A instauração do capitalismo competitivo, diferente dos países centrais, foi feita sem correspondência com as condições estruturais e funcionais que pudessem tornar a nação independente. O liberalismo político da República Velha não se desenvolveu pela emergência da classe burguesa e dos trabalhadores contra as oligarquias tradicionais, mas resultou de uma aliança entre setores da classe dominante (frações progressistas da classe senhorial e extratos da burguesia), que manteve a dualidade estrutural herdada do Império, marcada pelos grandes contrastes sociais e econômicos que dividiam a nação.

Conforme o pensamento de Fernandes,[24] o desenvolvimento do capitalismo correspondeu, no plano político, ao surgimento de uma burguesia, que adaptou o Estado

---

[20] LEAL, 1997.
[21] Ao analisar o pensamento de Florestan Fernandes, Tótora (A questão democrática em Florestan Fernandes. *Lua nova*, São Paulo, n. 48, dec. 1999.) afirma que "por capitalismo dependente entende-se uma forma de organização socioeconômica com uma dimensão heterônoma em relação às sociedades capitalistas centrais, mas sob a direção de forças sociais autóctones".
[22] FERNANDES, 1976.
[23] FERNANDES, F. *Que tipo de República?* São Paulo: Brasiliense, 1986.
[24] FERNANDES, 1976.

aos próprios interesses, excluindo uma multidão de trabalhadores. As transformações com objetivo da modernização[25] ocorreram no sentido de "alto a baixo", como se a nação tivesse de se submeter a esse processo pela necessidade de acompanhar o desenvolvimento tecnológico das nações centrais. Visando favorecer o processo de acumulação de capital, o Estado então impôs um ritmo acelerado à marcha do desenvolvimento tecnológico, requerendo a subordinação do grosso da população aos interesses egoístas e particularistas da classe dominante.[26]

Ao se referir ao padrão de subdesenvolvimento que acompanha a modernização no Brasil, em um período mais avançado da industrialização, Fernandes destaca o descompasso entre o progresso técnico e o grau de acumulação alcançado pelos países na periferia, considerando que a infraestrutura existente não apresentava condições para o estabelecimento de uma conexão entre as demandas de acumulação e o progresso tecnológico. Nessas condições, a marcha para o desenvolvimento era impulsionada pelo rebaixamento dos salários ao nível próximo da subsistência, pois a elevação da produtividade do trabalho se baseava no aumento da taxa de exploração.

Tal processo deu ensejo à formação do padrão de subdesenvolvimento, que alargou e aprofundou a desigualdade social, trazendo à tona os conflitos no mundo da produção, tendo como efeito o aumento da repressão sobre a classe trabalhadora. Com isso, a questão central da burguesia tornara-se a estabilidade da ordem, o que requeria a criação de condições para a integração social numa economia em diferenciação e crescimento, que impunha o desenvolvimento desigual interno, ao mesmo tempo em que atendia a dominação imperialista externa.[27] Essa situação se manteve por um longo período. No que tange a elevada concentração de riquezas, mesmo após a década de 1950, o capitalismo não "logrou romper com a associação de dependência ao exterior; não promoveu uma desagregação das formas tradicionais de produção; não chegou a superar os efeitos de uma satelitização imperialista".[28]

Com essa análise, Florestan Fernandes contribuiu ao entendimento das limitações da democracia no Brasil, assim como forneceu elementos para reflexão sobre a função do direito e o papel do Poder Judiciário no desenvolvimento da República. A "questão democrática", segundo Fernandes,[29] revela os elementos que não são apenas característicos do seu começo, mas que se fazem presentes antes dela e perduram mesmo com as mudanças no sistema político. Nessa abordagem, a restrição da participação democrática não é resultado de uma questão meramente política, já que coloca em evidência a articulação de questões estruturais com a cultura. Desse modo, a classe social adquire centralidade, já que nenhum poder político é impermeável aos interesses que remetem à produção social.

---

[25] Modernização é empregada conforme a definição de Furtado (1981:81), que a entende como um "processo de adoção de padrões de consumo sofisticados (privados e públicos), sem o correspondente processo de acumulação de capital e progresso nos métodos produtivos".
[26] FERNANDES, 1976.
[27] FERNANDES, 1976, p. 302.
[28] FERNANDES, 1976, p. 223.
[29] FERNANDES, 1976.

Nesse sentido, a compreensão das mudanças implementadas no sistema político que afetaram o Poder Judiciário passa pela "questão democrática", pois inclui a repressão lançada sobre as possibilidades de construção de um projeto alternativo, voltado aos interesses da classe trabalhadora. Em seu empenho pela defesa da ordem, o Poder Judiciário serviu, em momentos diversos, como instrumento para a garantia da legalidade e pilar de sustentação do poder político excludente. Considerando a história de sua constituição, o modo como o Judiciário se posicionou nos períodos de autoritarismo político na República não chega a ser surpreendente, primeiro pelas diversas formas de violação do Estado aos direitos civis, segundo por ter sido um poder que até a Carta de 1988 não conseguiu firmar sua independência.

Na história política brasileira, encontra-se um Poder Judiciário acanhado e retraído. Sua independência, ainda que inscrita nas Constituições, não chegou a se tornar factual. Uma tradição marcada pelo formalismo, excesso de burocracia, distância, isolamento e uma cultura jurídica positivista transformaram o Poder Judiciário em um poder incapaz de se confrontar com outros poderes. Por conseguinte, o Judiciário foi submetido ao jogo político, possibilitando com isso a instituição de uma ordem injusta, mas legal.

2.3 A Formação do Poder Judiciário no Brasil: marcos históricos e legais

A República no Brasil nasce em 1889, um ano após a abolição da escravatura. Com as limitações com relação à renda e a exigência da alfabetização, os negros e os indígenas foram impedidos de alcançar a cidadania. Nessa época, o eugenismo,[30] concebido nos Estados Unidos, espalhava-se na Europa e na América Central e do Sul.

Um ano antes da proclamação da República, o Código de 1890 já instaurara o positivismo criminológico, que consistia na identificação de traços de inferioridade de determinado tipo antropológico, no Brasil identificado com o negro. O estudo da correspondência entre a delinquência e a raça, criada pela teoria criminológica de Lombroso, declinou na associação do negro com o tipo criminoso. Segundo Serra,[31] a ciência se incumbiu da tarefa de classificar como inferior a população negra, tida como desordeira, incapaz para o trabalho e carregada de vícios. O autor comenta ainda que com a chegada da República, o controle punitivo fora transferido dos escravos para os pobres, em sua maioria negra, produzindo com isso o mito da classe perigosa, uma vez que o sistema de produção não demonstrava a menor intenção de incorporá-los.[32]

O sistema representativo democrático da Primeira República era excludente por não permitir a participação política, por meio do voto, dos pobres, dos analfabetos,

---

[30] O conceito de Eugenia foi criado por Francis Gauton em 1880. Significava a ciência da hereditariedade, cuja finalidade consistia em identificar os melhores membros, portadores das melhores características, para estimular a sua reprodução e, no caso contrário, inibir a reprodução dos que representassem características identificadas como degenerativas (DEL CONT, V. Francis Galton: eugenia e hereditariedade. *Scientiae Studia*, São Paulo, v. 6, n. 2, 2008).
[31] SERRA, M. A. de S. *Economia política da pena*. Rio de Janeiro: Editora Revan, 2009.
[32] SERRA, 2009, p. 193.

dos mendigos, das mulheres, dos menores de idade, dos praças de pré[33] e dos membros de ordens religiosas.[34] Em termos de expansão dos direitos civis e políticos, pouco foi feito, havendo inclusive retrocesso nos direitos sociais.[35] Apesar das medidas importantes para a democracia, como a eliminação do Poder Moderador, do Senado Vitalício, do Conselho do Estado e da instituição do federalismo, predominava a noção positivista de cidadania, que não incluía os direitos políticos, não aceitava os partidos e nem a própria democracia representativa, admitindo apenas os direitos civis e sociais.[36]

Com relação às mudanças no Poder Judiciário, o regime republicano não respeitou sua autonomia. Apesar da Constituição Federal de 1891 instituir o sistema federativo como regime presidencialista, organizado com base na divisão entre poderes concebidos como independentes, equipotentes e harmônicos, na prática havia uma sobreposição do Poder Executivo aos demais.

Em relação à organização do sistema judiciário brasileiro, a Constituição Federal de 1891 criou um modelo dual constituído pela Justiça Federal e pela Justiça dos Estados. A primeira era encarregada de julgar todos os processos que tinham como uma das partes a União Federal, ficando os outros conflitos sob o encargo da Justiça dos Estados. Marmelstein[37] resgata a história de criação do Poder Judiciário Federal, mostrando como o governo provisório, que assumiu após a declaração da República, em 1889, incumbiu praticamente um único homem, Rui Barbosa, a criar o projeto do texto constitucional republicano (aprovado quase integralmente, segundo o autor).

Preocupado com o abuso de poder, o jurista buscou no ideário norte-americano e no recém-lançado conceito de freios e contrapesos de Madison a forma ideal para controlar e garantir a independência dos poderes de Estado. Desse modo, coube ao Poder Judiciário o controle da constitucionalidade das leis, sendo com isso alçado ao papel de fiscal perante o Executivo e o Legislativo. Para tanto, era necessário garantir que os juízes possuíssem autonomia, boas condições financeiras e a segurança de não serem destituídos de seus cargos por questões políticas.

Em 1934, com a outorga da nova Constituição, seguiu-se nova modificação na estrutura do Poder Judiciário, com as regulamentações dos órgãos.[38] Apesar de ter jurado respeitar a Carta Magna, Getúlio concentrou o poder no Executivo. Em 1936, pela lei n. 244, foi criado o Tribunal de Segurança Nacional, com a atribuição de julgar crimes políticos.

Em 1926, essa Constituição Federal da República foi considerada anacrônica com relação às mudanças no país, sendo submetida à revisão. Com relação às garantias

---

[33] Militar pertencente a uma categoria inferior na hierarquia militar; não é considerado um "oficial".
[34] CARVALHO, J. M. *Os bestializados*: o Rio de Janeiro e a República que não foi. São Paulo: Companhia das Letras, 1987. p. 44.
[35] CARVALHO, 1987, p. 45.
[36] CARVALHO, 1987, p. 54.
[37] MARMELSTEIN, G. A criação da Justiça Federal e o surgimento da jurisdição constitucional no Brasil. *Revista CEJ*, Brasília, Ano XI, n. 39, p. 84-87, out./dez. 2007.
[38] TAVARES, D. S. *O sofrimento no trabalho entre servidores públicos*: uma análise psicossocial do contexto de trabalho em um Tribunal Judiciário Federal. 2003. Dissertação de mestrado, Faculdade de Saúde Pública da Universidade de São Paulo.

individuais, houve um retrocesso, já que a Constituição Federal de 1891 elevou o *habeas corpus* à condição de garantia constitucional, combinando o direito de proteção à liberdade pessoal com o direito à liberdade de locomoção. Todavia, a emenda n. 03 de 1926 reduziu esse direito apenas à liberdade de locomoção. Com tal mudança, não se podia empregar esse recurso nos casos de crimes sujeitos à competência de tribunais especiais, submetidos ao Poder Executivo.[39]

A restrição ao controle do Poder Judiciário sobre os outros poderes, no caso de instituição do Estado de Sítio, evidencia-se no art. 60, parágrafo 5, que estabelece o seguinte:

> Nenhum recurso judiciario é permittido, para a justiça federal ou local, contra a intervenção nos Estados, a declaração do estado de sitio e a verificação de poderes, o reconhecimento, a posse, a legitimidade e a perda de mandato dos membros do Poder Legislativo ou Executivo, federal ou estadual; assim como, na vigencia do estado de sitio, não poderão os tribunaes conhecer dos actos praticados em virtude delle pelo Poder Legislativo ou Executivo.

Conforme Araújo,[40] a Constituição Federal de 1934 abandonou o caráter liberal e os princípios da constituição americana, presentes na Carta de 1891. Formulada durante o governo provisório de Getúlio Vargas, após a Revolução de 1930, a nova Constituição Federal inseriu os direitos sociais, "abrindo espaço para matérias como ordem econômica, justiça social, família, justiça eleitoral e para a criação do mandato de segurança".[41] Pela primeira vez, foi introduzido na Constituição Federal um capítulo admitindo a regulação da economia, legislando sobre o salário mínimo e a indenização do trabalhador despedido, regulando o exercício de todas as profissões.[42]

Araújo[43] esclarece que foi com essa Constituição que teve início o constitucionalismo no Brasil, ao introduzir no direito brasileiro os pressupostos da ação direta de inconstitucionalidade, posteriormente formulada pela emenda constitucional n. 26/65. Foram instituídos o mandato de segurança e a ação popular, de iniciativa do cidadão, além de manter o *habeas corpus*, conforme definido na CF/1891, que funcionou como um instrumento de controle de constitucionalidade.

Conforme o art. 63 da CF de 1934, o Poder Judiciário ficara constituído pelos seguintes órgãos: a Corte Suprema, os juízes e Tribunais Federais, os juízes e Tribunais Militares, os juízes e Tribunais Eleitorais. Em 1936, o Tribunal de Segurança Nacional foi regulamentado pela lei n. 244, sendo vinculado à Justiça Militar. O afastamento do Poder Judiciário na política estava claramente explicitado no art. 68, que proibia o Poder Judiciário do conhecimento de questões exclusivamente políticas.

---

[39] ARAÚJO, R. C. de. *O Estado e Poder Judiciário no Brasil*. 2. ed. Rio de Janeiro: Lumen Juris, 2004.
[40] ARAÚJO, 2004.
[41] ARAÚJO, 2004, p. 142.
[42] SANTOS, W. G. dos. A práxis liberal e a cidadania regulada. In: *Décadas de espanto e uma apologia democrática*. Rio de Janeiro: Rocco, 1998. p. 90.
[43] ARAÚJO, 2004.

A Justiça do Trabalho e o Tribunal Marítimo dos Administrativos não foram criados como órgãos do Poder Judiciário, estando vinculados ao Poder Executivo. A CF de 1934 instituiu a Justiça do Trabalho no capítulo *Da Ordem Econômica e Social*, cuja origem ocorreu no Ministério do Trabalho. Em maio de 1932, foram criadas, pelo decreto n. 21.396, as Comissões Mistas de Conciliação, com o objetivo de dirimir os dissídios entre os empregados e empregadores, nos municípios onde existissem sindicatos ou associações profissionais de empregadores ou de empregados, organizados de acordo com a legislação vigente. Em novembro desse mesmo ano, foram criadas, pelo decreto n. 22.132, as Juntas de Conciliação e Julgamento. Enquanto as Comissões atuavam na conciliação e arbitragem de conflitos entre empregadores e empregados, as Juntas se encarregavam dos litígios oriundos de questões de trabalho em que as partes seriam constituídas por empregados sindicalizados, sem que pudessem afetar a coletividade a que pertenciam os litigantes (art. 1º).

Apesar de o decreto n. 24.694/34 ter consagrado a pluralidade e a autonomia sindicais, conforme previsão do art. 120 da Constituição de 1934, o movimento dos trabalhadores fora brutalmente reprimido pela polícia, havendo fechamento e mesmo a destruição dos sindicatos. Em abril de 1935, com a aprovação da Lei de Segurança Nacional, tornara-se oficial a constituição de um Sistema Penal paralelo[44] a ser aplicado aos inimigos do Estado, autorizando a supressão dos direitos civis e políticos em nome da defesa da ordem.

A concentração do poder em torno do Presidente da República se consolida no Estado Novo, em 1937. Getúlio Vargas outorga a Constituição Federal de 1937, implementando no governo uma política antiliberal, intervencionista e autoritária. Seu esforço pelo exercício do controle sobre a classe trabalhadora acabou gerando a proeminência do Ministério do Trabalho e das Juntas de Conciliação e Julgamento. Em 1939, o decreto-lei n. 1.237 institui a Justiça do Trabalho, com objetivo de dirimir conflitos oriundos das relações entre empregadores e empregados, reguladas na legislação social (art.1º).

Segundo Barbosa,[45] com a criação da Justiça do Trabalho, as lutas até então travadas nas ruas foram paulatinamente desviadas, transformando a justiça social em um negócio burocrático, além de acarretar a morte da vida política ao criar obstáculos para as aspirações de manifestação autônoma por parte dos sindicatos. Para Werneck Vianna,[46] a Justiça do Trabalho, ao regular o mercado, distribui o justo e o equânime, requerendo um sindicato obediente à legislação corporativista.

Em 1939, a repressão se acentua com a instituição do decreto n. 1.402, que integra o sindicato único ao aparelho estatal e insere a classe trabalhadora na estrutura administrativa por meio das negociações desenvolvidas nas Juntas de Conciliação e Julgamento.

---

[44] Segundo Zaffaroni (*Direito penal brasileiro*. Rio de Janeiro: Revan, 2003. p. 52-53), na América Latina foi criado um Sistema Penal paralelo, autorizado a não se submeter à lei. O poder punitivo seria exercido por agências do Estado, responsáveis por cometer diversos delitos, como a institucionalização da pena de morte, desaparecimentos, torturas, sequestros, exploração do jogo e da prostituição, entre outros.
[45] BARBOSA, A. de F. *A formação do mercado de trabalho no Brasil*. São Paulo: Alameda, 2008. p. 251.
[46] VIANNA, L. W. *Liberalismo e sindicato no Brasil*. 4. ed. Belo Horizonte: UFMG, 1999.

Por ter sido um espaço político extremamente controlado pelo governo e devido à manipulação da propaganda por ele vinculada, foi sendo disseminada a ideologia da outorga, na qual se entendia que era Getúlio quem concedia os direitos trabalhistas, já que esses direitos não eram universais, sendo auferidos à classe trabalhadora dos centros urbanos que possuíam carteira assinada, ficando desassistidos os trabalhadores rurais, as empregadas domésticas e os profissionais autônomos.[47] A lei específica para os trabalhadores rurais veio somente em 1963, com o Estatuto do Trabalhador Rural, lei federal n. 4.214.

Não obstante, o período do Estado Novo (1937-1945) é de grande produção legislativa. Em 1940, o governo Vargas cria a lei do salário mínimo pelo decreto-lei n. 2.162 de 1º de maio de 1940 e, em 1943, institui a consolidação das leis trabalhistas (CLT), com o decreto-lei n. 5.452, de 1º de maio de 1943. Nesse intervalo, Getúlio Vargas aumentou a concentração do poder, dissolvendo o Congresso Nacional e legislando mediante decretos-leis. A evidência da intervenção sobre o Poder Judiciário ocorreu com a extinção da Justiça Federal e da Justiça Eleitoral. A Carta de 1937 também não faz menção ao Tribunal de Reclamações e aos Tribunais de Relações.[48] Ademais, até mesmo o princípio da separação entre os poderes, presente nas constituições precedentes, não foi mencionado, existindo apenas a determinação do presidente da República como a autoridade máxima da nação.[49]

Conforme a CF 1937, o Poder Judiciário Nacional passou a ser formado pelos seguintes órgãos: a) Supremo Tribunal Federal; b) Juízes e Tribunais dos Estados, do Distrito Federal e dos Territórios; c) Juízes e Tribunais Militares. No que se refere aos Estados, a Justiça Estadual de 1ª Instância passou a julgar os casos envolvendo a União.

No ano de 1940, foram criados o Código Penal e o Código de Processo Penal. Segundo Serra,[50] esse Código Penal foi expressão da reforma do poder central do Estado, que visava enfraquecer o poder político dos coronéis. Nesse período, observa-se uma tendência no discurso jurídico penal dominante de identificar na situação de pobreza as razões para os crimes.[51]

Em 1942, ainda sob o Estado Novo, a lei constitucional n. 7, que altera o 173, da Constituição de 1937, conciliou as competências do Tribunal de Segurança Nacional com as da Justiça Militar,[52] o que acentuou sobremaneira o autoritarismo e a falta de controle sobre o Poder Executivo. Em 1945, após a vitória na Segunda Guerra dos países que representavam o bloco democrático, Getúlio não consegue manter-se no poder.

No ano seguinte, uma nova Constituição Federal foi elaborada na intenção de redemocratizar o país:

---

[47] SANTOS, 1998, p. 92.
[48] DONATO, V. C. C. *O Poder Judiciário no Brasil*: estrutura, críticas e controle. Dissertação. UNIFOR, Fortaleza, 2006. Disponível em: <http://www.dominiopublico.gov.br/download/teste/arqs/cp041679.pdf.>. Acesso em: 19 fev. 2016.
[49] ARAÚJO, 2004, p. 194.
[50] SERRA, 2009.
[51] SERRA, 2009.
[52] MATHIAS, C. F. *Notas para uma história do Judiciário no Brasil*. Brasília: Fundação Alexandre de Gusmão, 2009.

> Quando o Brasil emergiu da ditadura Vargas e se reconstitucionalizou em 1946, o modelo de Estado de Direito que o país adotou foi ainda o do Estado Providência, delineado na Europa no Primeiro Pós-Guerra e caracterizado pela absoluta supremacia do interesse público sobre os direitos individuais e, no Direito Administrativo, pela autoexecutoriedade dos atos administrativos e pelas presunções de validade, legalidade e veracidade dos atos da Administração.[53]

Nessa Constituição, estava prevista a Justiça Eleitoral, a Justiça do Trabalho passou a ser integrada ao Poder Judiciário e foi criado o Tribunal Federal de Recurso (Órgão de 2ª Instância) para as causas envolvendo a União. Essa estrutura do Poder Judiciário vingaria até 1965, quando a Justiça Federal de Primeira Instância voltou a existir.

Em 1964, o Poder Judiciário novamente é cerceado em sua autonomia pelo regime militar. Acerca da intervenção sobre esse poder na época, Araújo[54] afirma que a autonomia e a defesa dos direitos e garantias individuais foram impedidas em decorrência das restrições impostas pelo ato institucional n. 5/68 e pela emenda constitucional n. 1/69, que concediam à Justiça Militar a atribuição de processar e julgar crimes de natureza política ou que contrariassem a Lei de Segurança Nacional. Segundo a autora, o Poder Judiciário no Brasil tem uma história de instabilidade, sobretudo pelos vários períodos em que sofreu a interferência do Poder Executivo.

> Na verdade, a história constitucional brasileira, exceto o período imperial, demonstra uma acentuada instabilidade, expressa no significativo volume de emendas, leis constitucionais, atos institucionais e outras previdências constitucionais, emergenciais ou corretivas, o que permite concluir que os fatores de ordem política sempre diluíram a identidade do Poder Judiciário, ora através de emendas e atos institucionais que restringem os seus poderes e competências, ora através da elaboração de uma nova constituição, que lhe transmuda a organização ou procura resgatar os momentos de refluxo da constituição imediatamente anterior.[55]

Freitas,[56] ao comentar sobre o Poder Judiciário no Regime Militar, destaca alguns atos institucionais que aniquilam a possibilidade do seu funcionamento como poder independente.

---

[53] SILVA, R. P. M. da; GRECO, L. A jurisdição administrativa no Brasil. In: SILVA, R. P. M. da; BLANKE, H-J; SOMMERMAN, K. P. *Código de jurisdição administrativa*. Rio de Janeiro: Renovar, 2009.
[54] ARAÚJO, 2004, p. 319.
[55] ARAÚJO, 2004, p. 411.
[56] FREITAS, V. P. de. O Poder Judiciário brasileiro no regime militar. *Consultor Jurídico*, 20 de dezembro de 2009b. Disponível em: <http://www.conjur.com.br/2009-dez-20/segunda-leitura-poder-judiciario-brasileiro-regime-militar>. Acesso em: 29 out. 2017.

O AI-2, em 1965, elevou o número de ministros do STF de 11 para 16, com o intuito de alterar os posicionamentos. O AI-5, em 1968, suspendeu as garantias e direitos constitucionais, iniciando as cassações. O AI-6, de 1969, excluiu da apreciação judicial uma série de atos. O AI-13, de 1969, dispôs sobre o Banimento dos considerados nocivos à Segurança Nacional. O AI-14, em 1969, institui a pena de morte para os casos de guerra psicológica revolucionária ou subversiva.[57]

Com o AI-2, também ficaram suspensas as garantias constitucionais de vitaliciedade, inamovibilidade e estabilidade, bem como a de exercício em funções por determinado tempo. No parágrafo único do art. 14 do AI-2, foi estabelecido que

> ouvido o Conselho de Segurança Nacional, os titulares dessas garantias poderão ser demitidos, removidos ou dispensados, ou, ainda, com os vencimentos e as vantagens proporcionais ao tempo de serviço, postos em disponibilidade, aposentados, transferidos para a reserva ou reformados, desde que demonstrem incompatibilidade com os objetivos da Revolução.

Segundo Freitas,[58] a intervenção não ocorreu sem resistência. No Poder Judiciário, foram cassados o juiz de Direito José Francisco Ferreira, da comarca do Pacaembu, em São Paulo, por ter mandado hastear a bandeira do Brasil a meio pau do Fórum, no dia 31 de março de 1964; o desembargador Edgard Moura Bitencourt, do Tribunal de Justiça do Estado de São Paulo (TJ-SP), autor do livro *O juiz*; o Ministro José de Aguiar Dias, autor do livro *Da responsabilidade civil*; e o juiz federal Américo Masset Lacombe, de São Paulo, que foi preso, cassado e voltou, anistiado, à magistratura, onde chegou à presidência do TRF-3.

Em 1967, a Justiça Federal fora constituída por juízes indicados pelo presidente da República, deixando a Justiça Estadual alijada das questões institucionais, e evitando, assim, possíveis atritos.[59]

Conforme Scabin,[60] no dia 16 de janeiro de 1969, o governo decidiu, após reunião do Conselho de Segurança, divulgar uma lista contendo quatro tipos de punições: cassação de mandato, cassação de mandato com suspensão de direitos políticos, suspensão de direitos políticos e aposentadoria compulsória. Entre os punidos, encontravam-se os Ministros Hermes Lima, Evandro Lins e Silva e Victor Nunes Leal, aposentados compulsoriamente. Tal procedimento confirma a afirmação de Freitas,[61] ao considerar que "no regime militar, o Judiciário, na esfera política e institucional,

---
[57] FREITAS, 2009b.
[58] FREITAS, 2009b.
[59] FREITAS, 2009b.
[60] SCABIN, C. S. *O Supremo Tribunal Federal nos anos de regime militar:* uma visão do Ministro Victor Nunes Leal. Monografia. Sociedade Brasileira do Direito Público, 2004.
[61] FREITAS, 2009b.

não tinha liberdade de agir, e os que ousassem enfrentar o regime corriam o risco da cassação".

Acerca da supressão dos direitos civis na ditadura militar, Carvalho[62] comenta que o *habeas corpus* foi suspenso para crimes políticos, a privacidade do lar e o segredo de correspondência foram violados, prisões costumavam ser feitas sem mandado judicial e os presos eram mantidos isolados e incomunicáveis, além de serem submetidos a torturas por métodos que não raro levavam à morte da vítima. A liberdade de pensamento foi cerceada pela censura prévia à mídia e às manifestações artísticas. Nas universidades, professores eram aposentados ou cassados, sendo proibidas também as atividades estudantis.[63]

A desilusão com os regimes autoritários de direita e de esquerda existentes em diversos países proporcionou a aproximação da esquerda ao tema dos direitos humanos. Conforme Oliveira,[64] na década de 1980, visando à defesa contra o regime militar no Brasil, a esquerda passou a valorizar os direitos humanos, conhecidos até então como um tema estimado pela direita na Europa. Desde então, os direitos sociais começaram a ser defendidos, levando em consideração as diferenças étnicas culturais e políticas. As reivindicações por igualdade social foram sendo associadas aos valores do liberalismo político. Tanto no Brasil como na América Latina, as concepções religiosas, liberais e marxistas se misturaram no movimento pelos direitos humanos, marcando fortemente a cultura política de esquerda na região.[65]

No processo constituinte, Fernandes[66] advertiu a esquerda, lembrando que a burguesia nacional não conseguiu conviver com a "normalidade constitucional", em decorrência das exigências históricas que o grau de desenvolvimento capitalista impunha, tendo sido a protagonista de dois golpes na história política brasileira, o golpe de 1937 e o de 1964. Destaca que "a Constituição não está acima das classes", mas representa uma tentativa de reconciliação ao oferecer o mínimo de equidade nas relações entre as classes desiguais. Acrescenta ainda que as dificuldades para a coexistência das classes numa ordem desigual fazem com que sejam produzidas alterações sucessivas no ordenamento constitucional, além de provocar também mudanças constantes nos códigos legais, a fim de adaptá-los às situações concretas. Diante de tal comportamento, a burguesia não se submeteria à legalidade, mas acabaria corrompendo o ordenamento constitucional, orientando-o ao seu favor. Ou seja, nos momentos de crise do capitalismo, a burguesia reagiria, tentando perverter a Constituição Federal em detrimento dos direitos da classe trabalhadora. Admitindo tal possibilidade, seria o Poder Judiciário forte o suficiente para impedir que a burguesia venha usurpar o poder constitucional?

No processo de redemocratização do Brasil durante os anos de 1980, o Poder Judiciário foi questionado acerca de sua atuação ao longo do regime ditatorial, com a

---

[62] CARVALHO, 2004.
[63] CARVALHO, 2004, p. 193.
[64] OLIVEIRA, L. *Imagens da democracia*: os direitos humanos e o pensamento político de esquerda no Brasil. Recife: Pindorama, 1995.
[65] OLIVEIRA, 1995, p. 79.
[66] FERNANDES, 1986. p. 18.

preocupação de tentar impedir que o novo regime democrático pudesse sofrer novos golpes. O contexto internacional reforçava a valorização do sistema político democrático, tendo em vista o desmoronamento dos regimes socialistas. Os direitos humanos tornaram-se referência para fazer avançar uma proposta de conciliação entre os múltiplos interesses, tomados não mais como interesses de classe, mas considerados como interesses plurais.

Universalistas e pluralistas defendiam mudanças na formulação das políticas sociais. Enquanto os universalistas sustentavam a importância da inclusão social mediante a implementação de políticas universais, os pluralistas defendiam os interesses de segmentos sociais que até então não haviam sido reconhecidos como sujeitos de direitos. Até aquele momento, pessoas com deficiência, crianças e idosos não podiam contar com nenhum tipo de proteção social que fosse implementada a partir da consideração dos direitos fundamentais. Acreditando que poderia reunir satisfatoriamente as políticas universais e as demandas específicas, a CF de 1988 incorporou tanto as reivindicações daqueles que defendiam o universalismo como dos que priorizavam o pluralismo.

De acordo com Cittadino,[67] as influências mais marcantes na constituinte foram os liberais contemporâneos, o grupo que defendia a democracia deliberativa e os comunitaristas. Os liberais, ao defenderem a autonomia privada, privilegiaram os direitos fundamentais; a vertente crítica deliberativa defendeu a participação ativa dos cidadãos nos assuntos públicos, reconhecendo primordialmente a diversidade de identidades sociais; e os comunitários atribuíram prioridade à soberania popular. Os dois últimos defendiam que a instituição do direito legítimo deveria ser realizada por meio das garantias, não apenas das liberdades subjetivas que asseguram a autonomia privada, mas também da participação dos cidadãos mediante a afirmação da autonomia pública.[68]

Segundo Cittadino,[69] ao definir fins e programas de ação futura, a Constituição assumiu características de Constituição dirigente.[70] Por entender as normas constitucionais relativas aos direitos fundamentais como programas de ação ou afirmações de princípios que são de um modo geral vagas e incompletas, Cittadino afirma que a concretização dos sistemas de direitos constitucionais "pressupõe uma atividade interpretativa tanto mais intensa, efetiva e democrática quanto maior for o nível de abertura constitucional existente".[71] Para garantir a efetividade dos direitos fundamentais, uma série de instrumentos processuais-procedimentais foi incluída no ordenamento institucional, permitindo com isso sua utilização pelo círculo de intérpretes da constituição (cidadãos, partidos políticos, associações etc.).

---

[67] CITTADINO, G. *Pluralismo, direito e justiça distributiva*: elementos da filosofia constitucional contemporânea. Rio de Janeiro: Lumen Juris, 1999.
[68] CITTADINO, 1999, p. 7.
[69] CITTADINO, 1999, p. 15.
[70] De acordo com Faria (*O direito na economia globalizada*. São Paulo: Malheiros, 1999), as constituições dirigentes consistem num estatuto organizatório de competências e definidor de processos, além disso, "atuam como uma espécie de estatuto político, estabelecendo o que, quando e como os legisladores e governantes devem fazer para concretizar as diretrizes programáticas e os princípios constitucionais (1999:XVI).
[71] CITTADINO, 1999, p. 19.

Nessas condições, o valor da dignidade da pessoa humana poderia ser cobrado pela comunidade ao recorrer aos mecanismos de controle em casos de omissões do Poder Público (Mandatos de Injunção e Ação de Inconstitucionalidade por omissão). Com esses mecanismos, estabelecem-se as bases para a supremacia da Constituição e a proeminência do Poder Judiciário sobre os outros poderes. A incorporação desses instrumentos significava a possibilidade de aproximação entre o sistema de direitos constitucionais e a realidade.

Nessa perspectiva, a Constituição Federal de 1988 pretendeu conciliar justiça distributiva com pluralismo; universalismo com respeito às identidades sociais; limitação do Poder do Estado com soberania popular. Segundo Chaves, uma nova concepção de justiça social foi definida na Carta, passando a admitir o reconhecimento intersubjetivo, cujos fundamentos são os direitos fundamentais e a soberania popular, expressa nos procedimentos concretos de participação e representação.[72]

Cittadino declara que a Constituição definiu os objetivos fundamentais do Estado, orientando a compreensão e interpretação do ordenamento constitucional pelo critério do sistema de direitos fundamentais, o que implica a tradução da dignidade humana no sistema de direitos constitucionais como "valor essencial que dá unidade de sentido à Constituição Federal".[73] Ao conferir um sentido de dignidade à pessoa humana com base nos princípios de justiça distributiva, a Constituição pretendeu conformar a construção de um Estado de Bem-Estar Social, nos moldes europeus, por meio da provisão constitucional.[74] Nesse sentido, atribuiu relevância ao direito na função de integração social.

Apesar das divergências entre as vertentes, Cittadino[75] comenta que o elemento comum entre liberais, comunitários e críticos deliberativos foi o entendimento da intersubjetividade como elemento comum da ética, do direito e da política na construção da democracia.

Com efeito, o novo texto constitucional alterou o papel do Poder Judiciário, que passara a ter a função de guardião da Constituição. Isso correspondia a uma inversão, pois se antes sua intromissão na política não era permitida, doravante lhe caberia o encargo de intervir politicamente cada vez que algum direito de indivíduo ou de minorias fosse violado. Tal função é respaldada não apenas no direito interno, mas também nos tratados internacionais, nos quais o Brasil é signatário. Significa dizer que o Poder Judiciário não pode mais se definir como neutro. Trata-se de uma mudança significativa na forma de funcionamento da democracia, pois não se admite mais que o indivíduo seja esmagado pela coletividade. A regra da maioria, princípio básico de sustentação do Poder Legislativo e Executivo, passa a ser limitada pela exigência de ter de considerar os direitos fundamentais e de minorias.

Na democracia constitucional, a referência não é a interpretação das normas resultantes do consenso construído na comunidade política, que permite ao juiz seguir

---

[72] CHAVES, V. P. *O direito à assistência social no Brasil*. Rio de Janeiro: Campus, 2012. p. 40.
[73] CITTADINO, 1999, p. 13.
[74] CITTADINO, 1999, p. 73.
[75] CITTADINO, 1999.

o princípio da maioria sem se chocar com as instituições representativas. Essa democracia se afasta e muito daquele modelo em que ao juiz cabe apenas aplicar a lei, e não interpretá-la. No modelo vigente, o papel do juiz é o de garantir os direitos dos cidadãos,[76] cuja referência é a lei, visto que são concebidos como "sujeitos de direitos".

Segundo o desembargador Luiz Fernando Ribeiro de Carvalho, presidente do Tribunal de Justiça do Estado do Rio de Janeiro (2015-2016), no Estado Democrático de Direito,

> o Judiciário tem como norte os Direitos Fundamentais postos na Carta Magna, um guardião da Constituição, ou seja, ele não se baseia em maioria ou minoria. Ele, na verdade, é um contrapoder, representa a garantia do cidadão comum contra os poderes baseados na maioria. Se houver um cidadão expressando a sua vontade perante o Judiciário usando o direito constitucional de ação contra 20 milhões do outro lado, se a razão estiver com ele, mesmo isolado, é essa a vontade que o Judiciário deve prevalecer. É um contrapoder de maioria.[77]

Por sua vez, um Poder Judiciário mais autônomo, com competência para intervir na política e defender os direitos individuais e sociais dos cidadãos num país onde a cidadania não foi amplamente alcançada, significa operar uma transformação com impacto sobre as instituições políticas e administrativas. Não é de se admirar as dificuldades enfrentadas nesse percurso em que o Judiciário vai se afirmando como um poder ativo. Criticam-se os excessos de sua intervenção e os transtornos que tem provocado à administração nos estados, municípios e no governo federal. Questionam-se os limites de sua interferência e tentam, de diversas formas, limitar o seu papel de defensor dos direitos constitucionais. A situação é paradoxal, pois ao mesmo tempo em que as autoridades governamentais reclamam da sua intromissão no processo político de formulação e implementação de políticas públicas, novos estatutos são votados, ampliando a legislação social e tendo o Poder Judiciário a atribuição de cobrar a proteção e a execução de novos direitos. Esse movimento reflete em certa medida a pressão pela ampliação dos espaços políticos, por onde possam ser manifestas as diversas demandas sociais e de classe. Desde a promulgação da Constituição Federal, essas demandas têm em comum a reivindicação da repartição menos desigual da riqueza socialmente produzida e a cobrança pela implementação de mudanças no exercício do controle social.

---

[76] Para melhor compreensão da mudança nas tradições do direito, consultar: GUARNIERI, C.; PEDERZOLI, P. *Los jueces y la política*: poder judicial y democracia. Madrid: Taurus, 1999.

[77] CARVALHO, L. F. R. Não existe democracia sem Judiciário forte, que não seja arrogante e dialogue com todos. *Revista Justiça e Cidadania*, Rio de Janeiro, n. 174, Editora JC, 2015.

Capítulo 3

Legislação social no Brasil: dilemas da relação entre política social e cidadania

Introdução

As políticas sociais contribuem na construção do consenso político, pois são a moeda de troca da classe trabalhadora em busca de sua autonomia na disputa pela consecução e ampliação dos direitos sociais, especialmente dos direitos trabalhistas. Seu desenvolvimento histórico é resultado da articulação entre os fatores estruturais, expressos nas contradições da relação entre o Estado e a produção, e os fatores sociopolíticos, relacionados às condições de reprodução da força de trabalho.

Nessa linha de raciocínio, as políticas sociais são resultado das relações travadas entre os diferentes agentes no espaço público que disputam a hegemonia para decidir sobre as formas de intervenção nas "expressões da questão social". Sendo assim, derivam de disputas políticas que incidem sobre a forma de utilização dos recursos públicos, tornando-se mais acirradas em momentos de crise do capital. Possuem um caráter contraditório, pois ao mesmo tempo em que atendem aos interesses da classe trabalhadora, também funcionam como suporte à sustentação e ao desenvolvimento do regime de acumulação. Essas políticas tendem a sofrer mudanças no padrão do seu desenvolvimento, em decorrência da ruptura na estrutura social de sustentação da dinâmica da acumulação. Daí a sua reformulação até que fiquem adequadamente ajustadas a um novo esquema de reprodução, ou seja, o novo regime de acumulação se desenvolve em decorrência dos compromissos institucionais que viabilizam a realização de um conjunto de ajustes, o que implica em mudanças no padrão das políticas sociais. Esses ajustes, que tornam possível a passagem do fordismo ao regime de acumulação flexível,[1] induzem as políticas sociais ao novo modo de regulação.

---

[1] HARVEY, D. *Condição pós-moderna*. 6. ed. São Paulo: Loyola, 1992.

Entendendo que as políticas sociais expressam os efeitos da reestruturação do capital sobre o conjunto das formas institucionais, adotou-se aqui essa perspectiva, reconhecendo a importância da centralidade da forma da relação salarial no fordismo e as mudanças nela implementadas nesse período de transição para o regime de acumulação flexível. Nessa chave de interpretação, é possível compreender que tais ajustes têm implicado enfraquecimento do vínculo entre a política social e o mundo da produção, alterando, portanto, a institucionalidade da relação entre o Estado e a classe trabalhadora.

A perspectiva apresentada acima contribui para a elucidação da relação entre a legislação social, o trabalho e a cidadania, desenvolvida no período da acumulação fordista e que passa, na atualidade, por transformações decorrentes da correlação entre o regime de acumulação flexível e o projeto político neoliberal. Tal processo tem provocado profundas mudanças na formulação e execução das políticas sociais, a ponto de tornar impraticáveis a promoção social e a cidadania para a maior parte da população.

A fim de compreender como tais mudanças atingem a legislação social no Brasil, será feita, neste capítulo, a reconstrução da trajetória da política social, destacando suas limitações à consecução dos direitos sociais e mostrando sua proposta de realização da "justiça social" por meio da regulação dos conflitos enraizados na produção. A seguir, o foco será a Constituição Federal de 1988, que inseriu um novo conceito de seguridade social, trazendo à tona a questão da redistribuição ao tornar a dignidade da pessoa humana sua referência central. Será apresentada também a ampliação dos estatutos que tratam dos direitos de minorias, fenômeno interpretado como uma expressão da demanda por proteção e segurança em um contexto de restrição do gasto social, de precarização dos direitos do trabalho e do aumento da demanda por assistência social.

Em seguida, os desafios à seguridade serão analisados com base na sua estruturação, com destaque para a forma como o acesso às políticas de saúde, assistência social e previdência se articulam com o trabalho, considerado a referência básica para a obtenção dos benefícios.

A última seção tratará do Benefício da Prestação Continuada, o único direito constitucional não contributivo, que tem apresentado um aumento expressivo em sua demanda.

3.1 Política social e cidadania: breves considerações acerca da construção da proteção social no Brasil

A legislação social no Brasil exprime a forma como foi desenvolvida a articulação entre a política e a economia, central na regulação dos conflitos entre as classes. O reconhecimento da "questão social" na década de 1930 trouxe à baila a relevância da participação da classe trabalhadora no Estado e o surgimento de novos projetos políticos. O crescimento da classe trabalhadora urbana representava uma necessidade para o país, mas também um problema político, visto que seu fortalecimento em um período de industrialização acentuava a pressão dos sindicatos, trazendo-os para a cena política. Todavia, os canais institucionais para a resolução de conflitos não constituíam uma via democrática, baseada na participação política e autônoma da classe trabalhadora, organizada a partir das representações funcionais e partidárias. A intervenção nos conflitos de classe foi feita a partir de mecanismos de controle, que submetiam a classe trabalhadora ao domínio do Estado. Nessas condições, foram criadas leis e diversos mecanismos visando o aniquilamento dos projetos alternativos e o aumento do controle sobre a sociedade civil.

A ampliação dos direitos trabalhistas nos anos de autoritarismo, na chamada "Era Vargas", ensejou dois tipos de interpretações: uma baseada na ideia da "outorga", que remete à concessão paternalista do Estado nesse processo de reconhecimento da legitimidade das reivindicações da classe trabalhadora, e outra que identifica esses direitos como conquistas sociais. Gomes,[2] ao analisar essa questão, nega as duas interpretações, considerando que os direitos não chegaram a se universalizar e deixaram todos os trabalhadores rurais excluídos, não podendo, portanto, ser considerados uma conquista. Por outro lado, reconhece que o Estado não poderia se esquivar da responsabilidade de intervir sobre a "questão social", passando a administrar os conflitos no interior da máquina estatal, selecionando as categorias profissionais e controlando os sindicatos. A política social, sob as bases do corporativismo sindical, desenvolveu-se sob o controle do Poder Executivo, que suprimiu os direitos civis e políticos.

Durante o longo período da ditadura militar, o modelo econômico não sofreu alteração em sua estrutura, levando adiante o processo de substituição das importações, mas acabou aprofundando a dependência externa ao promover a integração do capital público com o privado nacional e internacional, que constituiu o tripé da indústria brasileira e foi a base do modelo de "desenvolvimento dependente e associado" adotado desde o governo de Juscelino Kubitschek.[3,4] A permanência desse modelo levou Fiori[5] a constatar que "com Vargas, fez-se a opção que Geisel levou às últimas consequências: uma industrialização pesada realizada com o decisivo aporte do capital internacional".

Ao abordar o regime militar, Lima[6] comenta que, após 1964, o modelo econômico implementado favorecia as multinacionais e criava uma política de crédito que priorizava o capital estrangeiro, incentivando as exportações de manufaturados em benefício desse mesmo capital, além de possibilitar a elevação da taxa de acumulação pela oferta de mão de obra barata. Hermann[7] comenta que o período entre 1974 e 1984

---

[2] GOMES, A. de C. *A invenção do trabalhismo*. São Paulo: Vértice, Editora Revista dos Tribunais, 1988.
[3] Segundo Mendonça (*Estado e economia no Brasil*: opções de desenvolvimento. Rio de Janeiro: Graal, 1985), a proposta compreendia uma divisão de atividades, cabendo ao capital privado a responsabilidade pelas empresas produtoras de bens de consumo; ao capital estrangeiro a produção de bens duráveis; ao capital estatal o desenvolvimento do setor de bens de produção.
[4] MENDONÇA, 1985.
[5] FIORI apud LIMA, S. de C. Da substituição de importações ao Brasil potência: concepções do desenvolvimento 1964-1979. *Aurora*, p. 35, ano V, número 7, jan. 2011.
[6] LIMA, 2011.
[7] HERMANN, J. Reformas, endividamento externo e o mercado econômico (1964-1973). In: GEAMBIAGI, F. et al. *Economia Brasileira Contemporânea (1945-2004)*. Rio de Janeiro: Elsevier, 2005.

é marcado pelo esgotamento do modelo de substituição das importações, comandado pelo Estado e apoiado no endividamento externo,[8] e afirma que a situação se agrava com os choques do petróleo em 1973 e 1979, pela interrupção dos fluxos de capital dos países industrializados e pelo aumento dos juros norte-americanos, entre 1979 e 1982.[9] Para enfrentar a crise, os governos adotaram medidas de ajuste estrutural a fim de estabilizar a economia e o resultado foi uma sucessão de planos econômicos malsucedidos que provocaram o aumento da inflação, acentuando a crise econômica.

Durante todo o regime militar, o intervencionismo estatal reforçava o controle do Estado sobre o processo de acumulação capitalista. Os planos econômicos, ao mesmo tempo em que geravam crescimento, aprofundavam a dependência externa, ampliando internamente as desigualdades sociais, com o aumento da concentração de renda e o arrocho salarial imposto à classe trabalhadora. Não obstante, o crescimento econômico, entre os anos de 1968 e 1973, permitiu atender aos interesses da classe trabalhadora por meio da ampliação das políticas sociais.

Após o ano de 1974, o país teve de enfrentar os efeitos da crise econômica, provocada pela queda dos preços do petróleo, no Oriente Médio, que atingiu diversos países em 1973. No período entre 1974 e 1984, a economia brasileira passou por várias rodadas de ajuste externo. O governo Geisel, nos anos entre 1974 e 1978, investiu no setor produtivo de meios de produção, estimulando o setor privado a investir no setor de bens de capital com financiamento do BNDS. Já as empresas estatais foram financiadas com recursos externos, o que ampliou a dívida brasileira. Entre 1979 e 1984, o governo Figueiredo precisou recorrer à adoção de novas medidas de ajuste, elevando a taxa de juros, tentando reduzir a inflação e corrigir o desequilíbrio externo. O resultado esperado não foi alcançado, pelo contrário, a inflação aumentou e a dívida pública se tornou ainda maior.[10]

Considerar o processo de construção das políticas sociais, ao longo de todos os anos de autoritarismo, possibilita compreender as dificuldades enfrentadas pela classe trabalhadora, no que tange ao seu reconhecimento como agente político. Nesse sentido, a defesa da relação entre políticas sociais e direitos sociais visa à superação do modelo político, forjado sob a exploração da classe trabalhadora e a supressão de seus direitos civis e políticos. Nesses termos, o avanço na legislação social é apenas uma parte do processo, sendo a defesa de direitos uma luta para ser feita dentro e fora dos espaços institucionais.

---

[8] HERMANN, 2005, p. 94.
[9] HERMANN, 2005, p. 94.
[10] HERMANN, 2005.

3.2 Origem e desenvolvimento da legislação social – período de 1917 a 1987

A política de proteção social no Brasil se desenvolve a partir de 1917, com a criação da Comissão de Legislação Social da Câmara dos Deputados.[11] O objetivo era criar um Código de Trabalho para coordenar e executar as leis e os projetos existentes que tratavam dessa questão. A Primeira Guerra Mundial fez com que as exportações fossem ampliadas, tendo como efeito o aumento dos preços dos produtos no mercado interno, gerando inflação e revolta na classe trabalhadora. Os anos de 1917, 1918 e 1919 foram marcados por agitações no Rio de Janeiro e em São Paulo. No período entre 1917 e 1920, o movimento operário chegou a realizar um total de 68 greves.[12]

No campo da legislação social, observam-se algumas iniciativas nessa época. Em 1919, foi criado o decreto-lei n. 3.724, que regula as obrigações resultantes dos acidentes no trabalho. A fixação de 48 horas semanais foi estabelecida pelo decreto n. 21.186 de 22 de março de 1922, que regulamentou o serviço em comércios, seções de estabelecimentos comerciais e escritórios. Em 1923, o decreto n. 4.682 criou a lei Eloy Chaves, que instituiu a Caixa de Aposentadoria e Pensão.[13] Em 1927, foi sancionada a lei que criou o primeiro Código de Menores,[14] o Código Mello Mattos.[15]

A partir de 1930, com o intervencionismo estatal, os direitos do trabalhador foram progressivamente conquistados e ampliados às diversas categorias.[16] Os Institutos de Aposentadoria e Pensão (IAPS) para os trabalhadores do mercado formal de trabalho foram sendo gradativamente instituídos a partir de 1933, sendo o primeiro o Instituto de Aposentadoria e Pensões dos Marítimos (IAPM). Posteriormente vieram o iapc dos Comerciários e iapb dos bancários em 1934. Em 1936, foi criado o Instituto dos Industriários (IAPI). O Instituto de Previdência e Assistência Social (IPASE) foi criado em fevereiro de 1938, e progressivamente outras categorias profissionais criaram os seus institutos.

A ditadura do Estado Novo, instaurada em 1937, sistematizou as leis trabalhistas criando a Consolidação das Leis Trabalhistas (CLT) em 1º de maio de 1943 pelo decreto n. 5.452.[17] Anteriormente, havia regulado o salário mínimo pelo decreto n. 2.162 em 1º de maio de 1940.

Além dos IAPS e da legislação trabalhista, o período de 1930 até 1943 é marcado pela inovação legal-institucional nos campos da educação, saúde, assistência e, de maneira modesta, também na habitação.[18] Contudo, nesse período a proteção social

---

[11] SANTOS, W. G. dos. A práxis liberal e a cidadania regulada. In: *Décadas de espanto e uma apologia democrática*. Rio de Janeiro: Rocco, 1998.
[12] GOMES, 1988, p. 127.
[13] Inicialmente dirigida aos empregados ferroviários.
[14] Decreto n. 17.943-a de 12 de outubro de 1927. Disponível em: <http://legislacao.planalto.gov.br/legisla/legislacao.nsf/Viw_Identificacao/dec%2017.943-a-1927?OpenDocument>. Acesso em: 30 out. 2017.
[15] SANTOS, 1998.
[16] SANTOS, 1998.
[17] SANTOS, 1998.
[18] DRAIBE, S. M. Welfare states no Brasil: características e perspectivas. *Caderno de Pesquisa*, Campinas, NEPP/Unicamp, n. 8, 1993.

desenvolveu um padrão seletivo, heterogêneo e fragmentado,[19] que se tornou característico do sistema brasileiro.

A redemocratização iniciada em 1946 não trouxe novidades para a proteção social. A mudança aconteceu em 1960, com a promulgação da Lei Orgânica da Previdência Social (LOPS),[20] que uniformizou os benefícios previdenciários. A inclusão dos grupos sociais foi ampliada, mas se manteve circunscrita aos trabalhadores urbanos.

Em 1966, a cobertura da proteção social se estendeu com a criação do Instituto Nacional da Previdência Social (INPS),[21] que unificou no mesmo regime os Institutos de Aposentadoria e Pensão, afastando os interesses privados da gestão da Previdência Social. Nesse ano também foi criado o Fundo de Garantia por Tempo de Serviço (FGTS), pela lei n. 5.107/66.

Em 1970, pela lei complementar n. 7, foi criado o Programa de Integração Social (PIS), com a finalidade de "promover a integração do empregado na vida e no desenvolvimento das empresas" (art.1º). No mesmo ano, a lei complementar n. 8/1970 criou o Programa de Formação do Patrimônio do Servidor Público (PASEP).[22] A partir de 1971, inicia-se a construção da legislação previdenciária aos trabalhadores de campo, com a criação do Programa de Assistência do Trabalhador Rural (PRORURAL), para ser executado pelo Fundo de Assistência do Trabalhador Rural (FUNRURAL), subordinado ao Ministério do Trabalho e Previdência Social. Em 1973 é publicado o decreto n. 5.889 que regulamenta o trabalho rural.

As empregadas domésticas passam a ter direito aos benefícios da previdência social em 1972, pelo decreto n. 5.859. Em 1973, também são inseridos os trabalhadores autônomos, pelo decreto n. 5.890 de 1973.[23] Segundo Santos,[24] praticamente toda a população fica coberta pela legislação previdenciária em 1973.

Durante a década de 1970, o Estado, sob a ditadura militar, implantou uma administração fortemente centralizada, demasiadamente burocrática e fragmentada. Mesmo considerando a expansão da proteção social, o sistema não conseguiu corrigir as disparidades sociais, pois o acesso aos benefícios era discriminado conforme a ocupação profissional e segundo a posição ocupada na estrutura de estratificação social. Além disso, a desigualdade era reforçada pela divisão da previdência em dois regimes diferentes: um pertencente ao setor privado e outro ao setor público. Nessas condições, a estruturação da proteção social não conseguia promover uma repartição equitativa da renda, pelo contrário, a riqueza ficou mais concentrada.

---

[19] DRAIBE, 1993, p. 20.
[20] Lei federal n. 3.807/60.
[21] Decreto-lei n. 72/66.
[22] Segundo a Nota Técnica n. 17/2003, emitida pela Consultoria de Orçamento e Fiscalização Financeira da Câmara dos Deputados: "Os recursos do PIS e do PASEP eram corrigidos monetariamente com base na variação Obrigações Reajustáveis do Tesouro Nacional – ORTN, acrescidas de juros de 3% ao ano. Além disso, as contas eram creditadas pelo resultado líquido das operações realizadas com recursos do Fundo, deduzidas as despesas administrativas e as provisões e reservas cuja constituição seja indispensável, quando o rendimento for superior à soma dos da correção monetária e juros" (2013, p. 3).
[23] Esse decreto produziu alterações importantes vindo a considerar que, independente de vínculo empregatício, se poderia contribuir para a Previdência Social.
[24] SANTOS, 1998, p. 96.

A política desenvolvida pelo regime militar atendeu aos interesses da classe dominante, possibilitando o desenvolvimento do capitalismo com a submissão da classe trabalhadora ao controle do Estado. Desde 1930, a modernização, desencadeada com a industrialização e a urbanização, vinha sendo protagonizada no Estado por um grupo que privilegiava setores dominantes, conduzindo e moldando as transformações de "cima para baixo". Na década de 1960, a modernização[25] prossegue como ideologia e como estratégia, sem qualquer alteração nesse sentido.[26]

O regime ditatorial, imposto em 1964, desenvolveu uma estratégia de dominação baseada na tecnocracia estatal e no uso da violência, visando controlar e reprimir toda tentativa de organização autônoma da classe trabalhadora. A subordinação dos trabalhadores ao controle estatal propiciou o desenvolvimento de um padrão de proteção social ineficaz para a redução da desigualdade. A forma como o sistema de proteção social era organizado permitia a ampliação da cobertura sem alterar significativamente a estrutura social. Até 1973, as políticas sociais apresentavam caráter regressivo no financiamento do gasto social, centralização do processo decisório, privatização do espaço público, fragmentação institucional e reduzido impacto na distribuição da renda.[27]

No que tange à proteção social, o período após 1974 registra um movimento regressivo com a ampliação da informalidade, que deixou sem cobertura um contingente grande de trabalhadores.[28] Nessa época, todos os trabalhadores que não se encontravam em uma ocupação legalmente definida ficavam excluídos do sistema de proteção social, caracterizando o que Santos definiu como "cidadania regulada". O conceito evidencia a relação entre a cidadania e a produção. Em sua concepção, a cidadania regulada é a "cidadania que está embutida nas profissões e nos direitos do lugar que ocupa no processo produtivo, tal como reconhecido por lei".[29]

3.3 Redemocratização, direitos sociais e a reação conservadora – período entre 1985 e 2015

Na década de 1980, a redemocratização mobilizou a sociedade civil, porém, a crise econômica se aprofundava com a redução do crescimento econômico e o aumento da inflação. Segundo Castro,[30] no período entre 1985 e 1989, o governo chegou a

---

[25] Cabe destacar que se recusou aqui a adoção da ideia de "modernização" para se referir ao projeto autoritário desenvolvido no Brasil, como uma singularidade brasileira. A transformação "pelo alto" não foi um traço específico da cultura brasileira, nem mesmo da periferia, visto que outros países europeus também passaram pela experiência do autoritarismo político. No pensamento social brasileiro, a modernização no Brasil é comumente analisada em contraposição ao modelo de desenvolvimento dos países centrais, tidos como ideal de progresso e de cidadania, como se a modernidade estabelecesse um padrão homogêneo, tal como apresentado na teoria da cidadania de T. H. Marshall (TAVOLARO, S. B. F.; TAVOLARO, L. G. M. A cidadania sob o signo do desvio: para uma crítica da "tese de excepcionalidade brasileira". *Revista Sociedade e Estado*, v. 25, n. 2, maio/ago. 2010).

[26] FAORO, R. A questão nacional: a modernização. São Paulo, *Estudos Avançados*, n. 6, v. 14, p. 7-22, 1992.

[27] PAIM, J. S. A constituição cidadã e os 25 anos do Sistema Único de Saúde (SUS). *Cad. Saúde Pública*, Rio de Janeiro, n. 29, v. 10, p. 1929, out. 2013.

[28] SANTOS, 1998.

[29] SANTOS, 1998, p. 103.

[30] CASTRO, L. B. de. Esperança, frustração e aprendizado: a história da nova república (1985-1989). In: *Economia Brasileira Contemporânea (1945-2004)*. Rio de Janeiro: Elsevier, 2005.

implementar três planos de estabilização: Plano Cruzado (1986), Plano Bresser (1987) e Plano Verão (1989). O país encontrava-se endividado em um cenário de crise internacional, efeito da crise do petróleo de 1979 e das medidas adotadas pelos governos anteriores. Como estratégia, o governo empregou uma política recessiva visando a reverter o desequilíbrio externo.

Na década de 1980, a mobilização social para a elaboração da Constituição Federal de 1988, inspirada na perspectiva social-democrata, defendeu a universalização dos direitos sociais. A assistência social, reconhecida como política social em 1985,[31, 32] teve sua inscrição no tripé da Seguridade, saindo de um lugar de filantropia e sendo elevada ao estatuto dos direitos sociais. Para Boschetti, "é justamente esse movimento, que se inicia na década de 1980 que vai desaguar na criação da seguridade social em 1988, e que elevou a assistência ao patamar de direito social, ao lado da previdência e da saúde".[33]

Apesar da garantia constitucional, a seguridade não chegou a se constituir como direito de fato, em grande parte devido à disputa entre o projeto conservador e o progressista, evidenciada no período da constituinte.

Conforme Fagnani,[34] o desenvolvimento da estratégia reformista se inicia em 1985 e se prolonga até 1988. Apesar dos avanços na seguridade e das mudanças no controle social, que passou a admitir a participação popular, os setores conservadores também se organizaram. Em 1987, eles iniciaram uma mobilização contra a proposta reformista, visando ao retorno ao poder político. Ao se tornarem dominantes, agiram para desenvolver a contrarreforma. Na perspectiva de Fagnani, no período entre 1987 e 1990, a "fronda conservadora" recompôs suas forças e assumiu a dianteira do processo político, conseguindo produzir mudanças que tiveram como efeito

> a ampliação do escopo e da importância das ações assistenciais e clientelistas na agenda estatal – esvaziamento da estratégia reformista em diversos setores (com destaque para a reforma agrária e as políticas urbanas), gerando descontinuidades e paralisia decisória – "desmonte" orçamentário e burocrático no campo social, imediatamente após a promulgação da nova Carta constitucional – oposição sistemática do Executivo ao processamento constitucional da agenda reformista tanto em sua fase constituinte, quanto na regulamentação complementar entre outubro de 1988 e março de 1990.[35]

---

[31] BOSCHETTI, I. Seguridade social no Brasil: conquistas e limites à sua efetivação. In: CFESS – Serviço Social: direitos sociais e conquistas profissionais, p. 43, 2003. Disponível em: <http://portal.saude.pe.gov.br/sites/portal.saude.pe.gov.br/files/seguridade_social_no_brasil_conquistas_e_limites_a_sua_efetivacao_-_boschetti.pdf>. Acesso em: 30 out. 2017.
[32] Boschetti retoma a trajetória da assistência lembrando que, não obstante a estrutura institucional de longa data, uma vez que havia a LBA, criada em 1942, o Ministério da Previdência e Assistência Social em 1974 e o SINPAS em 1977, foi por meio da criação do I Plano Nacional de Desenvolvimento da Nova República que a assistência social recebera o nome de "política social".
[33] BOSCHETTI, 2003.
[34] FAGNANI, E. Política social e pactos conservadores no Brasil: 1964/921. *Economia e Sociedade*, Campinas, n. 8, p. 183-238, jun. 1997.
[35] FAGNANI, 1997, p. 220.

Segundo Behring e Boshetti,[36] a contrarreforma solapa as possibilidades de execução de estratégias de cunho social-democrata, voltadas à universalização de direitos. Na saúde, as contradições se exacerbam, limitando a possibilidade de o Sistema Único de Saúde (SUS) cumprir com os princípios da universalidade, equidade e integralidade das ações. O processo político evidencia uma inversão da proposta reformista da década de 1980, pois "a saúde fica vinculada ao mercado, enfatizando-se as parcerias com a sociedade civil, responsabilizando a mesma para assumir os custos da crise".[37] Com a finalidade de tornar o sistema eficiente, mudanças são implementadas, produzindo a refilantropização, com a utilização de agentes comunitários e cuidadores para realizarem atividades profissionais.[38] Nessa direção, o Estado mal consegue garantir um mínimo aos que não conseguem pagar e financia o setor privado que atende apenas 28% da população brasileira, segundo a Pesquisa Nacional da Saúde feita pelo IBGE em 2013.

No que diz respeito à política de assistência, o confronto entre forças emancipatórias e conservadoras, que persiste até os dias atuais, deu o tom tardio, incipiente e contraditório.[39] A transferência das respostas às sequelas da questão social para o chamado terceiro setor retoma o assistencialismo, precarizando o atendimento das demandas.[40]

Nesse processo, a estratégia conservadora avança, transformando os direitos conquistados em 1988 em "ilusões constitucionais", confirmando o alerta de Florestan Fernandes acerca da estratégia dos ricos e poderosos de "financiar candidatos e partidos flexíveis ao fascínio do dinheiro e ao despotismo político da burguesia".[41] Na sua análise, a "avalanche da barbárie", expressa na corrupção e no totalitarismo de classe, deveria ser contida pela classe trabalhadora, visto que a Constituição não tem um valor em si, e por isso não poderia ser confundida com um "biombo de um sistema de poder despótico, desumano, antissocial e antinacional", servindo como "uma máscara e uma fonte de 'legitimação' de toda sorte de ilegalidades".[42]

Passados 29 anos da Constituição Federal, os projetos continuam em disputa. A estratégia conservadora tem como alvo principal as políticas sociais, principalmente os direitos da classe trabalhadora. A manipulação do direito pela classe dominante tende a ameaçar a democracia, reforçando a presença do Poder Judiciário ao mesmo tempo em que enfraquece o direito de sua capacidade de servir como suporte para promoção da equidade social. Por outro lado, a estratégia reformista tenta garantir a regulamentação dos direitos sociais em um processo de reconstrução da proposta de bem-estar social pressionando por mudanças na superestrutura jurídica.

---

[36] BEHRING, E. R.; BOSCHETTI, I. *Política social fundamentos e historia*. 2. ed. São Paulo: Cortez, 2007.
[37] BRAVO, M. I. S. Política de saúde no Brasil. *Serviço social e saúde*: formação e trabalho profissional, p. 14, s/d. Disponível em: <http:www.saude.mt.gov.br/arquivo/2163>. Acesso em: 30 out. 2017.
[38] BRAVO, s/d.
[39] SILVA, A. A. Política de assistência social: o lócus institucional e a questão do financiamento. In: *Serviço Social e Sociedade*. n. 48. São Paulo: Cortez, 1995. p. 78.
[40] MONTAÑO, C. *Terceiro setor e a questão social*: crítica ao padrão emergente de intervenção social. São Paulo: Cortez, 2002.
[41] FERNANDES, F. *Que tipo de República?* São Paulo: Brasiliense, 1986. p. 48.
[42] FERNANDES, 1986, p. 46.

Desde a promulgação da Carta Magna de 1988 foram aprovados diversos estatutos, requerendo do Estado sua parcela de responsabilidade. O Estatuto da Criança e do Adolescente, lei n. 8.069, foi aprovado em 1990, estabelecendo a doutrina integral que se articula com a noção de crianças e adolescentes como sujeitos de direitos, determinando que a família, a sociedade e o Estado assegurem seus direitos com absoluta prioridade. As inúmeras dificuldades para a execução do Estatuto geraram inovações que foram expressas nas mudanças inseridas na Nova Lei Nacional da Adoção, a lei n. 12.010, que traz mudanças nas regras de acolhimento institucional visando a assegurar o direito à convivência familiar, e no Sistema Nacional de Atendimento Socioeducativo (SINASE), lei federal n. 12.594 de 2012.

A Lei Orgânica da Assistência Social (LOAS) foi aprovada em 1993. Estabelecida como lei n. 8.742, define a assistência social como direito do cidadão e dever do Estado, concebendo-a como Política de Seguridade Social não contributiva, "que provê os mínimos sociais, realizada através de um conjunto integrado de ações de iniciativa pública e da sociedade, para garantir o atendimento às necessidades básicas" (art. 1º).

Em 2003, foi promulgado o Estatuto do Idoso pela lei federal n. 10.741. O Estatuto identifica como idoso a pessoa com idade igual ou superior a 60 anos e define direitos que atendam às necessidades para essa faixa etária, considerando sua condição de ser, além de determinar a prioridade absoluta, ratificando também a doutrina da proteção integral.

O Estatuto da Igualdade Racial foi aprovado pela lei n. 1.288 de 2010, visando a garantir à população negra a efetivação da igualdade de oportunidades, a defesa dos direitos étnicos individuais, coletivos e difusos, e o combate à discriminação e às demais formas de intolerância étnica.

O Estatuto da Juventude foi aprovado em 2013 e apresenta as diretrizes para as políticas públicas e o Sistema Nacional de Juventude (SINAJUVE), definindo como jovens todas as pessoas com idade entre 15 e 29 anos.

O Estatuto da Pessoa com Deficiência foi promulgado em 2015, com objetivo de assegurar e promover, em condições de igualdade, o exercício dos direitos e das liberdades fundamentais para pessoas com deficiência, visando a sua inclusão social e cidadania.[43]

Toda essa legislação tem uma estrutura similar ao definir o destinatário das políticas como sujeito de direitos, determinando a criação dos conselhos de direitos, admitindo participação da sociedade civil na formulação e execução da política e sugerindo a criação do "Sistema de Garantia de Direitos", organizado basicamente segundo três eixos: promoção (políticas básicas, Organizações Não Governamentais (ONGS) e outras instituições), controle (conselhos gestores) e defesa (ONGS, Centro de Referência Especializado da Assistência Social (CREAS), Defensorias, Delegacias e Conselhos Tutelares). No entanto, a capacidade de funcionamento desse sistema ou mesmo sua real existência são questionados.

---

[43] Tramitam no Senado, aguardando votação, o Estatuto dos Povos Indígenas e o Estatuto da Diversidade Sexual.

De certo modo, os chamados novos direitos indicam o avanço da produção legislativa no reconhecimento dos direitos de minorias até então discriminadas que enfrentam maiores dificuldades no acesso às políticas públicas. A intenção de protegê-las combina tanto o acesso aos direitos sociais como requer a punição para os casos de violação de direitos, o que demonstra a pretensão de mudanças sobre as formas de sociabilidade, bem como as interações nos serviços.

Tal perspectiva procura engendrar, a partir do direito e dos dispositivos de controle, uma nova institucionalidade condizente com os processos democráticos. Pensar a democracia nos dias atuais requer uma análise dos processos culturais e políticos diante dos direitos fundamentais, que constituem a base do Estado Constitucional.

A democratização da sociedade brasileira necessita, portanto, de um conjunto de instituições que possam garantir os direitos sociais e ao mesmo tempo proteger a individualidade. As leis, criadas para serem efetivas, necessitam do amparo institucional, o que implica custo. O problema é que a proposta conservadora constrange a capacidade do Estado de gerir as políticas, pois efetua a sobreposição dos interesses privados ao interesse público, acentuando as divisões e discriminando os serviços de tal modo que aos pobres restam apenas as migalhas.

O governo, ao adotar medidas para o fortalecimento do mercado, acaba por negligenciar as políticas, por falta de efetividade ou omissão, comprometendo a capacidade das instituições de garantirem os direitos aos mais necessitados. Nessas condições, a relação entre o direito e a cidadania tende a se desfazer, pois os avanços legais são evidentes, mas não conseguem corresponder à capacidade institucional para que os direitos possam ser devidamente usufruídos. Desse modo, a tendência é o esvaziamento da ideia de justiça substantiva pela prevalência da regra formal. Por conseguinte, os conflitos de classe, que deram origem e expansão aos direitos sociais, passam a ser administrados judicialmente, isolando a questão da concentração da propriedade dos meios de produção, a raiz dos problemas. O confronto então se dá entre a política dos governos e a sociedade, que reclama das mudanças que têm direcionado ao financiamento privado a maior parte dos recursos do orçamento público.[44]

A crise, no Brasil, se agrava com a recomposição dos setores conservadores, que se constituem em uma força política dominante, formada por um grupo que insistentemente tenta minar as garantias constitucionais da proteção social. O projeto em marcha tem atingido a sociedade, tanto pelas medidas que implicam a perda de direitos trabalhistas como na disseminação de um discurso retrógrado, direcionado a determinados grupos sociais identificados como "inimigos da sociedade", como no caso dos homossexuais e dos jovens moradores de favelas, percebidos como sujeitos perigosos.

Esse movimento não reconhece o direito à alteridade e, portanto, é contrário à democracia. Com uma justiça frouxa na defesa dos direitos fundamentais, o Estado Democrático de Direito tende a se deteriorar. O conflito entre as classes vai se

---

[44] Segundo Salvador (SALVADOR, E. da S. Fundo público e políticas sociais na crise do capitalismo. *Serviço Social e Sociedade*, São Paulo, n. 104, out./dez. 2010, p. 608.), conforme a lei orçamentária de 2010, o orçamento fiscal e o da seguridade social totalizavam R$ 1,170 trilhão, mas quase um quarto desse valor (R$ 271 bilhões) estava previsto para o pagamento de juros e amortização da dívida pública, sendo destinado à esfera da financeirização da riqueza, beneficiando apenas 20 mil famílias.

tornando mais evidente à medida que o acesso ao emprego, à renda e às políticas sociais vão se tornando mais escassos. Nesse contexto, a referência à autonomia e à dignidade da pessoa humana vai se tornando uma quimera, deixando a impressão de que a cidadania para a classe trabalhadora é um luxo inatingível.

3.4 Dilemas da proteção social: as controvérsias da relação entre assistência social, cidadania e trabalho

A relação entre pobreza e cidadania, ainda que seja pautada na forma do direito, tem seus liames. Na perspectiva marxista, a política social é um paliativo criado para amenizar os efeitos do capitalismo e controlar a classe trabalhadora, isto é, ela jamais poderá ultrapassar os limites impostos pelo capitalismo, mesmo que se multipliquem os programas sociais e se executem políticas redistributivas, a grande concentração da renda e da propriedade não serve apenas à manutenção da estrutura de desigualdade, como também pode ampliá-la. Nesse aspecto, a assistência social desempenha uma função controversa, pois serve como dispositivo disciplinar pelo qual o poder se efetua (no sentido foucaultiano), e, ao mesmo tempo, pode ser considerada um direito, sendo entendida como uma política que valoriza a força de trabalho, tornando-a menos dependente do mercado pelo nível de desmercantilização capaz de promover, conferindo assim certa autonomia à classe trabalhadora.[45]

De certo modo, a mercantilização corresponde ao inverso da seguridade social, ou seja, o acesso à seguridade social declina à medida que os serviços são mercantilizados. Portanto, onde o mercado é central, a assistência social é mínima e o grau de mercantilização é alto, visto que o acesso aos serviços em geral se faz mediante a sua compra. Nesses casos, a relação entre cidadania e proteção social se esgarça, permitindo que os pobres sejam discriminados por não poderem pagar pelos serviços que necessitam.

A relação entre cidadania e pobreza foi analisada por Simmel,[46] que considerou ser a pobreza, não um problema cultural ou estrutural, mas uma construção social. Como categoria sociológica, o pobre "não é o que sofre determinadas deficiências ou privações, senão o que recebe socorros ou deveria recebê-los segundo as normas sociais".[47] Nesse sentido, a assistência é, sobretudo, uma política de controle social. Antes de significar o reconhecimento das necessidades dos pobres, ela representa um mecanismo criado para proteger a sociedade da ameaça que eles representam.[48]

---

[45] ESPING-ANDERSEN, G. As três economias políticas do Welfare States. *Lua nova*, São Paulo, n. 24, set. 1991.
[46] SIMMEL, G. El pobre. In: *Sobre la individualidad y las formas sociales*. Quilmes: Universidad Nacional de Quilmes, 2002.
[47] SIMMEL, 2002, p. 243.
[48] SIMMEL, 2002.

Nessa perspectiva, a assistência, mesmo fornecida em nome da cidadania, se constitui em um tipo específico de relação social, construída entre os pobres e a coletividade/Estado, porque não fora criada para atender às necessidades dos pobres, mas para responder às queixas de quem paga os impostos. Trata-se, portanto, de um direito que corresponde ao dever do Estado de prestar assistência, e não dos pobres de reclamar sua falta, pois não é um direito deles, "mas de todo cidadão, cujo imposto cobrado é empregado de tal modo e fixado a um valor suficientemente elevado, para que os objetivos públicos da assistência ao pobre sejam efetivamente alcançados".[49]

Na perspectiva simmeliana, o pobre ocupa uma posição ambígua, pois participa de uma unidade política, comungando dos mesmos direitos dos outros cidadãos, ao mesmo tempo em que se constitui como o fim último da ação de assistência, sendo tratado como um objeto sem direito. Sendo assim, em termos de cidadania, a posição do pobre na sociedade é equivalente à do estrangeiro: ao mesmo tempo, encontra-se dentro e fora da coletividade. No direito, ele é considerado pessoa jurídica, tendo que responder pelos seus atos como qualquer cidadão, enquanto em outros setores, como na assistência, ele é identificado como pobre, um sujeito diferente dos outros. Em decorrência disso, a assistência desenvolve processos de subjetivação que servem à identificação dos pobres como pobres e nada mais. Em outras palavras, a assistência não existe para que eles deixem de ser pobres, mesmo porque é a pobreza a sua razão de existir.

Paugam,[50] baseado em Simmel, compreende a pobreza como uma forma de desqualificação social e afirma ser a redução do *status* social um pré-requisito para a assistência social. Nessas condições, os pobres adquirem um *status* inferior específico, que estigmatiza e humilha, pois não são apenas sujeitos desprovidos de renda, mas também aqueles que se encontram impedidos de participar plenamente da vida econômica e social.

A perspectiva desses autores, apesar de diferente da que se tem adotado aqui, não impede que seja feita uma aproximação entre os conteúdos, mesmo porque a hegemonia da classe dominante não se consolida sem o recurso das ideologias e das políticas sociais. Nesse sentido, as políticas sociais são um paliativo, mas são também mais do que isso na medida em que o poder se efetua a partir das suas intervenções, em processos de interação, em que se recorrem às metodologias que produzem a sujeição da classe subalterna. A concepção do sujeito como "pobre" não expressa a sua identificação apenas como alguém desprovido de emprego e renda, mas também como um indivíduo fracassado, problemático, perigoso, a quem devem ser destinadas as políticas sociais. Ademais, a pobreza sendo concebida a partir das privações acaba fazendo com que o necessitado, tido como "pobre", não seja identificado como cidadão, que é um sujeito pleno de direito.

Em síntese, a assistência social guarda certa ambiguidade, pois pode ser empregada tanto como um dispositivo de poder criado para a sujeição do pobre ao controle como pode ser formulada como uma estratégia política voltada ao fortalecimento da

---

[49] SIMMEL, 2002, p. 459.
[50] PAUGAM, S. *A desqualificação social*: ensaio sobre a nova pobreza. São Paulo: Educ & Cortez, 2003.

classe trabalhadora. Na perspectiva da cidadania, a reflexão sobre a relação entre pobreza e assistência requer o seu reconhecimento como direito de seguridade, pois permite à classe trabalhadora se esquivar do estigma da pobreza e suprir suas necessidades básicas, em decorrência da desmercantilização da proteção social.

De certo modo, a relação entre assistência e cidadania surge como um paradoxo, sendo a cidadania pensada a partir da condição da igualdade, enquanto a assistência significa o reconhecimento da desigualdade. O problema central consiste na relação construída entre o trabalho e a cidadania, que toma a assistência não como ação complementar, mas como política que deve ser acionada na falta do emprego.

Os riscos relacionados à política de assistência foram analisados por Fleury,[51] que a identifica como necessária e parte integrante das políticas sociais. No entanto, a autora adverte que a proteção social concebida como direito de seguridade, quando utilizada como alternativa para integração social, gera uma situação paradoxal na qual a institucionalização da cidadania, como condição para a garantia do poder político, torna-se a negação da cidadania como igualdade jurídico-política básica.

Boschetti[52] considera que há uma confusão clássica entre a noção de previdência e a de seguridade, cujo eixo central é o embate entre os conceitos bismarckianos e beveridgeanos de políticas de proteção: o primeiro com base no conceito de seguro, precedido de contribuições e o último fundado no conceito de assistência universal; o primeiro visando à proteção dos trabalhadores em caso de risco social e o segundo focando na prevenção e eliminação da pobreza, independentemente da inserção no mercado formal de trabalho. Viana e Levicovtiz,[53] ao diferenciarem o seguro social de seguridade, entendem que seguro social é "a distribuição de benefícios a categorias ocupacionais específicas", sendo a seguridade concebida como a "distribuição de benefícios, ações e serviços a todos os cidadãos de determinada unidade territorial".[54] A constituição dos sistemas de seguridade, tanto nos países europeus como no Brasil, expressa uma combinação de fatores desses modelos, de forma que não é possível falar em modelos puros de seguridade.

No Brasil, a proteção social se desenvolveu de forma centralizada, autoritária e seletiva, deixando à margem os grupos sociais que não participavam do mercado de trabalho. Tal modelo foi construído com base na ideia de seguro, que abarcava apenas os contribuintes filiados à previdência. Apesar da progressiva ampliação da cobertura, seu caráter contributivo excluía grande parte da população.

A mudança de paradigma foi registrada na Constituição Federal de 1988, que determinou responsabilidade do Estado e ampliou a proteção social, definindo a seguridade social, com base na conjunção da previdência, saúde e assistência social. Jaccoud[55] destaca como relevantes as seguintes mudanças na proteção social produzidas pelas determinações constitucionais e suas regulamentações:

---

[51] FLEURY, S. *Estado sem cidadãos*: seguridade social na América Latina. Rio de Janeiro: FIOCRUZ, 1994. p. 234.
[52] BOSCHETTI, 2003.
[53] VIANA, A. L. D.; LEVCOVITZ, E. In: VIANA, A. L. D.; ELIAS, P. E. M;. IBAÑEZ, Nelson (Org.). *Proteção social:* dilemas e desafios. São Paulo: Hucitec, 2005.
[54] VIANA & LEVCOVITZ, 2005, p. 18.
[55] JACCOUD, L. Proteção social no Brasil: debates e desafios. *Concepção e gestão da proteção social não contributiva.* Brasília: Ministério do Desenvolvimento Social e Combate à Fome/UNESCO, 2009.

(i) A instituição da seguridade como sistema básico de proteção social, articulando e integrando as políticas de seguro social, assistência social e saúde; *(ii)* O reconhecimento da obrigação do Estado em prestar serviços de saúde de forma universal, pública e gratuita, em todos os níveis de complexidade, por meio da instituição do Sistema Único de Saúde (SUS); *(iii)* O reconhecimento da assistência social como política pública, instituindo o direito de acesso aos serviços pelas populações necessitadas e o direito a uma renda de solidariedade aos idosos e portadores de deficiência em situação de extrema pobreza; *(iv)* Extensão dos direitos previdenciários com o estabelecimento do salário mínimo e garantias de irredutibilidade dos benefícios; *(v)* A extensão dos direitos previdenciários rurais com redução do limite de idade, inclusão do direito à trabalhadora rural, o reconhecimento do direito à aposentadoria, apoiado em uma transferência de solidariedade ao trabalhador familiar; *(vi)* O reconhecimento do seguro desemprego como direito do trabalhador a uma provisão temporária de renda, em situação de perda circunstancial do emprego.[56]

Os princípios que regem a assistência social, também cinco, contidos na LOAS, são: a) supremacia do atendimento às necessidades sociais sobre as exigências de rentabilidade econômica; b) universalização dos direitos sociais (para que o beneficiário alcance outras políticas sociais); c) respeito à dignidade do cidadão, à sua autonomia, ao direito a benefícios e serviços de qualidade, direito à convivência comunitária e familiar (é vedada qualquer comprovação vexatória de necessidade); d) igualdade de direitos no acesso ao atendimento, sem discriminação de qualquer espécie (equivalência às populações urbanas e rurais); e) divulgação ampla de benefícios, serviços, programas e projetos assistenciais, bem como recursos e critérios para concessão. As diretrizes da política de assistência visam à descentralização nos estados, governo federal e municípios com comando único das ações em cada esfera de governo; à participação popular por meio de organizações representativas nas formulações e no controle das ações em todas as esferas e, por último, a primazia da responsabilidade do Estado na condução da política em todas as esferas de governo.

O art. 2º da lei n. 12.435 de 2011 corrobora os objetivos da assistência social, definidos na LOAS de 1993 (lei n. 8.742/93), que são:

> I – a proteção social, que visa garantir à vida, à redução de danos e à prevenção da incidência de riscos, especialmente:
> a) a proteção à família, à maternidade, à infância, à adolescência e à velhice;
> b) o amparo às crianças e aos adolescentes carentes;
> c) a promoção da integração ao mercado de trabalho;

---

[56] JACCOUD, 2009, p. 63.

> d) a habilitação e reabilitação das pessoas com deficiência e a promoção de sua integração à vida comunitária;
> e) a garantia de 1 (um) salário-mínimo de benefício mensal à pessoa com deficiência e ao idoso que comprovem não possuir meios de prover a própria manutenção ou de tê-la provida por sua família;
> II – a vigilância socioassistencial, que visa a analisar territorialmente a capacidade protetiva das famílias e nela a ocorrência de vulnerabilidades, de ameaças, de vitimizações e danos;
> III – a defesa de direitos, que visa a garantir o pleno acesso aos direitos no conjunto das provisões socioassistenciais.
> Parágrafo único. Para o enfrentamento da pobreza, a assistência social realiza-se de forma integrada às políticas setoriais, garantindo mínimos sociais e provimento de condições para atender contingências sociais e promovendo a universalização dos direitos sociais.

Em primeiro lugar, o Estado brasileiro reconheceu seu papel fundamental na garantia da proteção social aos cidadãos. Para Sposati, "estamos tratando de uma mediação estatal na relação de classes que tem por objetivo construir novos parâmetros e alcances na luta pela efetivação de direitos sociais. [...] Estamos no campo da dívida social brasileira, das exclusões sociais".[57] A autora reconhece que a assistência social passou a figurar, no tripé da seguridade, sob uma perspectiva de constituição político-institucional pela "negativa", ou seja, abarcando, a princípio, tudo o que não seria da Previdência, dado seu caráter seguro.[58]

Silva[59] reconhece que as tensões evidenciadas no decorrer dos primeiros anos da política de assistência surgiram do embate entre duas correntes antagônicas. De um lado, havia aqueles que defendiam sua dimensão de política pública, cujo compromisso era o de superação da histórica configuração da assistência social como prática reduzida a grupos dominantes, cujas representantes máximas eram as primeiras-damas. De outro lado, o que se via era a defesa de um caráter subsidiário, resumindo as ações ao mero papel de suporte às demais políticas sociais.

> Com efeito, conforme demonstra a trajetória político-institucional brasileira, a assistência social sempre esteve à mercê – como, de resto, todos os demais programas sociais – das marchas e contramarchas dos governos quanto ao dimensionamento das demandas e a efetiva destinação de recursos para seu equacionamento, a par da indefinição de competências.[60]

---

[57] SPOSATI, A. Especificidade e intersetorialidade da política de assistência social. In: *Serviço Social e Sociedade*. São Paulo, Cortez, n. 77, ano XXV, 2004. p. 32.
[58] SPOSATI, 2004, p. 33.
[59] SILVA, 1995.
[60] SILVA, 1995, p. 71.

Para o autor, as medidas de redução das ações de assistência social em nível subsidiário a outras políticas diluem as ações, dificultando sua visibilidade e, por consequência, sua legitimidade. A opção política por ações assistenciais inseridas em um ordenamento institucional específico e dotado de recursos próprios contribui "para dar visibilidade ao problema das parcelas excluídas das políticas convencionais, exigindo respostas do poder público e da sociedade".[61]

> Consequentemente, é preciso ter presente que a instalação da área de assistência social como política de seguridade social não resultou de um processo político pela ampliação do pacto social brasileiro. Não ficou claro a princípio que esta decisão geraria novas responsabilidades públicas e sociais para com a população que não alcança o seguro social por não ter relação formal de trabalho. Ou ainda que se tratava de uma decisão política de alargamento da proteção social dos brasileiros, configurando-se como proteção à vida e à cidadania [...] A hegemonia do pensamento da seguridade se deu pela Previdência Social, isto é, pelo seguro, e não pela cidadania ou pela justiça social.[62]

A preocupação da autora também é expressa por Boschetti,[63] ao reconhecer que a presença da assistência social no tripé da seguridade configura uma unidade de contrários, já que a construção da seguridade social brasileira foi permeada pela noção de seguro e tem o trabalho como ponto fundamental, seja pela exigibilidade de adesão (previdência), seja pela requisição de incapacidade para o mesmo, como critérios de elegibilidade a políticas e serviços de assistência ou previdência.

O problema é que as políticas sociais brasileiras são desenvolvidas tendo por característica uma configuração lenta, tardia e débil, e concebidas como "corolário das políticas econômicas".[64] A organização e a gestão das políticas sociais acabam por se distanciar do universalismo. Com relação ao financiamento, caem num caráter regressivo, posto que oneram os próprios beneficiários, ou partem para redistribuição a setores já beneficiados.

Para Boschetti,[65] previdência e assistência têm como ponto de interseção o trabalho, na medida em que, para a Previdência, é necessário que o indivíduo esteja apto para trabalhar e contribua para o sistema de proteção ao trabalhador, enquanto para a assistência é condição *sine qua non* que o indivíduo esteja incapacitado de trabalhar.

Os interesses políticos e os movimentos de governo têm levado a assistência social, de acordo com Boschetti,[66] a se constituir em um campo de intervenção política e social nebuloso, fruto das relações entre o poder público e instituições privadas

---

[61] SILVA, 1995, p. 71.
[62] SPOSATI, 2004, p. 33.
[63] BOSCHETTI, 2003.
[64] SILVA, 1995.
[65] BOSCHETTI, 2003, p. 65.
[66] BOSCHETTI, 2003, p. 41.

assistenciais, que dificultam a ultrapassagem da cultura filantrópica e assistencialista que marca a trajetória da Proteção Social.

Segundo Chaves, as práticas clientelistas e o incentivo financeiro do Estado para as entidades filantrópicas ofuscam as inovadoras diretrizes constitucionais para a área.[67] Além de o governo não implementar uma política que atenda a Constituição Federal vigente, ainda se utiliza da burocracia para dificultar o acesso aos direitos constitucionalmente reconhecidos.

Um dos direitos mais importantes criados na Carta Magna é o Benefício da Prestação Continuada (BPC), que consiste na transferência de renda por parte do Estado a determinadas pessoas que comprovadamente não podem trabalhar. Por se tratar de um direito constitucional relevante, integrante da seguridade social, com acesso buscado também pela via judicial, dedicou-se a seção abaixo à sua apresentação.

3.5 BPC: um direito constitucional de seguridade social

O BPC é um dos carros-chefes da Política Nacional de Assistência Social e é o único benefício assistencial previsto constitucionalmente na Lei Orgânica da Assistência Social (LOAS). Integra o rol dos benefícios assistenciais operacionalizados pelo Instituto Nacional do Seguro Social (INSS) e, embora sua fonte de financiamento seja o Fundo Nacional de Assistência Social, a gestão, implantação, coordenação geral, financiamento, avaliação e monitoramento se dão por meio do Ministério do Desenvolvimento Social, por meio da Secretaria Nacional de Assistência Social. Sua primeira regulamentação foi por meio do decreto n. 1.744/95, ou seja, sete anos após a Constituição Federal e dois anos após a LOAS. O decreto mais atual é o de n. 8.805, de 7 de julho de 2016.

O BPC se constitui no direito de acesso por pessoas idosas e pessoas com deficiência a uma renda mensal no valor de um salário mínimo. Sua natureza é não contributiva, ou seja, não possui caráter de seguro, com pagamento prévio para garantia de acesso, mas apresenta pré-requisitos que, se olhados com bastante atenção, configuram pontos-chave na discussão e na polêmica que envolvem essa forma de proteção. Contraditoriamente, o benefício não possui grande visibilidade.[68]

Não obstante, a demanda pelo BPC tem sido crescente. Em 1996, ano em que começou a ser concedido, foram computados 346.219 beneficiários. Em 2001, 1.339.119.[69] Em 2007, foram concedidos 2.680.823. Em 2013, o quantitativo de beneficiários chegou a 3.964.192, com um total pago de 31.412.336.945. No ano de 2015, a concessão não parou de crescer, chegando a 4.242.697 beneficiários, formando um total pago de 39.645.659.124 em 2015.[70]

---

[67] CHAVES, V. P. *O direito à assistência social no Brasil*. Rio de Janeiro: Campus, 2012. p. 98-99.
[68] GOMES, 2005, p. 1.
[69] Dados disponíveis em: <http://www.mds.gov.br/relcrys/bpc/1_tab_evolucao_concessao.htm>. Acesso em: 2 nov. 2017.
[70] Dados do MDSA, disponíveis em: <http://www.mds.gov.br/relcrys/bpc/download_beneficiarios_bpc.htm>. Acesso em: 2 nov. 2017.

O reconhecimento do direito a esse benefício para crianças e adolescentes com deficiência data de 26 de setembro de 2007, sendo assegurado pelo decreto n. 6.214, que traz o seguinte texto no art. 4º, inciso VI:

> §2º Para fins de reconhecimento do direito ao Benefício de Prestação Continuada de crianças e adolescentes até dezesseis anos de idade, deve ser avaliada a existência da deficiência e o seu impacto na limitação do desempenho de atividade e restrição da participação social, compatível com a idade, sendo dispensável proceder à avaliação da incapacidade para o trabalho.

Em 2008, a redação foi substituída, quando da publicação do decreto n. 6.564/08, apenas para substituição da expressão "adolescentes até dezesseis anos" pela expressão "adolescentes menores de dezesseis anos". Com esse decreto, a comprovação da deficiência também foi alterada, pois se inicialmente deveria ocorrer mediante avaliação de equipe multidisciplinar formada por médicos e profissionais da área terapêutica, podendo ser realizada por profissionais do SUS, passou a ser realizada por médicos peritos do INSS e, finalmente, por médicos e assistentes sociais do INSS, com a incumbência de avaliar as condicionantes sociofamiliares.

Com a regulamentação de 2007, o BPC passa a integrar a estrutura do Sistema Único de Assistência Social (SUAS), juntamente com outras políticas setoriais, visando "ao enfrentamento da pobreza, à garantia da proteção social, ao provimento de condições para atender contingências sociais e à universalização dos direitos sociais"[71] [grifos nossos].

Inicialmente, o BPC foi regulamentado pelo decreto n. 1.744/95, posteriormente substituído pelo decreto n. 6.214/07, que detalhou pormenorizadamente a organização, implantação e avaliação do BPC. Em 2008, o decreto n. 6.564/08 alterou significativamente alguns dos artigos do decreto anterior. Em 2011, o decreto n. 7.617 introduziu mudanças, incluindo novas definições de deficiência, família e renda *per capita*; com uma orientação mais inclusiva, mas ainda limitante em seu conteúdo.

Em 2014, a Portaria Conjunta SPS/INSS/SNAS n. 2/2014 realizou a regulamentação administrativa para concessão do BPC, com redefinição, inclusão e elaboração dos critérios de elegibilidade. Não houve mudanças radicais no acesso e na composição de renda familiar, mediante a definição dos membros do grupo familiar e as fontes a serem consideradas foram revistas com minúcia. Foram incluídas as pessoas em situação de rua e as pessoas em internação, além de ser prevista a concessão aos adolescentes em cumprimento de medidas socioeducativas.

No decorrer das regulamentações, observa-se uma clara evolução de alguns conceitos e a manutenção de aspectos centrais do benefício, como a renda *per capita* máxima exigida para sua concessão. Tal conformação nos permite avaliar que a perspectiva de possibilidade emancipatória desse benefício esteve cerceada por uma

---

[71] SILVA, M. O. da S.; YAZBEK, M. C.; GIOVANNI, G. di. *A política social brasileira no século XXI*: a prevalência dos programas de transferência de renda. 4. ed. São Paulo: Cortez, 2008. p. 110.

condução geral alinhada às diretrizes centradas nos aspectos econômicos em detrimento do social.

O idoso, para o decreto n. 1.744/95, é a pessoa com idade a partir de 70 anos, mas havia previsão para redução gradual da idade mínima para 67 anos a partir de 1º de janeiro de 1998, e finalmente, para 65 anos a partir de 1º de janeiro de 2000. Embora o Estatuto do Idoso tenha definido, a partir de 2003, que essa categoria era composta por pessoas a partir dos 60 anos de idade, inclusive prevendo no art. 14º que, "se o idoso ou seus familiares não possuírem condições econômicas de prover o seu sustento, impõe-se ao Poder Público esse provimento, no âmbito da assistência social", esse importante suporte legal não contemplou a redução da idade para proteção de fato da pessoa idosa de acordo com a definição legal, mantendo a idade mínima de 65 anos para concessão do BPC. Conforme o decreto n. 6.214/07, para fins do reconhecimento do direito ao benefício, idoso é toda pessoa com idade de 65 anos ou mais.

A pessoa com deficiência, para o decreto n. 1.744/95, era aquela que apresentava incapacidade para a vida independente e para o trabalho, em virtude de "anomalias ou lesões irreversíveis de natureza hereditária, congênitas ou adquiridas, que impeçam o desempenho das atividades da vida diária e do trabalho". Tal conceituação, centrada em aspectos biológicos e físicos, acabava por limitar o entendimento, trazendo graves complicações, por exemplo, para o acesso a pessoas com transtornos mentais (principalmente nos casos em que não havia deterioramento das condições físicas), além das pessoas com doenças crônicas e incapacitantes.[72] Em 2007, houve uma dissociação de conceitos, embora se mantivesse o sentido de incapacidade para a vida independente e o trabalho. Todavia, há uma sensível alteração a partir de nova regulamentação, considerando, então, a incapacidade como

> fenômeno multidimensional que abrange limitação do desempenho de atividade e restrição da participação, com redução efetiva e acentuada da capacidade de inclusão social, em correspondência à interação entre a pessoa com deficiência e seu ambiente físico e social.[73]

O decreto n. 6.214/07 mantém a mesma composição de seu predecessor quanto à representação do beneficiário, na seguinte ordem: o próprio usuário, procurador, curador ou tutor. No entanto, introduziu uma observação que fez toda a diferença, declarando a não exigência de interdição judicial do idoso ou deficiente. Em 2011, obedecendo ao tratado internacional assinado pelo Brasil, o decreto n. 7.617 definiu pessoa com deficiência como: "aquela que tem impedimentos de longo prazo de natureza física, mental, intelectual ou sensorial, os quais, em interação com diversas barreiras, podem obstruir sua participação plena e efetiva na sociedade em igualdade de condições com as demais pessoas".

---

[72] SQUINCA, F. *Deficiência e Aids:* o judiciário e o benefício de prestação continuada. Brasília: UNB/FS, 2007.
[73] Inciso III do art. 4º, decreto n. 6.214/07.

Com relação à concepção de família, o referido decreto a define como "o conjunto de pessoas composto pelo requerente, o cônjuge, o companheiro, a companheira, os pais e, na ausência de um deles, a madrasta ou o padrasto, os irmãos solteiros, os filhos e enteados solteiros e os menores tutelados, desde que vivam sob o mesmo teto" (art. 1º, inciso 4).

3.5.1 Requisitos para habilitação ao BPC

Os requisitos para definição do perfil de acesso são rigorosos: o idoso que requisitar o BPC deve apresentar idade igual ou superior a 65 anos e uma renda per capita familiar de menos de ¼ do salário mínimo.[74] No caso das pessoas com deficiência, além da renda *per capita*, devem comprovar a incapacidade para a "vida independente e para o trabalho". São equiparadas às pessoas com deficiência, as pessoas com HIV e as que apresentam transtornos mentais. O público-alvo para o acesso ao benefício foi ampliado, passando a incluir também as crianças e os adolescentes com deficiência. Houve significativa evolução nos conceitos de incapacidade para a vida independente e para o trabalho a fim de se considerar crianças e adolescentes como prováveis beneficiários.

Em 2014, a Portaria Conjunta n. 2 torna a avaliação da família muito mais complexa, já quem em seu art. 7º considera que, apesar de o benefício pago a um idoso do grupo não ser considerado para cálculo da renda *per capita* familiar, em caso de novo requerimento por outro idoso – se houver pedido por uma pessoa com deficiência –, esse valor será computado.

Qualquer renda mensal oriunda de atividade informal deve constar na declaração de renda do requerente. E, nesse caso, sinaliza-se que não se trata exatamente de renda, com caráter fixo, frequente e certo. Porém, ao tratar da esfera informal, o que se observa são ganhos cuja natureza é eventual, incerta e flutuante.

Os integrantes do grupo familiar inscritos na Previdência Social como contribuintes facultativos não poderão contar com o salário de contribuição para integrar o cálculo da renda *per capita*, em virtude da natureza incerta de sua atividade. Há ainda nesse tópico um incentivo por parte dos agentes da Previdência Social para que os próprios beneficiários do BPC recolham contribuições como contribuintes facultativos, na expectativa de que, após o preenchimento das requisições, renunciem ao BPC e requeiram a aposentadoria por tempo de contribuição. Integram ainda para cálculo da renda *per capita* familiar os valores recebidos de pensões

---

[74] Atualmente se iniciou discussão para aumento da idade mínima para acesso ao benefício. A proposta do Governo Temer é que se aumente para 67 anos com vistas a diminuir gastos com o BPC. E a limitação da renda ainda é alvo de disputas e discussões: desde 1997, o Conselho Nacional de Assistência sinaliza a necessidade de mudar o limite para meio salário mínimo *per capita*. Em 2013, o STF entendeu que o limite de ¼ do salário não condizia com as necessidades humanas e um padrão mínimo de dignidade, considerando que, diante da estrutura dos programas da política de assistência com um recorte de ½ salário mínimo para elegibilidade, ele deveria ser o critério adotado. No entanto, pouco se avançou após a emissão de acórdão do Supremo: o Legislativo não mudou a regulamentação e o Executivo considera apenas a previsão legal. Por outro lado, as decisões em primeira instância dependem do entendimento pessoal do magistrado sobre o tema.

alimentícias, independentemente do valor; as parcelas do seguro-desemprego e contratos temporários formais; os rendimentos de patrimônio em nome do requerente ou de membro do grupo familiar e a renda sazonal ou eventual – não regulares – informais, desde que o valor declarado, dividido por 12, seja menor que um quarto do salário mínimo.

Não são computados como renda os benefícios e auxílios assistenciais de natureza eventual e temporária; os valores oriundos de programas de transferência de renda; as bolsas de estágio curricular; a pensão especial de natureza indenizatória;[75] benefícios de assistência médica; rendas de natureza sazonal ou eventual (se o valor declarado, ao ser dividido por 12, for menor que ¼ do salário mínimo); e, por fim, a remuneração da pessoa com deficiência na condição de aprendiz.

Conforme o novo decreto n. 8.805/16, a concessão, a manutenção e a revisão do benefício são realizadas mediante as inscrições no Cadastro de Pessoas Físicas (CPF) e no Cadastro Único para Programas Sociais do Governo Federal (CadÚnico). Essas informações devem ser atualizadas ou confirmadas em até dois anos da apresentação de requerimento, sendo feita preferencialmente pelo requerente, que deve apresentar os documentos ou as informações necessárias para a identificação do beneficiário.

3.5.2 Competências institucionais e procedimentos no acesso ao BPC

Conforme a regulamentação mais recente, "o requerimento do benefício deve ser realizado pelos canais de atendimento da Previdência Social ou por outros canais a serem definidos em ato conjunto dos Ministros de Estado do Desenvolvimento Social e Agrário, da Fazenda e do Planejamento, Desenvolvimento e Gestão" (art. 15º, 1 do decreto n. 8805/16). A responsabilidade pela realização da avaliação social e da avaliação médica necessárias para a obtenção do BPC pertencem ao Ministério do Desenvolvimento Social e Agrário e ao inss. Nos casos de verificação da renda familiar mensal *per capita* inferior aos requisitos de concessão do benefício, o pedido deverá ser indeferido pelo inss, sendo desnecessária a avaliação da deficiência. As avaliações para a concessão do benefício são realizadas pelo serviço social e, posteriormente, pela perícia médica do inss, por meio de instrumentos desenvolvidos especificamente para esse fim, instituídos por ato conjunto do Ministro de Estado do Desenvolvimento Social e Agrário (MDSA) e do Presidente do INSS. É da responsabilidade do Ministério do Desenvolvimento Social e Agrário e do INSS garantir a provisão das condições necessárias para a realização da avaliação social e da avaliação médica necessárias ao BPC.

Cabe a consideração da participação dos órgãos gestores da assistência social para monitoramento e avaliação do BPC, além do acompanhamento dos beneficiários como critério de habilitação dos municípios e Distrito Federal a nível mais elevado no

---

[75] Aqui se inclui o auxílio-acidente, de natureza de pecúlio e pequeno valor, pago a trabalhador que sofreu lesão definitiva. Por ser um benefício previdenciário, sua natureza indenizatória muitas vezes não é observada quando do requerimento administrativo, apesar da previsão legal.

Sistema Único de Assistência. Cabe ao Ministério do Desenvolvimento Social e Agrário a manutenção e a coordenação do Programa Nacional de Monitoramento e Avaliação do BPC, com produção e análise de resultados do impacto do benefício de prestação continuada na vida dos beneficiários, além de destinar recursos do Fundo Nacional de Assistência Social para pagamento, operacionalização, gestão, informatização, pesquisa, formação profissional, manutenção e revisão dos benefícios e no acompanhamento dos beneficiários com vistas à facilidade de acesso e bem-estar dos usuários. Finalizando as atribuições e competências do MDSA, ainda se tem a articulação com outras políticas e a articulação interinstitucional com órgãos das três esferas de governo no sentido de aperfeiçoar a gestão do BPC.

O MDSA e o INSS devem se encarregar das atividades logísticas de implantação, manutenção, suspensão e interrupção do benefício, além da participação no monitoramento, avaliação, ressarcimento e revisão do BPC, bem como da produção de relatórios gerenciais. Esses órgãos também devem subsidiar a atuação dos demais órgãos no acompanhamento do beneficiário e na defesa de seus direitos e instituir conjuntamente formulários e documentos necessários à operacionalização do BPC.

Compete ao INSS a realização da perícia médica e, inclusão do decreto n. 6.214/07, da perícia social. Sendo assim, embora o idoso, na faixa etária para concessão do BPC, esteja dispensado da perícia médica, tanto para este quanto para a pessoa com deficiência, é necessária a perícia social para averiguação das condições de vida. Para Silva e Silva, Yazbeck e Giovanni,[76] a perícia social é a inovação mais importante trazida pelo decreto n. 6.214/07, pois possibilita o acompanhamento do beneficiário e de sua família pelo SUAS de forma a inserir o grupo familiar na rede de serviços socioassistenciais e outras políticas.

Aos órgãos gestores da política de assistência social nos estados, Distrito Federal e dos municípios, compete a promoção de ações articuladoras entre o benefício de prestação continuada, os programas voltados ao idoso e a inclusão da pessoa com deficiência.

3.5.3 Breves considerações sobre o BPC

Observando a evolução legal do BPC, percebe-se que as regulamentações mais recentes foram parametrizadas por um grau de sofisticação e elaboração que promoveram a melhor organização e gerenciamento do benefício, prevendo uma estrutura própria e definindo os papéis dos principais protagonistas. Entretanto, seus méritos são barrados pelo caráter nitidamente limitador, tanto no que tange a manutenção do índice de ¼ do salário mínimo *per capita* como na utilização da legislação previdenciária para manutenção do conceito de família, persistindo a restrição para considerações sobre efetivos arranjos familiares. A persistência do índice de ¼ do salário mínimo *per capita* resiste na via administrativa, apesar de o Supremo Tribunal Federal ter emitido decisão em resposta à Reclamação 4.734, encaminhada pelo INSS, na qual considera que a renda

---

[76] SILVA, YAZBECK & GIOVANNI, 2008.

per capita familiar menor que meio salário mínimo, alinhada a outros benefícios da assistência é a mais adequada para comprovar o grau de miserabilidade daqueles que requerem o BPC. Um ponto que deveria ser profundamente discutido é justamente a necessidade de se estar em situação miserável para recebimento do benefício, numa lógica alinhada àquela que fundamentou a Lei dos Pobres.

Um avanço importante se deu com o reconhecimento do acesso às crianças e adolescentes com deficiência, uma vez que grande parte congrega famílias chefiadas por mulheres e, historicamente, o cuidado como atribuição feminina obriga que as mulheres deixem o mundo do trabalho para acompanhar diretamente seus idosos, crianças e pessoas com deficiência.

No entanto, persistem alguns traços do benefício que impedem o acesso para um maior número de pessoas: em primeiro lugar, a restrição etária a idosos a partir de 65 anos, quando uma pessoa com 60 anos já não possui condições de ingresso no mercado de trabalho. Seria preciso, para uma adequada proteção aos idosos, que o regulamento do BPC fosse definitivamente enquadrado ao Estatuto do Idoso, e, dessa forma, reduzindo-se a idade para 60 anos, de forma a assegurar efetivamente ao idoso que não possa se sustentar ou ser sustentado por sua família, o amparo social no valor de um salário mínimo.

Aliás, a mudança para o acesso ao benefício tornou-se mais burocrática e onerosa com o decreto de 2016, pois o requerente precisa fazer a inscrição nos Centros de Referência em Assistência Social (CRAS) e, posteriormente, deve se dirigir ao INSS para finalmente requerer o benefício de prestação continuada. Em 2017 foi incluída a possibilidade de se fazer comprovação dos gastos do grupo familiar com saúde para análise da renda *per capita* efetiva. O caráter burocrático novamente se torna um ônus para as famílias, uma vez que requer aos demandantes do benefício a comprovação de que não conseguiram acesso a bens e serviços oferecidos pelas políticas públicas. Essa situação deve ser atestada mediante apresentação de declarações das instituições a que recorreram. Deste modo, desconsidera-se a simples apresentação de notas fiscais ou recibos dos gastos efetuados. Essa determinação (formalizada através do Memorando-Circular Conjunto n. 58 /DIRBEN/DIRAT/DIRSAT/PFE/INSS) foi tomada após decisão judicial que reconheceu o direito a que se descontasse os gastos com saúde no cálculo da renda familiar.

Em suma, seria necessário que os programas de transferência de renda não só existissem com valores para suprir realmente as necessidades de seus assistidos, mas que também se articulassem de forma eficiente a outras políticas no sentido de que os beneficiários pudessem, em tempo curto a médio, se tornar independentes. Tal movimento implicaria a criação de uma política de geração de emprego e renda capaz de viabilizar o acesso à previdência social. No entanto, para se alcançar tais iniciativas políticas, seria necessário mudar os rumos da atual política.

Capítulo 4

Justiça constitucional no Estado Democrático de Direito: o Poder Judiciário na efetivação dos direitos fundamentais no Brasil

Introdução

Neste capítulo, as seções foram elaboradas com objetivo de fornecer ao Serviço Social sociojurídico o conhecimento teórico sobre o Poder Judiciário, sua formação e constituição no Brasil, o sistema de justiça e os mecanismos jurídicos de defesa da cidadania, compromisso da categoria inscrito no Código de Ética de 1993 e um norte para a efetivação do Projeto Profissional.

4.1 Justiça constitucional em tempo de capital fetiche

Querer entender as mudanças operadas no Poder Judiciário sem considerar os processos deslanchados com a integração econômica internacional pode ser tão limitado quanto não reconhecer a distância entre a lei e a complexidade do real. Ainda que os liberais definam o direito como um sistema de normas, a tentativa de enquadramento da realidade no sistema legal é em si uma ideia fadada ao fracasso, pois a vida é dinâmica e a realidade só existe em movimento.

O Estado Democrático de Direito não é, portanto, o fim da história, a implantação de um modelo perfeito e acabado. Consolidado no século XX como resultado do percurso dos movimentos em defesa da ampliação da cidadania, o Estado Democrático de Direito serviu para revigorar a democracia após a queda dos regimes autoritários de direita e de esquerda. Trata-se de um novo formato, derivado da condensação de forças atuantes em determinado período histórico, marcado pelo enfraquecimento das ideologias de esquerda e pela emergência dos direitos humanos como uma ideologia básica na construção de consenso entre as forças políticas de direita e de esquerda.

O Estado Democrático de Direito é o sustentáculo da democracia, mas da democracia constitucional, que possui um formato institucional novo ao admitir a articulação e o conflito entre os poderes, alterando com isso o sentido da racionalidade administrativa dos governos. Trata-se de um modelo que instituiu a participação social e uma proposta de equidade, tida como condição para materialidade do direito a partir da concepção de dignidade da pessoa humana. A contradição, evidenciada politicamente, expressa os desafios políticos enfrentados pelos governos que, por um lado, precisam responder às exigências de responsabilidade fiscal – o que implica a redução do gasto social –, e por outro, são cobrados pela efetivação dos direitos sociais – o que requer a previsão orçamentária para sua prestação.

A ordem competitiva internacional, em um contexto de internacionalização da economia, exige do Estado a implementação de mudanças institucionais para melhor adaptação. Segundo Dupas,[1] as agências multilaterais protagonizadas pelo Banco Mundial e o FMI têm recomendado aos Estados medidas que abrangem a construção de um sistema competitivo nos serviços públicos, a formação de parcerias e a participação dos cidadãos. A expectativa é que esses mecanismos básicos possam servir para construir um Estado mais responsável, transparente e com participação direta dos usuários no monitoramento dos serviços públicos. Essas iniciativas, contudo, não significam autonomia coletiva, pelo contrário, a participação serve como um pilar para sustentação da legitimidade do Estado. Mesmo que a pressão pela inclusão social aumente, a capacidade institucional será escassa e limitada, pois "cada vez mais os processos globais restringem as escolhas e debilitam a capacidade dos Estados de controlar o fluxo de capitais, cobrar impostos e controlar políticas fiscais e monetárias".[2]

A democracia constitucional tem sido o modelo ideal instaurado em diversos países no mundo como o único caminho da vida política nos Estados. O consenso a nível internacional pela adoção desse modelo não repousa no seu êxito em termos de capacidade de redução das desigualdades sociais ou mesmo da violência política e social, mas da sua capacidade de ser compatível com os processos de internalização da economia. Trata-se de um processo contraditório, pois ao mesmo tempo em que é percebido como resultado das lutas travadas pelos movimentos sociais, também se mostra compatível com os interesses capitalistas.

Esse movimento articula o consenso nacional e internacional, e tem uma direção clara. A sociedade global se torna mais consciente das suas atrocidades, buscando, por meio da consagração de tratados internacionais no direito interno, criar mecanismos para defesa dos direitos individuais e de minorias. Todavia, na medida em que o Estado vai se submetendo às grandes corporações multinacionais, tornando-se mais atrativo aos investidores, a cidadania é ameaçada com a subtração dos direitos trabalhistas, o

---

[1] DUPAS, G. *Economia global e exclusão social*: pobreza, emprego, estado e o futuro do capitalismo. São Paulo: Paz e Terra, 2001.
[2] DUPAS, 2001, p. 132.

desemprego, o subemprego e a degradação da proteção social. O efeito disso é a formação de uma situação paradoxal, visto que nos estados nacionais a multiplicação dos diplomas legais segue *pari passu* a "desconstitucionalização" dos direitos adquiridos. A esse respeito, Faria[3] comenta que

> nessa ordem socioeconômica de natureza cada vez mais multifacetada e policêntrica, o direito positivo enfrenta dificuldades crescentes na edição de normas vinculantes para os distintos campos da vida socioeconômica; suas "regras de mudança", suas "regras de reconhecimento" e suas "regras de adjudicação", que até então asseguravam a operacionalidade e a funcionalidade do sistema jurídico, revelam-se agora ineficazes; direitos individuais, direitos políticos e direitos sociais há tempos institucionalizados são crescentemente "flexibilizados" ou "desconstitucionalizados".[4]

As limitações na capacidade das constituições nacionais para concretizar os direitos de cidadania estão relacionadas, em grande parte, à crise do fordismo e ao desenvolvimento de um novo modelo alicerçado na acumulação extensiva e no capital transnacional, organizado em redes. As transformações na estrutura do mercado de trabalho, conforme analisou Harvey, tem atingido o Estado desafiando sua capacidade de efetivar direitos, em um contexto de restrição do gasto social. Visando a manter sua legitimidade fornecendo condições para a estabilidade do sistema democrático, o Estado reorganiza a intervenção pela formulação de estratégias e com a criação de instituições compatíveis ao novo modo de regulação. Tais medidas são necessárias, pois fazem com que as instituições acompanhem o desenvolvimento do capitalismo. Segundo Boyer,[5] o capitalismo só consegue se desenvolver numa sequência de fases de aceleração e posteriormente de regressão, porque sua dinâmica de acumulação é assegurada pelos ajustes que podem ser feitos nas formas institucionais. Isso significa que a crise no capitalismo requer mudanças na relação entre a esfera econômica e a esfera jurídico-política.

Na crise atual, compete aos governos tomar providências, como criar condições para a promoção do crescimento econômico, garantir a estabilidade do sistema democrático com a ampliação da participação popular nos espaços de deliberação, fiscalizar as contas públicas, gerir as políticas com objetivo da eficiência, eficácia e efetividade, e responder às demandas por justiça social a partir do acesso ao mínimo social, com a finalidade de atender às necessidades básicas.

Conforme a interpretação de Rawls,[6] tais necessidades compreendem mais do que o acesso à renda, pois se referem à cesta de bens primários e às condições necessárias para o exercício da cidadania e da autonomia, alicerçadas sobre a estrutura básica

---

[3] FARIA, J. E. Prefácio. In: CITTADINO, G. *Pluralismo, direito e justiça distributiva*: elementos da filosofia constitucional contemporânea. Rio de Janeiro: Lumen Juri, 1999.
[4] FARIA, 1999, p. 15.
[5] BOYER, R. *Les transformations du rapport salarial en Europe – 1973/1984*. Paris: Cebremap, 1984. p. 116.
[6] RAWLS, J. *Uma teoria da justiça*. Brasília: Universidade de Brasília, 1981.

da sociedade. No Brasil, a garantia à dignidade da pessoa humana na justiça identifica-se com a noção de "mínimo existencial", que, segundo Thadeu Weber,[7] está relacionado à realização dos direitos fundamentais, o que representa a possibilidade de concretização do princípio da dignidade da pessoa humana. Refere-se, nesse sentido, à preservação e à garantia das condições e exigências mínimas de uma vida digna. Apesar da possibilidade de aproximação entre o mínimo existencial e a definição de mínimos sociais de Rawls, sua aplicação expressa uma diferença pela insuficiência da estrutura básica necessária à promoção da equidade social. Essa situação ressalta a lacuna existente entre o direito e a política, a norma e a realidade. Desse modo, a questão não se resolve nem pela via da produção e nem da redistribuição social, o que afasta o direito à dignidade da pessoa humana para além da linha do horizonte.

Assim sendo, a democracia constitucional, respaldada no princípio da supremacia da Constituição Federal, nada acrescenta acerca do direito ao trabalho. Todavia, o direito à dignidade, ao tornar-se o eixo central, lança a questão sobre a política redistributiva, permitindo ao Estado obscurecer suas raízes estruturais na produção. Por conseguinte, os conflitos sociais são multiplicados e desconectados da questão da concentração da propriedade, como se a estrutura econômica pudesse surgir dissociada da questão da cultura. Ora, mesmo que se considere que nem todo problema de violação de direitos possa ser reduzido a uma questão de desigualdade entre as classes, isso não significa que essa questão esteja ausente. Em outras palavras, as limitações do economicismo não justificam a produção de análises que simplesmente descartam a estrutura social, como se fosse possível interpretar os fatos na sociedade capitalista sem considerar a dinâmica do mercado.

Essa tendência de separação entre direitos sociais e política social, viável na democracia constitucional, necessita, para dar sustentação ao poder, ampliar a participação e aumentar a fiscalização para não corroer sua legitimidade. Dessa forma, se consegue fazer com que os múltiplos grupos sociais colaborem no debate sobre os programas políticos e se submetam à lei, considerando a necessidade de cumprir as normas de execução orçamentária. Enquanto a sociedade se concentra sobre as questões pertinentes aos serviços públicos, o Estado Democrático de Direito "desconstitucionaliza" os direitos da classe trabalhadora, naturaliza a pobreza e disfarça o acesso à dignidade da pessoa humana pela administração do sujeito de direitos nas instâncias judiciárias.

O Estado Constitucional tem sua soberania reduzida e se mostra fraco na sua capacidade de responder às demandas da classe trabalhadora, apesar de se mostrar forte para reprimir toda possibilidade de constituição autônoma de movimentos contrários aos interesses capitalistas. Ademais, o controle sobre a pobreza se torna mais rigoroso na medida em que a política neoliberal avança, dando prosseguimento à destituição dos direitos sociais. De acordo com Faria,[8] o Estado assume reduzida dimensão organizacional, passando a ser pautado e condicionado pelo mercado e por seus

---

[7] WEBER, T. A ideia de um "mínimo existencial" de J. Rawls. Revista *Kriterion*, Belo Horizonte, v. 54, n. 127, jun. de 2013. Disponível em: <http://www.scielo.br/scielo.php?script=sci_arttext&pid=S0100-512X2013000100011&lng=en&nrm=iso>. Acesso em: 2 nov. 2017.
[8] FARIA, 1999, p. 178.

atores dominantes (conglomerados empresarias transnacionais, instituições financeiras internacionais, organismos supranacionais, entidades de classe, câmaras de comércio, associações de consumidores, corporações profissionais, institutos públicos, semipúblicos e privados, sindicatos etc.).

A sociedade capitalista, submetida às necessidades de valorização do capital, ao enfrentar dificuldades para extração dos lucros por meio do aumento da produtividade, segue o curso da acumulação extensiva visando à reprodução ampliada do capital. Para tal, intensifica o trabalho reduzindo os encargos, por meio do fracionamento da produção e o seu deslocamento para diferentes regiões onde o gasto com o capital variável é menor. Tal processo acrescentado do problema da fluidez do capital comprime a capacidade do Estado de assegurar os direitos de cidadania. Como consequência, a concentração de renda se amplia e a pobreza se agrava, acompanhando o aumento do subemprego, do desemprego e da informalidade.

A valorização do capital na atualidade não se concentra somente nas mudanças implementadas na produção social. Associado a essas transformações, a pressão no Estado tem sido feita também pelo capital financeiro. O crescimento da oferta de crédito, o investimento no mercado de ações e títulos da dívida pública se ampliam com a mundialização das operações do capital. Chesnais[9] emprega o termo mundialização para se referir ao processo de centralização financeira e de concentração industrial do capital, no plano nacional e internacional. Isso ocorre, inclusive, por meio da maior interpenetração entre os capitais de vários países e da criação de estruturas oligopolistas transnacionais, o que vem acontecendo em um número crescente de ramos da indústria ou de serviços.

A associação das empresas nacionais com as instituições financeiras tem desenvolvido um regime de acumulação que avança com a restrição à autonomia do Estado no controle dos investimentos de capital. Com a expansão do capital financeiro, anulam-se as fronteiras, passando a ser exigida aos governos a implementação de políticas capazes de criar um ambiente favorável às transações mercantis e de crédito. Segundo Iamamoto,

> o capital internacionalizado em amplo movimento de concentração e centralização da propriedade das empresas expande sua face financeira e especulativa, com irrestrita liberdade de operar sem regulamentações. É acompanhado da redução da capacidade contratual da força de trabalho, do aprofundamento das distâncias e desigualdades entre países do centro e da periferia. Referendado e apoiado pelas políticas imperialistas ditadas pelos organismos multilaterais, o capital subordina, aos seus fins de valorização, toda a organização da vida em sociedade: a economia, a política e a cultura.[10]

---

[9] CHESNAIS, F. A Globalização e o curso do capitalismo de fim-de-século. *Economia e Sociedade*, Campinas, v. 5, dez. 1995.
[10] IAMAMOTO, M. V. *Serviço Social em tempo de capital fetiche*: capital financeiro, trabalho e questão social. São Paulo: Cortez, 2007. p. 53.

Harvey[11] também analisa a relação entre o Estado no processo de acumulação comandado pelas finanças. De acordo com seu pensamento, o capital financeiro requer o desenvolvimento de atividades improdutivas capazes de fazer com que os rendimentos sejam ampliados por meio da especulação de mercados futuros, valores monetários e dívidas. O Estado, portanto, participa ativamente na construção de uma nova organização do capitalismo, desempenhando o papel de "arcabouço territorializado no interior do qual agem os processos moleculares de acumulação de capital"[12] (2004:79).

Nessa perspectiva, o Estado é o corpo político com capacidade para orquestrar arranjos institucionais e controlar as forças moleculares da acumulação do capital, em proveito dos interesses capitalistas dominantes. Segundo Harvey,

> A acumulação de capital por meio da troca de mercado fixadora de preços floresce melhor no âmbito de certas estruturas institucionais da lei, da propriedade privada, do contrato e da segurança da forma dinheiro. Um Estado forte dotado de poderes de polícia e do monopólio dos meios de violência pode garantir tal arcabouço institucional e sustentá-lo com arranjos institucionais definidos. A formação do Estado em associação ao surgimento da constitucionalidade burguesa tem sido, por conseguinte, características cruciais da longa geografia histórica do capitalismo.

O Estado procura compatibilizar as estruturas institucionais com a financeirização. Tal processo atinge as classes trabalhadoras, que sofrem com a destituição progressiva dos seus direitos. Nesse contexto, os direitos humanos servem como uma bandeira de luta para mobilização e resistência, pois as novas regras do capital tornam sua concretização inatingível.

Com o aumento das desigualdades sociais e a exacerbação das contradições em que se deparam as instituições encarregadas de responder pelos direitos de cidadania, o tornar-se humano opõe-se às atuais condições de existência de grande parte da classe trabalhadora. Nessas condições, o cidadão enquanto sujeito de direitos torna-se um sujeito que vai tentar reclamar seu direito judicialmente. Ele se constitui a partir de uma concepção de cidadania, baseada no direito e na possibilidade de acionar a justiça.

Nesses termos, o sujeito de direitos é o sujeito alienado, desumanizado, dividido entre o cidadão e o homem real. O motivo dessa cisão está nas suas condições de existência, na expropriação dos meios de produção, na usurpação da sua parte na riqueza socialmente produzida. A situação é paradoxal, pois a sociedade subordinada aos cálculos econômicos, reduzida às estatísticas de gestão, exige, por outro lado, mudança nos procedimentos e práticas a fim de "humanizar" os serviços, reagindo contra a biopolítica, sem se dar conta de que a omissão tem se tornado o grande desafio, indicando o risco da indiferença total do governo com o descumprimento dos direitos básicos dos cidadãos.

---

[11] HARVEY, D. *O novo imperialismo*. São Paulo: Loyola, 2004.
[12] HARVEY, 2004, p. 79.

Essas alterações normativas atendem aos anseios sociais, representando a tomada de consciência com relação aos danos gerados no atendimento aos usuários pela forma de intervenção e controle social. Tais avanços, no entanto, não são acompanhados de mudanças nas condições de trabalho dos profissionais, e isso tende a afetar o desempenho institucional, comprometendo a qualidade do serviço. Aliás, nos serviços que atendem aos mais pobres, a situação se agrava, devido ao descompasso entre a demanda e a capacidade institucional. A extrema desigualdade social apresenta-se, portanto, como o principal problema a ser enfrentado, já que sua redução seria uma condição para a diminuição dessa demanda.

Vale lembrar que os resultados recentes sobre a redução da desigualdade são questionáveis,[13] sendo alarmantes os registros acerca da concentração de renda. Segundo o *Relatório de Distribuição da Renda e da Riqueza da População Brasileira – Dados do IRPF 2014-1015*, "no que se refere à apropriação da riqueza, definida como a posse de bens e direitos subtraída dos valores declarados com ônus e dívidas, é possível observar que apenas 8,4% dos declarantes possuem 59,4% do total de bens e direitos líquidos".[14]

Em meio à tamanha disparidade social que oprime a classe trabalhadora, a precarização do contrato de trabalho vai se tornando um fenômeno banal. As filas em busca de emprego aumentam desmesuradamente, ao mesmo tempo em que minimizam a proteção social. Enquanto, no direito, o sujeito é percebido como cidadão autônomo, capaz de responder exclusivamente pelos seus atos, na vida prática ele luta para escapar da repressão do governo, que lhe nega o direito ao trabalho, chegando a proibir as atividades que exerce na informalidade, como "camelô" ou "vendedor ambulante".

Na atualidade, a ideologia socialista encontra-se enfraquecida, mas não por ter revelado as injustiças do mundo capitalista. Não obstante, a política neoliberal avança contra os direitos da classe trabalhadora, procurando ainda aniquilar qualquer iniciativa voltada a redistribuição mais equânime da riqueza. Mesmo os programas de transferência de renda defendidos pelos liberais contemporâneos não podem ser considerados um direito, pois são implementados como uma política de governo e não de Estado. Nessas condições, a parca política social é o que resta da cidadania social, tão confrontada e até acusada de obstar a retomada do crescimento econômico.

Em face desse projeto tão adverso aos interesses da classe trabalhadora, a concepção de justiça social também é modificada. Se antes a justiça social significava intervenção no mundo da produção e regulação dos conflitos entre trabalhadores e empregadores, na atualidade ela recai sobre o consumo e o acesso ao mínimo, definido em termos de renda e de inclusão nos serviços.

Nessa ótica, a justiça constitucional é diferente da justiça social por não se concentrar sobre os conflitos na produção, ampliando direitos para a classe trabalhadora. Ainda que apresente uma proposta de equidade social, na prática ela tem se revertido

---

[13] Segundo Medeiros, Souza e Castro (O topo da distribuição de renda no Brasil: primeiras estimativas com dados tributários e comparação com pesquisas domiciliares (2006-2012). *Dados*, v. 58, n.1, Rio de Janeiro, jan./mar. 2015), a desigualdade no Brasil permaneceu estável de 2006 até 2012, revelando grande concentração de renda. Em 2012, quase metade da renda do país (44%) foi recebida pelos 5% mais ricos, e um quarto por 1 % no topo.

[14] BRASIL, *Relatório de distribuição da renda e da riqueza da população brasileira – Dados do IRPF 2014-1015*. Brasília: Ministério da Fazenda – Secretaria de Política Econômica, p. 10, maio 2016.

na desconstitucionalização dos direitos sociais. Nesse contexto, a questão social é ofuscada, transfigurada em questão de direitos, passando a ser analisada sem considerar sua conexão ao mundo da produção.

Sendo assim, a ênfase na dignidade da pessoa humana surge como fundamento da justiça constitucional, como se essa qualidade pudesse ser alcançada somente pelo acesso ao "mínimo existencial". Descarta-se, com isso, a possibilidade do cidadão se sentir digno, podendo até, ao contrário, se sentir humilhado, pois numa sociedade organizada pelo princípio do trabalho, ele é obrigado a "se virar" para conseguir dinheiro. Aliás, a assistência de que necessita pode não significar um socorro temporário, o que compromete qualquer intenção de autonomia, até mesmo porque a renda obtida não ultrapassa o nível de sua subsistência.

Em tempo de capital fetiche (capital na forma de dinheiro que se valoriza, na superfície, como se estivesse desvinculado da produção),[15] a própria cidadania tornou-se também um fetiche. O que fora considerado como conquista da classe trabalhadora tem sido alvo de revisões legislativas com perdas irreparáveis. Por outro lado, o processo de fragmentação do sujeito se acentua, pois não decorre exclusivamente das diferenciações e configurações do mercado, passando a também envolver o pluralismo jurídico. Ou seja, o sujeito alienado passa a ter sua identidade referida à lei, definida por uma condição de ser (homossexual, indígena, idoso, mulher etc.), que o vincula a uma categoria jurídica específica. Cada minoria, ao lutar pela garantia de direitos específicos, procura atender às suas necessidades a partir desse referencial de identidade fixado no direito. Por conseguinte, a fragmentação dos sujeitos também acompanha a fragmentação das lutas políticas.

Com essa identificação do ser assentada no direito, não é de se admirar que as demandas sociais sejam direcionadas ao Poder Judiciário. O sujeito jurídico surge como o indivíduo livre, que tudo pode fazer conforme a lei. Os obstáculos para a consecução de seus direitos são interpretados como sendo provocados por ameaças ou atitudes contrárias a esses direitos, podendo ser praticadas por pessoa da própria família, da vizinhança ou mesmo um funcionário do governo. Como se a situação não fosse cotidianamente reproduzida, esse sujeito pode recorrer ao Poder Judiciário e submeter sua queixa a um julgamento por meio de um processo judicial. O juiz, ao proferir a palavra final, vai responder ao conflito com uma sentença, discriminando assim a vítima do réu.

O efeito da judicialização das demandas por direitos é o aumento dos processos na justiça. Ao se encarregar de julgar cada processo, as queixas são inseridas na burocracia do Estado. O individualismo acentuado da sociedade de consumo transforma o Poder Judiciário em uma alternativa para questões de "justiça social", de modo que toda insatisfação com a política tende a se transformar em processo.

A centralidade do Poder Judiciário neste modelo de democracia se destaca na medida em que se deteriora a cultura política dos sindicatos, degradam-se os partidos

---

[15] Para Iamamoto (2007), a fetichização compreende o caráter alienado do capital que rende juros, autovalorizando-se como fonte independente do processo de produção. A separação entre a propriedade econômica e a propriedade jurídico-política criada nesse processo se expressa na disjunção entre a forma e o conteúdo, visto que o dinheiro suspende a mediação, como se tivesse autonomia para gerar a própria reprodução.

políticos e são severamente reprimidas as manifestações populares contra os interesses do capital. De acordo com Garapon,[16] o fenômeno da judicialização não expressa o desenvolvimento de uma república democrática, pois enquanto se politiza a justiça, outros espaços políticos são despolitizados. A seu ver,

> o juiz torna-se o novo anjo da democracia e reclama um status privilegiado, o mesmo do qual ele expulsou os políticos. Investe-se de uma missão salvadora em relação a democracia, coloca-se em posição de domínio, inacessível à crítica popular. A justiça completará, assim, o processo de despolitização da democracia.[17]

No Brasil, a judicialização das demandas sociais por direitos é uma tendência que tem se acentuado desde a regulamentação dos direitos do consumidor e dos direitos das minorias. O fenômeno foi estudado por Luiz Werneck Vianna, Maria Alice Rezende de Carvalho, Manuel Palácios Cunha de Melo e Marcelo Baumann Burgos, e adquiriu grande repercussão no mundo acadêmico com a publicação do livro *A judicialização da política e das relações sociais*, no ano de 1999. Nesse livro, os autores entendem ser a judicialização da política o resultado da expansão do direito no período que sucedeu a Segunda Guerra Mundial. A reconstitucionalização na Europa retomou a temática da relação entre ética e direito, inaugurando o constitucionalismo moderno pela positivação dos princípios fundamentais, conforme expresso na Declaração dos Direitos do Homem de 1948. Além disso, o período consagra a ampliação dos direitos sociais com a construção e o desenvolvimento do Estado de bem-estar social, aproximando o direito da política, constituindo uma nova constitucionalidade na democracia política.

A tutela jurídica foi se tornando uma referência para a luta dos movimentos sociais que reclamavam por justiça, significando uma estratégia para defesa da cidadania em um contexto de integração dos mercados na economia internacional e de execução de políticas neoliberais. Inovações foram instituídas com a criação de mecanismos jurídicos que instauraram um novo padrão de relacionamento entre os poderes, fazendo com que o Poder Judiciário se constituísse como "uma nova arena pública, externa ao circuito clássico 'cidadania civil – partidos – representação – formação da vontade majoritária'".[18]

Ao analisar o fenômeno no Brasil, os autores entendem que a judicialização da política pode ser uma alternativa não para enfraquecer os partidos, mas para reforçá-los, em vista da conexão que pode ser estabelecida entre a democracia representativa e a participativa, corroborada pelas ações públicas, funcionando como um instrumento de legitimação da cidadania na defesa contra as instâncias do poder. Não obstante essas suas considerações otimistas, esta análise também adverte sobre o risco da

---

[16] GARAPON, A. *O juiz e a democracia*: o guardião das promessas. Rio de Janeiro: Revan, 1999.
[17] GARAPON, 1999, p. 74.
[18] VIANNA, L. W.; CARVALHO, M. A. R.; MELO, M. P. C.; BURGOS, M. B. *A judicialização da política e das relações sociais no Brasil*. Rio de Janeiro: Revan, 1999. p. 22.

judicialização da política e das relações sociais se constituírem num substitutivo e não numa alternativa do cidadão, que recorre em busca de uma justiça providencial nos moldes assistencialistas.[19]

Luiz Werneck Vianna, Marcelo Baumann Burgos e Paula Martins Salles,[20] 17 anos depois, retomaram o debate, demonstrando que a previsão negativa do processo estava se cumprindo. A judicialização funcionava substituindo o Executivo e desviando a questão social para dentro do Poder Judiciário.

> A invasão do direito sobre o social avança na regulação dos setores mais vulneráveis, em um claro processo de substituição do Estado e dos recursos institucionais classicamente republicanos pelo judiciário, visando a dar cobertura à criança e ao adolescente, ao idoso e aos portadores de deficiência física. O juiz torna-se protagonista direto da questão social. Sem política, sem partidos ou uma vida social organizada, o cidadão volta-se para ele, mobilizando o arsenal de recursos criado pelo legislador a fim de lhe proporcionar vias alternativas para a defesa e eventuais conquistas de direitos. A nova arquitetura institucional adquire seu contorno mais forte com o exercício do controle da constitucionalidade das leis e do processo eleitoral por parte do judiciário, submetendo o poder soberano às leis que ele mesmo outorgou.[21]

O resultado do processo não tem sido a propulsão da cidadania ativa, mas o aprofundamento do individualismo e o processamento das demandas por direitos a partir do Poder Judiciário. No contexto de uma crise financeira, o governo não consegue sequer garantir o mínimo das demandas sociais aos que necessitam. Daí a demanda por direitos básicos recair sobre o Poder Judiciário, "o guardião da promessa".[22]

Desse modo, o conflito entre os poderes parece inevitável. O Poder Judiciário mais autônomo, com competência para intervir na política e defender os direitos individuais e sociais dos cidadãos em um país onde a cidadania civil, política e social não foi suficientemente alcançada, não consegue atuar sem impacto sobre as instituições políticas e administrativas. Logo, não causa espanto as dificuldades enfrentadas nesse percurso em que o Judiciário vai se afirmando como um poder ativo. Criticam-se os excessos de sua intervenção e os transtornos que tem provocado à administração nos estados, municípios e no governo federal. Questionam-se os limites de sua interferência. Tentam, de diversas formas, limitar o seu papel de defensor dos direitos constitucionais. Enquanto o Estado desmantela os direitos sociais, base do capitalismo organizado, a sociedade avança em direção à multiplicação de Estatutos, em vista da ampliação de direitos aos segmentos mais injustiçados, como crianças, mulheres,

---

[19] VIANNA, CARVALHO, MELO, BURGOS, 1999, p. 43.
[20] VIANNA, L. W.; BURGOS, M. B.; SALLES, P. M. Dezessete anos de judicialização da política. In: *Tempo Social*, v. 19, n. 2, 2007.
[21] VIANNA, BURGOS & SALES, 2007, p. 41.
[22] GARAPON, 1999.

idosos, negros, pessoas com deficiência. Por conseguinte, o Poder Judiciário torna-se referência à cobrança da proteção e à execução desses direitos não cumpridos por parte do Poder Executivo.

A presença desse poder na política tem sido constante e ocorre em diversos momentos. Sobre as formas de intervenção, França[23] afirma que

> o Judiciário interfere tanto na fase de elaboração quanto na fase de implementação de políticas públicas. Ao sinalizar suas opiniões no curso do processo legislativo, de maneira informal (por meio de entrevistas, reuniões com os chefes do Executivo e com parlamentares) ou de maneira formal (quando instado a se pronunciar em ação judicial proposta para obstar o andamento do projeto legislativo), o Judiciário influi significativamente no rumo da política, tornando atraente algumas opções e eliminando outras. Na fase de implementação das políticas públicas, a atuação do Judiciário é bem mais visível. Dependendo do tipo de instrumento utilizado pelos grupos de interesse, a decisão judicial pode ter efeitos abrangentes e retroativos. Ademais os juízes detêm o *timing*, podendo retardar ou acelerar políticas quando proferem a decisão de pronto ou quando demoram a decidir.[24]

A autora também comenta sobre os casos em que o Poder Judiciário é autorizado a intervir por motivo de violação ao direito fundamental por meio dos seguintes instrumentos legais: ação direta de inconstitucionalidade, mandato de injunção e ação de descumprimento de preceito fundamental.[25] Todos esses instrumentos visam a garantir os direitos constitucionais e deveriam afirmar a supremacia da Constituição diante de processos políticos que envolvam os outros Poderes.

Com isso, transfere-se para o Poder Judiciário a responsabilidade de garantir os direitos constitucionais, o que reforça o protagonismo dos magistrados na política. Cobrados de dizer o direito, expressam na decisão judicial o modo como se processam a demanda nos tribunais. Em suas sentenças, os juízes buscam fundamentar as decisões nos direitos definidos na Constituição 1988, com base nas súmulas e nas decisões de instâncias superiores. Dessa forma, procuram dividir a própria responsabilidade, gerando certa uniformização para determinados casos, favorecendo não apenas a possibilidade de previsão de uma decisão, como também a identificação do desempenho institucional.

Considerando a questão da responsabilidade judicial, Cappelletti[26] entende que o poder do juiz se confunde com o seu dever, que é o de exercer a função pública de

---

[23] FRANÇA, G. de A. e. *O Poder Judiciário e as políticas públicas previdenciárias*. São Paulo, Faculdade de Direito, Dissertação de Mestrado, 2010.
[24] FRANÇA, 2010, p. 73.
[25] Ação direta de inconstitucionalidade é a ação que tem por finalidade declarar que uma lei ou parte dela é contrária à Constituição. Já o mandado de injunção é um instrumento para ser empregado sempre que a falta de norma regulamentadora torne inviável o exercício dos direitos e liberdades constitucionais e das prerrogativas inerentes à nacionalidade, à soberania e à cidadania. A ação de descumprimento do preceito fundamental foi criada com o objetivo de evitar ou reparar lesão a preceito fundamental, resultante de ato do Poder Público.
[26] CAPPELLETTI, M. *Juízes irresponsáveis?* Porto Alegre: Sergio Antonio Fabris, 1989. p. 17.

julgar. Por responsabilidade judicial, ele entende ser "tanto o poder dos juízes, quanto o seu dever de prestação de contas ('*accountability*', '*answerability*') no exercício de tal poder-responsabilidade". Cobra-se da decisão judicial uma fundamentação que expresse racionalidade, sem ser idiossincrática ou legalista. Segundo Merryman,[27] a responsabilidade judicial está relacionada ao maior ou menor poder do juiz, sendo importante conforme essa proporção.

Em se tratando de judicialização da política, tem sido cobrada desses atores a consideração com a racionalidade governamental que envolve o planejamento e a gestão orçamentaria das políticas. Sendo pressionados a decidir sobre processos que envolvem a prestação dos direitos sociais, os magistrados se dividem entre os que priorizam os princípios que limitam a efetivação do direito ao orçamento do governo (princípio da reserva do possível) e os que defendem a supremacia da Constituição, sendo indiferentes aos problemas que podem acarretar na gestão das políticas públicas.

A intromissão do Poder Judiciário na política tem sido muito criticada, como se esse poder tivesse de se comportar da mesma forma como no passado. Ainda é muito recente o protagonismo do Judiciário na democracia. Ao defender a supremacia da dimensão política do Poder Judiciário, Zaffaroni considera que

> diante da falta de um Judiciário que imponha minimamente a supremacia do Constitucional e que opere com certo grau de eficácia na decisão e solução de conflitos, cada vez serão menores os obstáculos ao exercício arbitrário do poder, as maiorias conjunturais e os políticos se burlarão cada dia mais dos limites constitucionais a seu poder, não haverá um espaço de jogo democrático regulado, senão uma selva de disputas com qualquer preço, a demagogia e a irracionalidade triunfarão cada dia mais sobre a racionalidade e a serenidade, e nossas débeis democracias serão cada dia mais ditaduras em recipientes democráticos.[28]

Tornar a Constituição a referência central da democracia faz com que a luta pela observação e efetivação dos direitos possa contar com a proteção do Poder Judiciário, produzindo um efeito que pode ser negativo somente se o acesso às políticas sociais se restringir ao âmbito das ações judiciais, deixando, portanto, de representar uma alternativa para se tornar praticamente a via exclusiva de acesso aos direitos. Tal procedimento afeta a cidadania, que vai deixando de ser predominantemente regulada[29] para se tornar judicializada.[30]

---

[27] MERRYMAN apud CAPPELLETTI, 1989, p. 18.
[28] ZAFFARONI, E. R. Dimension Política de un Poder Judicial Democrático. In: *Revista Brasileira de Ciências Criminais*, n. 04, p. 19, 1993.
[29] Santos (SANTOS, W. G. dos. A práxis liberal e a cidadania regulada. In: *Décadas de espanto e uma apologia democrática*. Rio de Janeiro: Rocco, 1998) criou o conceito de cidadania regulada para se referir à proteção social no Brasil, construída com base na articulação entre os direitos sociais e o mundo da produção, cobrindo apenas os trabalhos sindicalizados, com profissão regulamentada e carteira de trabalho, considerada sua certidão de nascimento cívico.
[30] CHAVES, V. P. *O direito à assistência social no Brasil*: reconhecimento, participação e alternativas de concretização. Rio de Janeiro: Campus, 2012.

Convém esclarecer que a autonomia do Poder Judiciário não é total – mesmo sendo fundamentada na Constituição –, pois a hermenêutica jurídica não é impermeável à conjuntura política. Seu poder de coerção é sempre um recurso nas vezes em que os conflitos sociais são considerados como ameaças à estabilidade da ordem social. Contudo, o protagonismo do Poder Judiciário pode representar uma mudança positiva na democracia, no sentido da sua abertura às demandas por direitos provenientes das classes subalternas que não encontram por outras vias chances para sua efetivação. No entanto, por repousar sobre a Constituição Federal a legitimidade da ordem atual, tende a se tornar ao mesmo tempo um poder fundamental na manutenção da estrutura econômica e social vigente.

4.2 O Poder Judiciário e o Sistema de Justiça

A compreensão do funcionamento do Poder Judiciário não é simples. Em geral, a sociedade não diferencia o Poder Judiciário de órgãos como a defensoria, o Ministério Público e as Procuradorias.[31] De certo modo, para que os direitos sejam garantidos, é necessário a integração das ações que envolvem um conjunto de instituições encarregadas da execução da justiça. Segundo Faver e Pachá,[32] ainda que o Poder Judiciário tenha proeminência, a CF 88 consolidou a percepção da sociedade ao determinar a construção de um sistema de funções essenciais à justiça. A formação de um sistema de justiça está prevista na CF 88, sendo definidas as atribuições para o cumprimento das funções essenciais da justiça (arts. 127-135). Abaixo estão listados os órgãos que fazem parte desse sistema.

4.2.1 Poder Judiciário

De acordo com o art. 2º da Constituição Federal de 1988, "são Poderes da União, independentes e harmônicos entre si, o Legislativo, o Executivo e o Judiciário". O Poder Judiciário é formado por Supremo Tribunal Federal, Conselho Nacional de Justiça, Superior Tribunal de Justiça, Tribunais Regionais Federais e Juízes Federais, Tribunais e Juízes do Trabalho, Tribunais e Juízes Eleitorais, Tribunais e Juízes Militares e Tribunais e Juízes dos Estados e do Distrito Federal e Territórios (art. 92, I a VII).

Com as mudanças instituídas na CF 88, o Poder Judiciário tornou-se um poder independente, com autonomia funcional, administrativa e financeira. Ao adquirir a função da defesa dos direitos fundamentais, tornou-se um intérprete da Constituição. Desde então os juízes estão sendo encarregados da defesa dos direitos de todos os cidadãos, podendo cobrar dos outros poderes a consideração com os princípios e direitos constitucionais.

---

[31] FAVER, M.; PACHÁ, M. A nova gestão do Poder Judiciário. In: *A reforma do judiciário no Estado do Rio de Janeiro*. Rio de Janeiro: FGV, 2005.
[32] FAVER & PACHÁ, 2005.

De certo modo, a democracia e o exercício da cidadania estão relacionados ao acesso e ao modo de funcionamento desse Poder. O protagonismo dos juízes tem sido reconhecido em diversas questões na vida política, chegando a afetar inclusive a implementação e a execução das políticas sociais. O fenômeno da judicialização na sociedade brasileira se evidencia em razão da apropriação dos institutos constitucionais que propiciam o protagonismo do Poder Judiciário e do Ministério Público na defesa dos direitos fundamentais e sociais. Aliás, as ações de inconstitucionalidade trazem a presença do Judiciário para a política, o que tem sido alvo de críticas ainda mais severas, nas vezes em que sua intervenção se torna política partidária, sendo considerada ativismo judicial.

4.2.2 Ministério Público

O Ministério Público é o órgão público responsável por fiscalizar e regular a aplicação da lei. De acordo com CF 88, art. 127, o MP "é instituição permanente, essencial à função jurisdicional do Estado, incumbindo-lhe a defesa da ordem jurídica, do regime democrático e dos interesses sociais e individuais indisponíveis". Sua função é zelar pelos interesses da sociedade e daqueles que não podem se defender, seja por incapacidade ou impossibilidade. Os profissionais encarregados dessa função são os promotores públicos e a eles compete fiscalizar os serviços de atendimento aos direitos do cidadão.

4.2.3 Defensoria Pública

De acordo com a lei complementar n. 132/2009, art. 1º, a Defensoria Pública é

> instituição permanente, essencial à função jurisdicional do Estado, incumbindo-lhe, como expressão e instrumento do regime democrático, fundamentalmente, a orientação jurídica, a promoção dos direitos humanos e a defesa, em todos os graus, judicial e extrajudicial, dos direitos individuais e coletivos, de forma integral e gratuita, aos necessitados, assim considerados na forma do inciso LXXIV do art. 5º da Constituição Federal.

A Defensoria Pública é a porta de acesso ao Poder Judiciário para as pessoas que não têm condições de arcar com os custos de um processo. O defensor público é o profissional contratado pelo Estado, por meio de concurso público, para litigar

> em favor dos interesses de seus assistidos em todas as instâncias, independente de quem ocupe o polo contrário da relação processual, seja pessoa física ou jurídica, a Administração Pública ou Administração Privada, em todos os seus segmentos.[33]

---

[33] Defensoria Pública do TJRJ. Informação disponível em: <http://www.portaldpge.rj.gov.br/Portal/conteudo.php?id_conteudo=18>. Acesso em: 3 nov. 2017.

A Defensoria Pública abrange a Defensoria Pública da União, a Defensoria Pública do Distrito Federal e dos Territórios e as Defensorias Públicas dos Estados. Tem por objetivos a primazia da dignidade da pessoa humana e a redução das desigualdades sociais, a afirmação do Estado Democrático de Direito, a prevalência e efetividade dos direitos humanos, e a garantia dos princípios constitucionais da ampla defesa e do contraditório, de acordo com a lei complementar n. 80, de 12 de janeiro de 1994, que organiza a Defensoria Pública da União.

A Defensoria Pública está encarregada de prestar orientação jurídica e exercer a defesa dos necessitados, em todos os graus; promover, prioritariamente, a solução extrajudicial dos litígios, visando à composição entre as pessoas em conflito de interesses, por meio de mediação, conciliação, arbitragem e demais técnicas de composição e administração de conflitos; promover a difusão e a conscientização dos direitos humanos, da cidadania e do ordenamento jurídico; prestar atendimento interdisciplinar, por meio de órgãos ou de servidores de suas carreiras de apoio para o exercício de suas atribuições; exercer, mediante o recebimento dos autos com vista, a ampla defesa e o contraditório em favor de pessoas naturais e jurídicas, em processos administrativos e judiciais, perante todos os órgãos e em todas as instâncias, ordinárias ou extraordinárias, utilizando todas as medidas capazes de propiciar a adequada e efetiva defesa de seus interesses; representar aos sistemas internacionais de proteção dos direitos humanos, postulando perante seus órgãos; promover ação civil pública e todas as espécies de ações capazes de propiciar a adequada tutela dos direitos difusos, coletivos ou individuais homogêneos quando o resultado da demanda puder beneficiar grupo de pessoas hipossuficientes; exercer a defesa dos direitos e interesses individuais, difusos, coletivos e individuais homogêneos e dos direitos do consumidor; impetrar *habeas corpus*, mandado de injunção, *habeas data* e mandado de segurança ou qualquer outra ação em defesa das funções institucionais e prerrogativas de seus órgãos de execução; promover a mais ampla defesa dos direitos fundamentais dos necessitados, abrangendo seus direitos individuais, coletivos, sociais, econômicos, culturais e ambientais, sendo admissíveis todas as espécies de ações capazes de propiciar sua adequada e efetiva tutela; exercer a defesa dos interesses individuais e coletivos da criança e do adolescente, do idoso, da pessoa portadora de necessidades especiais, da mulher vítima de violência doméstica e familiar, e de outros grupos sociais vulneráveis que mereçam proteção especial do Estado; acompanhar inquérito policial, inclusive com a comunicação imediata da prisão em flagrante pela autoridade policial, quando o preso não constituir advogado; patrocinar ação penal privada e subsidiária da pública; exercer a curadoria especial nos casos previstos em lei; atuar nos estabelecimentos policiais, penitenciários e de internação de adolescentes, visando a assegurar às pessoas, sob quaisquer circunstâncias, o exercício pleno de seus direitos e garantias fundamentais; atuar na preservação e reparação dos direitos de pessoas vítimas de tortura, abusos sexuais, discriminação ou qualquer outra forma de opressão ou violência, propiciando o acompanhamento e o atendimento interdisciplinar das vítimas; atuar nos Juizados Especiais; participar, quando tiver assento, dos conselhos federais, estaduais e municipais afetos às funções institucionais da Defensoria Pública, respeitadas as atribuições de seus ramos; executar e receber as verbas sucumbenciais decorrentes de sua atuação, inclusive quando devidas por quaisquer entes públicos, destinando-as a fundos geridos pela Defensoria Pública e destinados, exclusivamente, ao aparelhamento da Defensoria Pública e à capacitação profissional de seus membros e servidores; convocar audiências públicas para discutir matérias relacionadas às suas funções institucionais (art. 3 da lei complementar n. 80/94) .

Existe certo desequilíbrio no sistema de justiça, visto que, de acordo com o Secretário Nacional de Reforma do Judiciário, Flavio Crocce Caetano, em 2014 havia cerca de 18 mil juízes, aproximadamente 12 mil promotores e apenas 6 mil defensores públicos.[34]

4.2.4 Advocacia

Conforme o art. 133º da Constituição Federal, o advogado "é indispensável à administração da justiça, sendo inviolável por seus atos e manifestações no exercício da profissão, nos limites da lei". De acordo com o Estatuto da Advocacia (lei n. 8.906/94), o advogado exerce uma função social. No sistema de justiça, a presença do advogado é fundamental.

Segundo Motti,[35] as advocacias ainda são muito incipientes no Brasil. Exercidas por um profissional habilitado, com conhecimento jurídico, representam por mandato a parte integrante, autora ou ré. Nos casos em que a parte não pode arcar com as custas do processo, cabe ao juiz determinar quem é esse advogado, seja pela Defensoria Pública ou seja pela figura do advogado dativo, que recebe subsídios do poder público para defender indivíduos em processos judiciais pelo Sistema de Assistência Jurídica Gratuita (AJG). Caso não seja possível essa designação, deve-se buscar a OAB, que oferecerá um profissional para fazer a defesa. Além dessa alternativa, nas universidades também se pode ter acesso aos Serviços de Assistência Jurídica prestados por estagiários do curso de Direito.

De acordo com o art. 2º da Ética e Disciplina da OAB,

> o advogado, indispensável à administração da Justiça, é defensor do Estado democrático de direito, da cidadania, da moralidade pública, da Justiça e da paz social, subordinando a atividade do seu Ministério Privado à elevada função pública que exerce.

---

[34] CAETANO, F. C. Os dez anos de reforma do Judiciário. Entrevista. *Revista Justiça e Cidadania,* Rio de Janeiro, n. 172, Editora JC, 2014.
[35] MOTTI, A. J. A. Sistema de garantia de direitos das crianças e dos adolescentes. In: MOTTI, A. J. A.; FARIA, T. D. *Caderno de texto:* capacitação das redes locais. Universidade Federal de Mato Grosso do Sul (UFMS), Pró-reitoria de Extensão, Cultura e Assuntos Estudantis (PREAE), Programa Escola de Conselhos, s/d. Disponível em: <www.crianca.df.gov.br/>. Acesso em: 3 nov. 2017.

4.3 Os mecanismos jurídicos para a defesa dos direitos individuais, difusos e coletivos

O *habeas corpus*, de acordo com Motta e Barchet,[36] é um "instrumento judicial destinado à defesa do direito de locomoção contra a ilegalidade ou abuso de poder". Pode ser entendido como uma garantia individual ao direito de locomoção, respaldada numa ordem dada pelo juiz ou tribunal, fazendo cessar a ameaça ou coação à liberdade de locomoção.[37]

Segundo o Código do Processo Penal, art. 647º, "dar-se-á *habeas corpus* sempre que alguém sofrer ou se achar na iminência de sofrer violência ou coação ilegal na sua liberdade de ir e vir, salvo nos casos de punição disciplinar".

De acordo com o art. 648º, a coação será considerada ilegal nas seguintes condições:

> I – quando não houver justa causa;
> II – quando alguém estiver preso por mais tempo do que determina a lei;
> III – quando quem ordenar a coação não tiver competência para fazê-lo;
> IV – quando houver cessado o motivo que autorizou a coação;
> V – quando não for alguém admitido a prestar fiança, nos casos em que a lei a autoriza;
> VI – quando o processo for manifestamente nulo;
> VII – quando extinta a punibilidade.

O *habeas data* define-se enquanto ação para garantir o acesso de uma pessoa a informações sobre ela que façam parte de arquivos ou bancos de dados de entidades governamentais ou públicas, ou mesmo para pedir a correção de dados incorretos. A referência legal encontra-se no art. 5º da Constituição Federal e pela lei federal n. 9.057/97.[38] Conforme Moraes,[39] o *habeas data* é um direito que as pessoas têm

> de solicitar judicialmente a exibição dos registros públicos ou privados, nos quais estejam incluídos seus dados pessoais, para que deles se tome conhecimento e se necessário for, sejam retificados os dados inexatos ou obsoletos ou que impliquem em discriminação.[40]

Conforme o art. 5º da CF/88, todos são iguais perante a lei, sem distinção de qualquer natureza, garantindo aos brasileiros e aos estrangeiros residentes no país a inviolabilidade do direito à vida, à liberdade, à igualdade, à segurança e à propriedade.

---

[36] MOTTA, S.; BARCHET, G. *Curso de direito constitucional*. Rio de Janeiro: Elsevier, 2007. p. 265.
[37] MORAES, A. de. *Direito constitucional*. 8. ed. revista, ampliada e atualizada com a EC n. 28/00. São Paulo: Atlas, 2000. p. 130.
[38] MOTTA & BARCHET, 2007, p. 265.
[39] MORAES, 2000.
[40] MORAES, 2000, p. 144.

O remédio constitucional para a garantia desse direito é o *habeas data*, regulamentado na lei n. 9.507/97, no art. 7º, que determina sua utilização para as seguintes finalidades:

> I – Para assegurar o conhecimento de informações relativas à pessoa do impetrante, constantes de registro ou banco de dados de entidades governamentais ou de caráter público;
> II – Para a retificação de dados, quando não se prefira fazê-lo por processo sigiloso, judicial ou administrativo;
> III – Para a anotação nos assentamentos do interessado, de contestação ou explicação sobre dado verdadeiro, mas justificável e que esteja sob pendência judicial ou amigável.

O **mandado de segurança**, de acordo com o art. 5º da CF de 1988, parágrafo **LXIX**, serve para proteger direito líquido e certo, não amparado por *habeas corpus* ou *habeas data*, quando o responsável pela ilegalidade ou abuso de poder for autoridade pública ou agente de pessoa jurídica no exercício de atribuições do Poder Público.

O parágrafo LXX admite que o mandado de segurança seja impetrado por partido político com representação no Congresso Nacional e por organização sindical, entidade de classe ou associação legalmente constituída e em funcionamento há pelo menos um ano, em defesa dos interesses de seus membros ou associado.

O **mandado de injunção** é uma ação judicial que visa a suprir a omissão do Poder Público na regulamentação da norma constitucional. Conforme Moraes,[41] esse mandado consiste em uma ação constitucional que visa a "suprir uma omissão do Poder Público, no intuito de viabilizar o exercício de um direito, uma liberdade ou uma prerrogativa prevista na Constituição".[42] Esse instrumento foi criado com o objetivo de combater a síndrome de inefetividade das normas constitucionais.[43]

Conforme o art. 5º, parágrafo LXXI, "conceder-se-á mandado de injunção sempre que a falta de norma regulamentadora torne inviável o exercício dos direitos e liberdades constitucionais e das prerrogativas inerentes à nacionalidade, à soberania e à cidadania".

A **ação popular**, de acordo com Maria Sylvia Zanella Di Pietro,[44]

> é a ação civil pela qual qualquer cidadão pode pleitear a invalidação de atos praticados pelo Poder Público, entidades de que participe, lesivos ao patrimônio público, ao meio ambiente, à moralidade administrativa ou ao patrimônio histórico e cultural, bem como a condenação por perdas e danos dos responsáveis pela lesão.

---

[41] MORAES, 2000.
[42] MORAES, 2000, p. 170.
[43] MOTTA & BARCHET, 2007, p. 281.
[44] PIETRO, M. S. Z. D. apud MORAES, 2000, p. 297.

Conforme art. 5º, parágrafo LXXIII,

> qualquer cidadão é parte legítima para propor ação popular que vise a anular ato lesivo ao patrimônio público ou de entidade de que o Estado participe, à moralidade administrativa, ao meio ambiente e ao patrimônio histórico e cultural, ficando o autor, salvo comprovada má-fé, isento de custas judiciais e do ônus da sucumbência.

Com relação a sua finalidade, Moraes[45] entende que a ação popular constitui uma das formas de exercício da soberania popular, ao lado do direito de sufrágio, direito de voto em eleições, plebiscitos e referendos, além da iniciativa popular de lei e o direito de organização e participação em partidos políticos. Por meio desse instrumento judicial, admite-se a fiscalização do Poder Público, diretamente por parte do povo, com base no princípio da legalidade dos atos administrativos e no conceito de que a República é patrimônio do povo.[46]

A **ação civil pública**, criada pela lei n. 7.347 de 1985, foi consagrada pela CF/88, art. 129, inciso 3º, sendo definida pela Carta Magna como atribuição institucional do Ministério Público, criada com a finalidade de proteger o patrimônio público e social, o meio ambiente e outros interesses difusos e coletivos.

Conforme a lei n. 7.347 de 1985, além do Ministério Público, possuem legitimidade para propor a ação civil pública a Defensoria Pública, a União, os estados, o Distrito Federal e os municípios, a autarquia, empresa pública, fundação ou sociedade de economia mista e a associação que concomitantemente esteja constituída há pelo menos um ano nos termos da lei civil.

Acerca da ação civil pública, Melo[47] recomenda que seu uso ocorra com maior frequência, a fim de que o direito coletivo se torne comum, e defende que a ação civil pública tenha como objeto os direitos coletivos, os difusos e os interesses individuais homogêneos. Esclarece que esse tipo de ação é um instrumento pouco empregado no Brasil, pela reprodução de uma cultura que valoriza o direito individual e patrimonial. Acrescenta ainda que o próprio Judiciário resiste em julgar ações civis públicas, alegando existir alguma barreira processual, tornando o processo mais importante que o direito.

---

[45] MORAES, 2000.
[46] MORAES, 2000, p. 181.
[47] MELO, A. L. A. de. Ação civil pública não deve ser usada no direito individual. *Consultor jurídico*, 2013. Disponível em: <http://www.conjur.com.br/2013-dez-03/andre-luis-melo-acao-civil-publica-nao-usada-direito-individual>. Acesso em: 3 nov. 2017.

CAPÍTULO 5

O acesso à justiça e a judicialização das demandas sociais

Introdução

A Constituição Federal de 1988 respondeu aos anseios populares por meio da redemocratização, inserindo dispositivos e mecanismos para a efetivação dos direitos. Com isso, fez sobressair duas questões interligadas como faces da mesma moeda: a demanda por direitos e a capacidade institucional para supri-los. Quanto à primeira, o problema se torna mais complexo se considerada a questão do acesso à justiça.

O acesso à justiça no Brasil é dificultado por diversos motivos. A justiça é cara, a Defensoria Pública é insuficiente para a demanda, a sociedade teme o Judiciário e não entende a rebuscada linguagem do direito. Ainda que a percepção do Judiciário não seja negativa a ponto de apagar as esperanças por justiça, a reflexão sobre a temática expressa sua relação com a forma como lida-se com o direito, especialmente dos mais pobres.

Entender o acesso à justiça na perspectiva aqui adotada significa compreender como o direito vem sendo empregado numa sociedade desigual, cujo passado é marcado por relações de opressão, seja da classe trabalhadora com empregador, das famílias pobres com a polícia, dos menores com os juizados, das pessoas com deficiência com as instituições, ou seja, relações pelas quais o direito serviu como dispositivo de poder para tornar legal certa forma de subordinação.

Nesse capítulo, haverá uma breve apresentação do debate sobre o acesso à justiça, considerando o livro *Acesso à justiça* de Cappelletti e Garth e, em seguida, com foco no Brasil.

5.1 Direitos sociais e cidadania: implicações do acesso à justiça para a questão das desigualdades sociais

O acesso à justiça é condição *sine qua non* para que o cidadão busque a proteção de seus direitos e depende de dois aspectos fundamentais: a universalização do acesso e a produção de resultados que congreguem um caráter justo, tanto do ponto de vista social como individual. Mauro Cappelletti e Garth definem o sistema jurídico ideal como aquele no qual as pessoas "podem reivindicar seus direitos e/ou resolver seus litígios sob os auspícios do Estado".[1]

A visão de universalidade do acesso aos sistemas jurídicos não é antiga e nos Estados liberais sua limitação ocorria em razão dos direitos naturais não necessitarem de tutela direta, pois bastava impedir que fossem infringidos. Dessa forma, não havia qualquer preocupação em fazer com que os direitos do cidadão fossem reconhecidos, o que implicava diretamente a falta de instrumentalização do sujeito para reclamar e defender-se na prática. Cappelletti e Garth[2] denominam a incapacidade das pessoas de utilizarem o aparato jurídico como "pobreza no sentido legal". Essa característica é peculiar ao acesso formal, mas não efetivo nos Estados liberais, uma vez que os indivíduos que conseguiam arcar com as custas processuais eram os que realmente acessavam as instituições judiciárias. Aos demais cidadãos restava a igualdade formal e não efetiva, materializada na falta de acesso real às instâncias judiciárias para defesa de seus interesses. Tal realidade reflete a falta de isonomia entre as partes e a estrutura jurídica moldada no formalismo dogmático que ignorava a realidade como experiência fundadora do conhecimento. Nesse sentido, "os estudiosos do direito, como o próprio sistema judiciário, encontravam-se afastados das preocupações reais da maioria da população".[3]

A superação da visão individualista do direito se transformou na medida em que a sociedade moderna foi se tornando mais complexa e buscando novos estatutos, como os expressos nas declarações dos séculos XVIII e XIX. Nesse momento de emergência dos direitos e deveres, a simples proclamação dos direitos se liga à demanda por sua efetivação e garantia, chamando o Estado a cumprir o papel positivo de assegurar os direitos sociais básicos, o que acabou por se refletir no acesso à justiça. O direito de acesso à justiça ganhou particular ênfase na medida em que o Estado de Bem-Estar Social foi esboçado.

> De fato, o direito ao acesso efetivo tem sido progressivamente reconhecido como sendo de importância capital entre os novos direitos individuais e sociais, uma vez que a titularidade de direitos é destituída de sentido, na

---

[1] CAPPELLETTI, M; GARTH, B. *Acesso à justiça*. Porto Alegre: Fabris, 1988. p. 8.
[2] CAPPELLETTI, 1988.
[3] CAPPELLETTI, 1988, p. 10.

ausência de mecanismos para sua efetiva reivindicação. O acesso à justiça pode, portanto, ser encarado como o requisito fundamental – o mais básico dos direitos humanos – de um sistema jurídico moderno e igualitário que pretenda garantir, e não apenas proclamar os direitos de todos.[4]

Como obstáculos ao acesso efetivo à justiça, Cappelletti e Garth apresentam, como o **primeiro grupo de entraves** identificado, as custas judiciais e os honorários advocatícios, que acabam compondo a barreira mais importante. As causas de pequeno valor, principalmente por conta das custas, acabam como as mais prejudicadas uma vez que "podem consumir o conteúdo do pedido a ponto de tornar a demanda uma futilidade".[5]

Também destacam o tempo de tramitação dos processos que, para Cappelletti e Garth,[6] considerando sua realidade, orçava em torno de dois a três anos. A questão do tempo, segundo o autor, acaba por obrigar as partes a abandonar o processo ou a realizar acordos por valores inferiores ao que teriam direito.

No **segundo grupo de entraves**, ou obstáculos, Cappelletti e Garth citam as "possibilidades das partes", uma vez que algumas espécies de litigantes detêm vantagens estratégicas e institucionais. Em primeiro lugar, os autores indicam os recursos financeiros, que proporcionam vantagens óbvias na proposição ou defesa de interesses. Em segundo lugar destacam a aptidão para reconhecer o direito e propor uma ação ou para se defender. Em suas palavras,

> a capacidade jurídica pessoal, se se relaciona com as vantagens de recursos financeiros e diferenças de educação, meio e status social, é um conceito muito mais rico, e de crucial importância na determinação da acessibilidade da justiça. (...) reconhecer a existência de um direito juridicamente exigível. Essa barreira fundamental é especialmente séria para os despossuídos, mas não afeta apenas os pobres. (...) Mesmo consumidores bem informados, por exemplo, só raramente se dão conta de que sua assinatura num contrato não significa que precisem, obrigatoriamente, sujeitar-se a seus termos, em quaisquer circunstâncias. (...) Ademais, as pessoas têm limitados conhecimentos a respeito da maneira de ajuizar uma demanda.[7]

O próprio universo judicial e seus personagens (advogados, juízes etc.) fazem com que o indivíduo se intimide, e o grau de intimidação tende a variar de acordo com o conjunto de fatores envolvidos: desde a capacitação pessoal do sujeito de direitos envolvido, passando pelas instituições e demandas inter-relacionadas. O próprio autor

---

[4] CAPPELLETTI, 1988, p. 12.
[5] CAPPELLETTI, 1988, p. 19.
[6] CAPPELLETTI, 1988, p. 19.
[7] CAPPELLETTI, 1988, p. 23.

reconhece a dificuldade de mobilização quando as demandas não têm um perfil tradicional, como nas questões que envolvem o meio ambiente.

Uma última categoria de dificuldades ligada ao campo das possibilidades pessoais se relaciona ao caráter eventual ou habitual dos sujeitos envolvidos nos litígios, porque aqueles que habitualmente mobilizam o aparato judicial têm vantagens sobre os eventuais usuários: a maior experiência com o direito; uma "economia de escala" e a diluição dos riscos da demanda, uma vez que têm mais casos; a oportunidade de desenvolvimento de relações com os membros da justiça; e, por último, a possibilidade de testagem de estratégias segundo os casos, garantindo expectativas favoráveis. Sendo assim, a falta de conhecimento prático das rotinas e trâmites institucionais constitui um entrave importante no acesso à justiça.[8]

Das considerações sobre as barreiras ao acesso, conclui-se que as pequenas causas e os autores individuais são os que apresentam maior fragilidade e dificuldade, principalmente se a outra parte envolvida representa grandes organizações e os danos causados forem de pequena monta ou se referirem a "novos direitos". Segundo o autor, "é evidentemente uma tarefa difícil transformar esses direitos novos e muito importantes – para todas as sociedades modernas – em vantagens concretas para as pessoas comuns".[9]

Cappelletti e Garth[10] advertem que não há como se combater os obstáculos ao acesso à justiça individualmente, uma vez que todos são inter-relacionados, e qualquer solução ou intenção de resolução deve pesar o conjunto de barreiras e as relações estabelecidas entre elas. Ao pensarem as soluções para os problemas de acesso à justiça, os autores identificam três ondas. A primeira onda prevê a assistência judiciária para os pobres, uma vez que os sistemas jurídicos modernos tendem à complexidade, assim como os procedimentos para mobilização do aparato jurídico, chamados de "misteriosos" pelos autores. Inicialmente, nos países centrais, a assistência jurídica era prestada por advogados particulares, sem contrapartida do Estado. Tal situação acabava por relegar a segundo plano a assistência judiciária gratuita, uma vez que "em economias de mercado, os advogados, particularmente os mais experientes e altamente competentes, tendem mais a devotar seu tempo a trabalho remunerado que à assistência judiciária gratuita".[11] Além disso, havia uma preocupação, também fundada na lógica de mercado, de não permitir um grande número de atendimentos caridosos; dessa forma, os critérios para elegibilidade dos assistidos nesse modelo eram bastante rigorosos e limitantes.

De tal forma era grave a situação que a Alemanha instituiu, a partir da segunda década do século passado, um sistema de remuneração, a expensas do Estado, aos advogados que fornecessem assistência jurídica a todos que solicitassem. O auxílio fornecido deveria cobrir as despesas do advogado e não era reconhecido como honorário. Na Inglaterra do pós-guerra, e a partir de 1949 especificamente, surgiram mecanismos para compensar os advogados particulares pelos serviços de aconselhamento e

---

[8] CAPPELLETTI, 1988, p. 23.
[9] CAPPELLETTI, 1988, p. 29.
[10] CAPPELLETTI, 1988.
[11] CAPPELLETTI, 1988, p. 32.

assistência jurídica. Não obstante essas observações, Cappelletti e Garth consideram que as maiores reformas na assistência judiciária aconteceram a partir de 1970. Eles imputam o resultado dessas reformas à "consciência social" da década de 1960, "que colocou a assistência judiciária no topo da agenda das reformas judiciárias".[12] Seguindo essa primeira onda, em 1972 diversos países reformaram os esquemas de prestação de assistência jurídica, entre eles França, Suécia, Alemanha e Inglaterra, além de Quebec, no Canadá, com todos os programas financiados pelo Estado. Em julho de 1974 foi a vez dos Estados Unidos – por meio da *Legal Services Corporation* – da Áustria, Holanda, Itália e Austrália.

A segunda onda integra a representação dos interesses difusos (interesses coletivos ou grupais), fazendo com que a noção do conflito restrito entre duas partes evoluísse. Isso porque, pensando o processo dessa forma, não havia espaço ou entendimento para conflitos que envolvessem grupos ou coletividades.

> As regras determinantes da legitimidade, as normas de procedimento e a atuação dos juízes não eram destinadas a facilitar as demandas por interesses difusos intentadas por particulares.[13]

O que vai provocar a mudança não só do aparato judicial, mas também dos códigos de processo, será o movimento de direito público, que reclamará atenção e legitimação de assuntos relacionados às políticas públicas envolvendo grupos de pessoas.

É nos Estados Unidos que a *class action* surgirá, permitindo que uma ação defenda interesses de indivíduos que sequer conheçam o conteúdo do processo, mas que pertençam a determinado grupo, cujos interesses serão defendidos em juízo, com a diluição da visão individualista em "uma concepção social, coletiva".[14] Direitos relacionados ao meio ambiente, por exemplo, podem ser objeto de tutela do Poder Judiciário. No entanto, não significam uma solução completa. Cappelletti e Garth[15] descreveram a limitação dos órgãos análogos ao Ministério Público em representar os interesses difusos e coletivos, em uma restrição do papel governamental.

A pressão formada na emergência dos novos direitos e a necessidade de qualificação jurídica para responder aos anseios dos sujeitos de direito constituem questões que foram abordadas por esses autores. O esforço de criação de agências públicas regulamentadoras e especializadas como solução prática para a questão do acesso à justiça e aos novos direitos foi considerado como limitado, uma vez que os interesses desses aparelhos acabam por se confundir com os interesses dos órgãos que deveriam fiscalizar.[16] Os autores chegam a sugerir algumas alternativas para o atendimento às questões coletivas e difusas geradas pela segunda onda, tais como: 1) a ação governamental por meio de agências e instituições como o Ministério Público e as Defensorias, Ouvidorias

---

[12] CAPPELLETTI, 1988, p. 33.
[13] CAPPELLETTI, 1988, p. 33.
[14] CAPPELLETTI, 1988, p. 51.
[15] CAPPELLETTI, 1988.
[16] CAPPELLETTI, 1988.

etc.; 2) a técnica do Procurador-Geral Privado, em que qualquer pessoa poderia ingressar com ações questionando a inconstitucionalidade de leis; 3) a técnica do advogado particular do interesse público, representada por associações de consumidores/grupos privados.

A terceira onda identificada trata do acesso à representação em juízo de forma mais ampla, dando um novo enfoque no acesso à justiça. Isso porque

> ela centra sua atenção no conjunto geral de instituições e mecanismos, pessoas e procedimentos utilizados para processar e mesmo prevenir disputas nas sociedades modernas (...) esses movimentos iniciais receberam impulso através da influência econômica recente e outras reformas que, de certa forma, alteraram o equilíbrio formal de poder entre indivíduos, de um lado, e litigantes mais ou menos organizados, de outro, tais como as empresas ou o governo. Para os pobres, inquilinos, consumidores e outras categorias, tem sido muito difícil tornar os novos direitos efetivos, como era de se prever.[17]

Esse seria o ponto principal da questão do acesso à justiça no universo dos novos direitos, uma vez que a demanda crescente pela efetivação, muito mais do que o mero reconhecimento, obriga ao reordenamento do aparato jurídico de forma urgente para o atendimento das questões postas. O que se percebe é que desde o início do século XX surgiram iniciativas importantes para melhoria e modernização dos tribunais, considerando desde a questão dos procedimentos processuais até a busca por profissionais de outras áreas no sentido de melhor instrução e investigação dos processos.

Por outro lado, a neutralidade judicial extrema ou radical, conforme Cappelletti e Garth, uma das características mais marcantes dos Estados Unidos, foi de tal forma abalada que, em seu lugar, o ativismo dos juízes surge "não como um obstáculo num sistema de justiça basicamente contraditório (...) mesmo em litígios que envolvam exclusivamente duas partes, ele maximiza as oportunidades de que o resultado seja justo e não reflita apenas as desigualdades entre as partes".[18]

A eliminação de custas e a criação de procedimentos especiais fora do aparelho judicial se juntam à nova postura dos juízes de forma a permitir o acesso à justiça. Cappelletti e Garth também indicam outras soluções como alternativas, citando o Juízo Arbitral, levado a termo por profissionais técnicos ou jurídicos, mediante procedimentos informais, mas oneroso para as partes, e a conciliação, que visa ao acordo sem necessidade de julgamento, e os incentivos econômicos, mediante os quais o sujeito realiza acordos financeiros, de forma a evitar o litígio e a receber a indenização que lhe cabe em tempo hábil. Todas essas propostas acabam por visar a reforma dos tribunais e o desvio dos casos para soluções extrajudiciais (aquelas que são resolvidas

---

[17] CAPPELLETTI, 1988, p. 67.
[18] CAPPELLETTI, 1988, p. 77.

sem que se necessite ingressar formalmente com um processo). No esforço de criação de sociedades mais justas, na visão de Cappelletti e Garth,

> nossas sociedades modernas, como assinalamos, avançaram, nos últimos anos, no sentido de prover mais direitos substantivos aos relativamente fracos – em particular, aos consumidores contra os comerciantes, ao público contra os poluidores, aos locatários contra os locadores, aos empregados contra os empregadores (e os sindicatos) e aos cidadãos contra os governos. Embora reconhecêssemos que esses novos direitos precisam de maior desenvolvimento legislativo substancial, os reformadores processualistas aceitaram o desafio de tornar efetivos os novos direitos que foram conquistados.[19]

Entretanto, se para a coletividade os tribunais regulares, segundo os autores, obtêm melhores resultados, o mesmo não se verifica para a defesa de interesses individuais devido ao ônus financeiro envolvido. Dessa forma, o que se verifica é a existência de barreiras difíceis no acesso à justiça para os novos sujeitos de direito: as pessoas comuns. O que Cappelletti e Garth propõem, ainda em 1988, é a criação de mecanismos para "dar direitos efetivos aos despossuídos contra os economicamente poderosos: a pressão sem precedentes, para confrontar e atacar as barreiras reais enfrentadas pelos indivíduos".[20]

No reconhecimento das barreiras, observa-se a falta de simplicidade no tratamento dos processos e o auxílio do princípio da oralidade na redução dos custos para o Estado e as partes, a presença de advogados que também torna oneroso o processo e compromete o tempo de tramitação, assim como a existência de diversos graus de recursos. Tais características tornaram as experiências de Juizados Especiais tão prolongadas quanto os tribunais regulares, assim como a demanda, cada vez maior, por causas que envolvessem a cobrança de dívidas em detrimento da busca pela garantia de direitos. Preocupava-se que os tribunais de pequenas causas se tornassem tão lentos e dispendiosos quanto os tribunais regulares. Para evitar a reprodução dos efeitos perversos dos tribunais regulares, quatro aspectos principais foram levantados nas reformas e criação dos espaços especializados para os litígios de pequena causa: a promoção da acessibilidade, a tentativa de equalização das partes, a alteração do estilo de tomada de decisões e a simplificação do direito aplicado.[21]

Com relação à acessibilidade, um dos primeiros pontos atacados é o princípio da sucumbência, quando a parte vencida arca com as custas da ação, os honorários do seu advogado e do advogado da outra parte. Outro aspecto importante diz respeito à proximidade física do judiciário, além de horários alternativos e acessíveis à população trabalhadora. A presença de funcionários qualificados para um atendimento de

---

[19] CAPPELLETTI, 1988, p. 91.
[20] CAPPELLETTI, 1988, p. 94.
[21] CAPPELLETTI, 1988, p. 99.

qualidade também é importante. Cappelletti e Garth[22] citam a experiência sueca onde o aconselhamento das partes é feito por funcionários do próprio tribunal, de forma a orientar não só na redação das demandas como também na instrução e preparação para o julgamento.

Em resumo, é possível reconhecer a importância do acesso ao Poder Judiciário enquanto um direito de cidadania, imprescindível à institucionalidade democrática. O direito de recorrer à justiça para reclamar direitos, principalmente os que dizem respeito às questões de equidade social e de defesa contra o Estado, pode representar uma "arma" do cidadão, que numa situação emergencial encontra maiores dificuldades para se proteger e se defender.

5.2 O acesso à justiça no Brasil

Como anteriormente assinalado, durante a década de 1980 o debate sobre o acesso à justiça adquiriu expressão no contexto de crise do Estado de bem-estar social nos países europeus. Conforme Junqueira,[23] diferentemente do que ocorria no Brasil, nos países centrais o acesso à justiça era questionado. Buscava-se criar procedimentos jurídicos mais simplificados e alternativos para garantir o acesso à justiça, que não por meio dos tribunais. Enquanto nesses países se debatia a questão da expansão do Estado de bem-estar social e dos direitos para as minorias étnicas e sexuais, a centralidade da discussão brasileira era para a expansão dos direitos básicos ao conjunto da população. Era a possibilidade de conduzir ao Poder Judiciário questões relacionadas aos direitos difusos e coletivos, identificadas na mobilização que envolvia as invasões urbanas, que suscitava a questão do acesso à justiça. O questionamento se referia à cultura jurídica dominante, de caráter liberal e individualista, avessa aos conflitos coletivos que se dirigiam as instâncias paralelas e até ilegais. Com base nos trabalhos acadêmicos da época, Junqueira defende a democratização do Poder Judiciário, corroborando a importância do fortalecimento dos meios de acesso à justiça das demandas coletivas. Todas as pesquisas analisadas indicavam que o Poder Judiciário não se constituía na principal agência de resolução dos conflitos coletivos e difusos.

Com a aprovação dos Juizados Especiais de Pequenas Causas, em 1984, e a criação de agências estatais de resolução de conflitos, os temas de pesquisa sobre acesso à justiça são deslocados dos conflitos coletivos para os conflitos individuais. A questão do acesso à justiça foi direcionada ao esforço de capilaridade do Poder Judiciário e a institucionalidade do direito na vida social, o que conferiu importância às instituições judiciárias e a outras não pertencentes ao Poder Judiciário, mas que se utilizavam da autoridade da justiça para resolução de conflitos.

---

[22] CAPPELLETTI, 1988, p. 102.
[23] JUNQUEIRA, E. B. Acesso à justiça: um olhar retrospectivo. *Revista Estudos Históricos*, CPDOC/FGV, Rio de Janeiro, v. 9, n. 18, 1996.

Mesmo considerando o esforço de democratização da justiça, após sofrer longos anos de repressão, sem poder contar com o Poder Judiciário para proteção dos direitos civis ou a resolução de conflitos coletivos, a tendência da população, principalmente mais pobre, não é de recorrer às suas instâncias diante de um conflito, mesmo porque é necessário enfrentar inúmeras barreiras de acesso.

No Brasil, a expansão do Poder Judiciário, segundo Arantes,[24] está relacionada às mudanças implementadas a partir das Constituições Federais, podendo ser analisada com base na identificação de três momentos interpretados como ondas de expansão do Poder Judiciário. A primeira onda ocorreu nas décadas de 1930 e 1940, com a criação de soluções alternativas para os problemas da ordem e dos conflitos coletivos. Na segunda onda, essa perspectiva seria retomada a partir de 1970, quando foi atribuída ao Ministério Público a responsabilidade principal da defesa dos interesses difusos e coletivos perante o Poder Judiciário. A terceira onda se caracterizou pelas profundas transformações introduzidas no ordenamento jurídico durante a década de 1980, começando pelo reconhecimento legal da existência dos direitos difusos e coletivos, chegando até a abertura do processo judicial à representação desses direitos. Criada em 1985, a Ação Civil Pública possibilitou a defesa coletiva, em juízo, dos direitos do consumidor, do meio ambiente e do patrimônio histórico. Em 1988, a Constituição consolidou essa expansão da justiça em vista à proteção dos direitos coletivos, pela sua reafirmação como categoria jurídica constitucional.

No final da década de 1990, a ênfase do debate se altera. A polêmica em torno da judicialização da política se sobressai à temática do acesso à justiça. Aliás, o acesso à justiça para demandar direitos de seguridade social foi sendo colocado em questão, tornando-se motivo para inúmeros debates. Diversas críticas foram dirigidas ao Poder Judiciário por parte de gestores públicos e intelectuais que denunciavam sua interferência nos gastos públicos, mesmo sem que a maioria dos pobres tivesse recorrido à justiça para defender seus direitos.

A politização do Poder Judiciário é um processo global, mas que não ocorre da mesma forma em todos os países. Segundo Zaffaroni,[25] na América Latina não há, como na Europa, o debate sobre o problema do poder, contrapondo o discurso conservador ou do sistema ao discurso alternativo ou dinamizador. Nessa região, não há sequer registro histórico da função que cumpriu o Poder Judiciário em cada período político. A anulação dessa memória dificulta a crítica acerca da sua intervenção e, segundo o autor, permite a reincidência dos mesmos erros. Apesar de crescente a demanda pelo Poder Judiciário na América Latina, a "explosão da litigiosidade" decorre, basicamente, da disparidade entre o discurso jurídico e a planificação econômica, da distância entre os direitos sociais definidos constitucionalmente e os problemas regionais, agravados pela marginalização e exclusão. A afirmação de uma cultura de direitos esbarra em verdadeiros diques, pois o protagonismo dos juízes se efetua em um contexto de aumento da burocracia estatal (e da pretensão de sua redução por

---

[24] ARANTES, R. B. O Judiciário entre a justiça e a política. In: AVELAR, L.; CINTRA, O. A. (Orgs.). *Sistema político brasileiro*: uma introdução. São Paulo: UNESP, 2004. p. 102.

[25] ZAFFARONI, E. *Poder Judiciário*: crise, acertos e desacertos. São Paulo: Revista dos Tribunais, 1995. p. 29.

cortes orçamentários) e da produção legislativa impulsionada unicamente pelo clientelismo político.[26]

Faria,[27] ao remeter à questão, considerou que o Poder Judiciário se encontrava numa encruzilhada, visto que não dispunha de meios próprios para assegurar a concretização de objetivos substantivos previstos na Constituição Federal. Também destacou a desconfiança geral com relação à sua eficácia, tendo em vista sua morosidade. Sadek[28] também salientou a crise no Poder Judiciário, relacionada à sua estrutura pesada, sem agilidade e incapaz de fornecer soluções em tempo razoável, previsíveis e a custo acessíveis para todos.

A judicialização da política compreende a intromissão do Poder Judiciário nos processos de deliberação política, implicando em mudanças na dinâmica da relação entre os Poderes. O Poder Executivo, que tradicionalmente ocupara lugar central, é cobrado de ter que se enquadrar às exigências legais, podendo, por isso, ter suas decisões submetidas à apreciação do Poder Judiciário. Tal processo não se resume a uma questão política da relação entre os poderes, mas incide sobre a relação entre o Estado e a sociedade. Significa a ampliação do aparato de controle sobre os cidadãos, sobretudo, sobre a classe trabalhadora, que vai sendo orientada ao interior do Poder Judiciário em busca da resolução de conflitos relacionados ao acesso às políticas públicas e sociais.

Atualmente, a judicialização das demandas sociais tem sido percebida de forma ambígua, pois ao mesmo tempo em que o Estado se vê forçado a ter de cumprir os direitos previstos na Constituição Federal, não admite ser submetido ao julgamento do Poder Judiciário, à luz da Constituição Federal. Daí que a judicialização não tem sido identificada como uma alternativa para a promoção social ou a cidadania, conforme a perspectiva de Cappelletti e Garth apresentada acima, mas parece indicar o aumento do controle sobre a classe trabalhadora, por meio da administração judiciária das demandas, canalizando as insatisfações com o Poder Executivo.

Em geral, discute-se a judicialização da política sem mencionar os fatores que incidem sobre o orçamento e dificultam a prestação dos serviços básicos à população. De acordo com Salvador, entre 2008 a 2011, dos valores liquidados no orçamento da Seguridade Social, que dizem respeito às funções assistência social, previdência social e saúde, 395,61 bilhões de reais foram desviados para outros setores.[29] Tendo o Estado o dever constitucional de responder pela proteção social dos cidadãos brasileiros, ao abdicar dessa função, tende a provocar o aumento da demanda por direitos sociais no Poder Judiciário. A consequência disso é tornar a judicialização o único meio institucional para o acesso ao direito.

---

[26] ZAFFARONI, 1995, p. 24.
[27] FARIA, J. E. O sistema brasileiro de justiça: experiência recente e futuros desafios. *Estudos avançados*. v. 18, n. 51, 2004. p. 106.
[28] SADEK, M. T. Judiciário: mudanças e reformas. *Estudos avançados*, v. 18, n. 51, 2004. p. 88.
[29] SALVADOR, E. da S. O controle democrático no financiamento e gestão do orçamento da seguridade social no Brasil. *Revista Texto e Contexto*, v. 11, n. 1, p. 46, jan/jun, 2012.

5.3 As barreiras de acesso aos direitos na justiça

Para Vianna, o Brasil atingiu a terceira onda *cappelletiana* "sem que a intervenção estatal para garantir eficácia na assistência judiciária tivesse sido plenamente cumprida".[30] A estrutura das defensorias públicas ainda se encontra muito aquém das necessidades da população, que demanda outras áreas para além das tradicionais (criminal e familiar), identificadas pela população mais pobre e que apresentam complicações graves no tocante ao processo de judicialização.

Não é à toa que Tavares reconhece a importância do acesso à justiça, sinalizando que,

> na verdade, de pouco adiantaria a existência formal dos direitos se não houvesse preocupação com a efetivação da igualdade das partes no processamento dos litígios porventura decorrentes do desrespeito a esses direitos, bem como na possibilidade de esclarecimento e oferecimento de solução de problemas extrajudicialmente.[31]

No entanto, tal necessidade e importância não encontram eco considerável na efetivação das estruturas responsáveis pelo suporte e assistência jurídica à população. O próprio autor reconhece que tal estrutura carece de maior incentivo, seja pelo gasto que representa para o Estado, cada vez mais retraído na garantia de direitos, "ou porque a realização do acesso poderia possibilitar o aumento de litígios em face do próprio Estado, tantas vezes patrocinador de abusos e desrespeitos aos direitos individuais, além de lento implementador das políticas sociais".[32]

Para Marcelo Tavares, não basta somente assegurar a representação judicial (mediante petição inicial) para garantia do acesso à justiça. Isso porque o acesso em si não se limita à formalização do pedido ao juiz. É necessário, e imprescindível, o esclarecimento, a prestação de consultoria jurídica para o exercício de direitos. Essa concepção, dada inclusive pela Constituição Federal,

> obviamente, alarga de maneira notável o âmbito da assistência puramente judiciária e passa a compreender além da representação em juízo, além da defesa judicial, o aconselhamento, a consultoria, a informação jurídica e também a assistência a carentes em matéria de atos jurídicos extrajudiciais, como, por exemplo os atos notariais e outros que conhecem.[33]

É um importante instrumento, ao considerar a natureza específica da justiça Federal, incumbida de julgar todos os feitos em que a administração pública federal

---

[30] VIANNA, L. W.; CARVALHO, M. A. R.; MELO, M. P. C.; BURGOS, M. B. *A judicialização da política e das relações sociais no Brasil*. Rio de Janeiro: Revan, 1999. p. 159.
[31] TAVARES, M. L. Carentes de justiça. *Revista da EMARF*, Rio de Janeiro, v. 3, n. 1, p. 199, mar. 2001.
[32] TAVARES, 2001, p. 120.
[33] MOREIRA, J.C.B, O direito à assistência jurídica. *Revista de Direito da Defensoria Pública do Estado do Rio de Janeiro*, n. 8, p. 123-125, apud TAVARES, 2001, p. 122.

encontra-se envolvida. Outro aspecto importante a se ressaltar é a gratuidade nos juizados especiais federais, condição *sine qua non* em se tratando de um país como o Brasil. Dessa forma, Tavares sinaliza que a assistência jurídica integral engloba, finalmente, a imunidade no tocante a taxas judiciais (conhecidas como custas processuais), a consultoria jurídica e a assistência em atos extrajudiciais. No entanto, o autor enfatiza que tais critérios devem seguir o preceito da insuficiência por parte dos assistidos. Esse critério, baseado na Constituição Federal, acaba por fragilizar o caráter de universalidade expresso, por exemplo, na política de saúde. Do que se depreende que acesso à justiça ainda não se constitui, de fato, como direito fundamental, carecendo de uma política mais consistente, inclusive no sentido de aproximar o conceito moral do que é justo à aplicação das normas.

A questão da gratuidade com relação ao processo é inegavelmente um dos principais quesitos para efetivo acesso ao judiciário, mas esbarra na óbvia necessidade de manutenção e sobrevivência dos advogados, uma vez que não podem arcar com a realização do trabalho sem remuneração.[34]

Atualmente há algumas formas alternativas de acesso à representação judicial: por meio da Defensoria Pública (a Defensoria Pública da União será abordada, uma vez que o campo de pesquisa é a Justiça Federal); a utilização de advogados voluntários; a nomeação de advogados dativos (profissionais pagos pelo Sistema de Assistência Judiciária Gratuita – AJG); e, ainda, a utilização de escritórios modelos de advocacia ligados às universidades públicas e privadas, bem como diversos tipos de associações de defesa dos consumidores. Uma última figura, que tornou a emergir no contexto dos Juizados Especiais, foi a do rábula, o leigo que detém conhecimentos rotineiros sobre o processamento das ações e que acaba por representar junto a suas comunidades.

Tanto a atuação dos dativos como a dos rábulas e das associações são marcadas por problemas, dos quais se destaca o abuso cometido contra os jurisdicionados no tocante a cobrança de taxas, mensalidades e, por fim, de honorários efetivamente não devidos, já que, por sua própria natureza, tais atividades não demandariam pagamento. Tal emergência acabou por gerar uma indústria de ações onde o incentivo ao ingresso indiscriminado levou ao estrangulamento da demanda nos setores responsáveis pelo primeiro atendimento.

Em resumo, o próprio aparelho judiciário necessita de estrutura e organização para responder às demandas da população ante a omissão ou negligência desse mesmo Estado. O grande problema é que essa organização está, não independente da estrutura estatal, mas antes disso, intrincada nessa estrutura, tendo de conviver com as diretrizes e representações oriundas da correlação de forças estabelecidas em uma sociedade extremamente desigual e autoritária, a ponto de rechaçar os direitos humanos nas vezes em que os pobres cobram a sua efetivação.

---

[34] Questão básica de sobrevivência, comum a todos os profissionais inscritos na divisão sociotécnica do trabalho.

5.3.1 A hipossuficiência em questão

A assistência social judiciária aos necessitados foi instituída no Brasil no dia 5 de fevereiro de 1950, pela lei n. 1.060/50, sendo oferecida aos brasileiros e estrangeiros residentes no país que necessitassem recorrer à justiça penal, civil, militar ou do trabalho (arts. 1º e 2º). O acesso à justiça gratuita, conforme parágrafo único do art. 1º, deve ser concedido a todo necessitado, ou seja, "todo aquele cuja situação econômica não lhe permita pagar as custas do processo e os honorários de advogado, sem prejuízo do sustento próprio ou da família".

No Código do Processo Penal, o beneficiário da assistência gratuita é o pobre, tido como a pessoa que não pode pagar as despesas do processo sem se privar dos recursos indispensáveis do próprio sustento ou da família. (§1, art. 32).

A lei n. 7.510, de 4 de julho de 1986, esclareceu o critério de concessão ao estabelecer que "a parte gozará dos benefícios da assistência judiciária, mediante simples afirmação, na própria petição inicial de que não está em condições de pagar as custas do processo e os honorários de advogado, sem prejuízo próprio ou de sua família." Segundo Cruz,[35] no parágrafo 4 do art. 5º da lei consta que o necessitado tem o direito de ser assistido em juízo por um advogado de sua escolha. Portanto, a parte não é obrigada a recorrer aos serviços da defensoria pública para usufruir do benefício da assistência judiciária. A Constituição Federal de 1988 reforça a relação entre assistência e necessidade ao estabelecer no art. 203 que "a assistência social será prestada a quem dela necessitar, independentemente de contribuição à seguridade social". O artigo V, inciso LXXIV, estabelece que "o Estado prestará assistência jurídica integral e gratuita aos que comprovarem insuficiência de recursos".

A combinação dos dois artigos deixa aos juízes a avaliação acerca do que vão considerar como sendo insuficiência de recursos. Segundo Cruz,[36] o critério de avaliação do documento comprobatório de pobreza é impreciso, subjetivo e acima de tudo arbitrário. Segundo o autor, de acordo com a lei que versa sobre a gratuidade de justiça, não seria preciso comprovar o estado de pobreza, bastando o advogado afirmar na petição inicial a insuficiência de condições para pagar custas do processo e os honorários de advogado, sem prejuízo próprio ou da família.[37]

Nesse aspecto, percebe-se que a distância entre a intenção do legislador e a jurisprudência pode ocorrer no sentido de embarreirar o acesso à justiça. A classe média, a que mais aciona a justiça, é levada a pagar, ainda que isso represente um custo a mais nas despesas de sua família. Não é difícil entender a solicitação por gratuidade por essa classe, tendo em vista a quantidade de impostos que é obrigada a pagar.

---

[35] CRUZ, A. J. da. Justiça gratuita aos necessitados, à luz da lei n. 1.060/50 e suas alterações. *Jus Navigandi*, Teresina, ano 8, n. 172, 25 dez. 2003. Disponível em: <http://jus.com.br/revista/texto/4675/justica-gratuita-aos-necessitados--a-luz-da-lei-no-1-060-50-e-suas-alteracoes>. Acesso em: 5 nov. 2017.

[36] CRUZ, 2003.

[37] Segundo Cruz (2003, p. 1), "tal afirmação deverá ser formulada, através de procurador, visto que a do art. 38, do CPC, conferida por instrumento público ou particular, devidamente assinada pela parte, habilita o advogado a praticar todos os atos do processo, não sendo, portanto, necessário que o assistido apresente declaração que ateste a condição de necessitado, conforme se depreende dos preceitos elencados no Diploma legal, sob comentário, e da jurisprudência remansosa dos nossos tribunais, que perfilha esta interpretação".

Quanto aos pobres, falta informação além de recursos financeiros. Mesmo não precisando de advogado, o acesso à justiça ainda é reduzido. Apesar dos esforços para tornar a justiça mais democrática, reduzindo a formalidade dos procedimentos nas audiências com os juízes ou com os conciliadores nos juizados, os mais pobres, em geral, apresentam dificuldades para entender o que significa realizar um acordo. Em determinados casos, admitem fazê-lo visando a tornar célere a resolução de um caso. Além disso, a figura do juiz ainda é bastante temida por eles.

A hipossuficiência, em muitos casos, é uma condição para o acesso à justiça. Quando a procura ao Poder Judiciário se faz na intenção de reclamar um direito, o acesso à justiça é fundamental, significando uma alternativa imprescindível na garantia dos direitos individuais e sociais.

Esse parece ter sido o entendimento do CNJ ao determinar no art. 7º da Resolução n. 35/07, que "para a obtenção da gratuidade de que trata a lei n. 11.441/07, basta a simples declaração dos interessados de que não possuem condições de arcar com os emolumentos, ainda que as partes estejam assistidas por advogado constituído".

Apesar da resolução referida acima, ainda se mantém no Tribunal de Justiça do Rio de Janeiro as exigências que atentam a pobreza, constituindo com isso uma barreira de acesso a grande parcela da população.

5.3.2 As dificuldades de acesso à Defensoria Pública

A Constituição Federal de 1988 reconhece o acesso à justiça como direito fundamental (art. 5º) e atribui à Defensoria Pública a função da sua efetivação (art. 134). O órgão se constitui em uma via de acesso à justiça aos mais necessitados, sendo indispensável à efetivação dos direitos e à cidadania.

Todavia, o que consta na lei nem sempre corresponde aos fatos. A Defensoria Pública, mesmo desempenhando papel primordial no objetivo da cidadania efetiva, não tem o reconhecimento que lhe cabe. Segundo o Mapa da Defensoria,[38] as análises sobre as taxas de pessoas com até três salários mínimos por defensor público expressam a insuficiência desse profissional nos estados.

Os únicos estados que, segundo o critério empregado, não apresentam falta de defensores são o Distrito Federal e Roraima. Com déficit de até 100 defensores estão Acre, Tocantins, Amapá, Mato Grosso do Sul, Paraíba, Rondônia e Sergipe. Dos estados com maiores déficits em números absolutos encontram-se São Paulo (2.471), Minas Gerais (1.066), Bahia (1.015) e Paraná (834). O déficit total do Brasil é de 10.578.

Considerando a quantidade de cargos criados para defensor público no Brasil, dos 8.489 foram preenchidas apenas 5.054 vagas, ou seja, 59,5%. A pesquisa ainda destaca a desproporção em relação ao quantitativo de magistrados, membros do Ministério Público e defensores públicos: os estados contam com 11.835

---

[38] Pesquisa realizada pela ANADEP e pelo IPEA, publicada em 2013. Disponível em: <http://www.ipea.gov.br/sites/mapadefensoria/deficitdedefensores>. Acesso em: 5 nov. 2017.

magistrados, 9.963 membros do Ministério Público e 5.054 defensores públicos. A pesquisa avalia que nessas condições "a população conta apenas com o estado-juiz e com o estado-acusação, mas não conta com o estado-defensor, que promove a defesa dos interesses jurídicos da grande maioria da população, que não pode contratar um advogado particular". A situação em 2014 evidencia a discrepância. Segundo o Secretário Nacional Flavio Crocce Caetano, havia aproximadamente 18 mil juízes, 12 mil promotores e apenas 6 mil defensores públicos.[39]

Aliás, mesmo nos estados que não apresentam déficit de defensores públicos, o acesso ao atendimento não é feito sem que o usuário tenha de enfrentar longas filas, permanecendo nelas por horas, às vezes para conseguir apenas uma informação.

5.3.3 Obstáculos das regras e procedimentos judiciais: breves considerações acerca do acesso aos bens essenciais à vida

Um dos obstáculos com relação aos procedimentos e regras está no acesso ao Benefício da Prestação Continuada (BPC). A primeira barreira corresponde ao limite da renda exigido pela Lei Orgânica da Assistência Social (LOAS) de 1993. Conforme Reis[40] e Assumpção,[41] a tendência na jurisprudência é a exigência da concessão do benefício, considerando como parâmetro a renda de ½ salário mínimo *per capta* e não ¼ como determina a LOAS. A discordância entre o estabelecido na LOAS e a hermenêutica jurídica tem sido notória nos processos judicializados por usuários do INSS.

Além disso, o acesso ao BPC também enfrenta outras barreiras. Por vezes, há necessidade da produção da prova pericial, uma vez que o médico perito do INSS pode considerar a pessoa apta para os atos da vida independente e para o trabalho, em detrimento da avaliação do médico assistente do usuário (que, muitas vezes, não se resume a uma pessoa, dada a rotatividade de profissionais no Sistema Único de Saúde (SUS), fazendo com que os acompanhamentos sejam fragmentados). Em vista do impasse gerado entre o médico do INSS e o profissional que acompanha o caso (médico assistente), torna-se necessária a inserção do perito judicial, um profissional ligado ao juízo, com maior imparcialidade para avaliar a situação do autor do processo.

O problema é que a utilização do perito judicial acarreta custos, uma vez que a Justiça Federal, via de regra, não tem peritos em seus quadros profissionais. O que se tem é uma diretriz nacional implementada pelo Conselho Nacional de Justiça que consiste na manutenção de um cadastro com profissionais especializados e que são

---

[39] CAETANO, F. C. Os dez anos de Reforma do Judiciário. Entrevista. *Revista Justiça e Cidadania*, Rio de Janeiro, n. 172, Editora JC, 2014.
[40] REIS, J. F. dos. Nos caminhos da judicialização: um estudo sobre a demanda judicial pelo benefício da prestação continuada. *Dissertação* (Mestrado em Política Social), Universidade Federal Fluminense, Rio de Janeiro, 2010.
[41] ASSUMPÇÃO, M. C. "Questão Social" e direito na Sociedade Capitalista: um estudo sobre a judicialização do acesso ao benefício da prestação continuada. Dissertação de Mestrado, Rio de Janeiro, Uerj, 2012, *mimeo*.

remunerados de acordo com tabela específica para a realização dos exames técnicos. O chamado Sistema de Assistência Judiciária Gratuita (AJG) prevê o pagamento por laudo emitido aos profissionais que realizarem as perícias, mas oferece grandes desvantagens, começando pelo fato de serem profissionais cadastrados sem qualquer critério mais rigoroso de seleção, sem a prestação de concurso público de provas e títulos e também sem a garantia de estabilidade. Ou seja, não são servidores públicos e não possuem as responsabilidades – e os direitos – inerentes a esse tipo de vínculo institucional. Alguns importantes problemas têm sido verificados na implantação do AJG. Em primeiro lugar, as custas periciais, muitas vezes cobradas ao INSS quando da sua condenação, têm a verba direcionada ao orçamento geral do Poder Judiciário, e não à rubrica específica do sistema AJG. Isso permite a manutenção de um pequeno orçamento que não corresponde ao volume de exames técnicos realizados, o que desemboca no atraso dos pagamentos e na dificuldade de manutenção dos profissionais especializados no cadastro.

No caso do acesso à energia elétrica, no Rio de Janeiro, observa-se que o benefício está ligado a uma regra definida com base no território e não na situação do demandante. Pessoas com poder aquisitivo similar não conseguem acessar o direito à energia elétrica porque o território que residem não foi selecionado pelo governo por não ter sido reconhecido como área de interesse social.[42] Diferente do que ocorre com o direito à tarifa social da água, que tem como referência a inscrição do usuário no Cadastro Único da Assistência Social. Nesses casos, observa-se que na energia elétrica pode haver distorções que dificultem o acesso aos mais pobres.

No que se refere ao transporte para usuários hipossuficientes da saúde e para idosos, o direito à gratuidade está condicionado à simples apresentação de documento que comprove a idade, conforme a legislação vigente. Todavia, verifica-se na jurisprudência do Tribunal de Justiça do Rio de Janeiro a negação a esse direito por parte daqueles que exigem a apresentação do cartão distribuído pelo governo – o *Riocard*.

A judicialização da Saúde tem sido debatida e o Poder Judiciário tem procurado enfrentar a questão por dentro da burocracia, em uma busca pela aferição técnica da necessidade do medicamento, mais do que assumindo a postura de cobrar dos governos a ampliação da cobertura do SUS e o funcionamento efetivo das farmácias populares. Talvez por isso o debate em torno da judicialização da saúde tem se sobressaído pela questão do orçamento público, deixando na penumbra a questão da desigualdade no acesso ao benefício.

Cabe lembrar que os planos de saúde e seus usuários também recorrem ao Poder Judiciário, o que indica uma condição diferente de entrada no SUS, ou seja, o acesso, ainda que garantido, é obtido em uma condição de desigualdade de acesso à Saúde. Vale salientar que os planos oferecidos a preços mais acessíveis possibilitam a entrada dos pacientes como particulares e depois a transferência para hospitais públicos, além de admitirem a cobrança do atendimento pelo SUS. Tal procedimento serve para as

---

[42] No Estado do Rio de Janeiro, no ano de 1999, foi instituído o decreto n. 25.438 que regula a tarifa social para o acesso ao serviço de água e esgoto aos consumidores isentos da taxa de IPTU ou usuários residenciais de baixa renda, que habitam em áreas de interesse social, como favelas e conjuntos habitacionais.

internações, uso de medicamentos e transplantes, o que significa alto custo para o sistema. Desse modo, a judicialização tende a reforçar a desigualdade no acesso à saúde via SUS.

5.3.4 A doutrina da reserva do possível na jurisprudência da justiça

Geralmente, destacam-se como barreiras para o acesso à justiça os impedimentos ou obstáculos para o acesso ao Poder Judiciário. Daí a importância de inserir a questão dos mecanismos jurídicos que promovem o aumento da demanda, a questão das custas judiciais, dos procedimentos legais, do acesso à defensoria pública. Todavia, o acesso à justiça compreende mais do que o acesso à justiça, pois remete à possibilidade de efetivação do direito e, portanto, do seu reconhecimento como um direito de cidadania. Nesse sentido, a sua efetivação abrange mais do que o Poder Judiciário.

A ênfase aqui ainda que se concentre sobre esse Poder e não se restringe a pensar o acesso à justiça independentemente de considerar a possibilidade de concretização do direito demandado. É nesse sentido que a questão da jurisprudência é inserida, considerando as doutrinas jurídicas empregadas na fundamentação das sentenças como uma possibilidade de impedimento do acesso à justiça.

Na análise das sentenças relacionadas à redistribuição, a doutrina do mínimo existencial tem sido empregada por juízes que fundamentam as suas decisões, destacando a Constituição Federal, enfatizando o direito à dignidade da pessoa humana e as legislações infraconstitucionais referentes aos direitos das minorias. Segundo a doutrina do "mínimo existencial", todos os cidadãos devem ter direito ao acesso de um mínimo de recursos para a sua sobrevivência. O "mínimo existencial" foi definido como um

> conjunto de direitos básicos formado pela seleção dos direitos sociais, econômicos e culturais considerados mais relevantes, por integrarem o núcleo da dignidade da pessoa humana, ou por decorrerem do direito básico da liberdade, que teriam efetividade imediata, deveriam ser sempre, garantidos pelo poder público, independentemente de recursos orçamentários.[43]

Apesar da tendência da magistratura reconhecer o direito a um "mínimo existencial" nos julgamentos relacionados aos mais diversos benefícios,[44] alguns juízes adotam a doutrina da reserva do possível se posicionando de forma contrária, sob o

---

[43] SARLET, I. W.; FIGUEIREDO, M. F. Reserva do possível, mínimo social e direito à saúde. *Revista Direitos Fundamentais e Justiça*, n. 1, p. 184, out/dez, 2007.
[44] Relatório Técnico de Pesquisa de Vania Morales Sierra e Renato dos Santos Velloso – CNPQ/2015, "A Judicialização da Política e da Questão Social no Brasil: um estudo sobre a atuação dos juízes e dos assistentes sociais judiciais diante das demandas e conflitos que envolvem os pobres no TJRJ". O relatório foi elaborado com base nas sentenças do TJRJ referentes ao acesso à energia elétrica, à água, aos medicamentos e à internação no SUS, no período entre 2012 e 2014.

argumento das limitações orçamentárias. De acordo com esse princípio, a prestação do direito deve estar condicionada à existência de recursos públicos disponíveis.[45]

A doutrina da reserva do possível, no sentido aqui adotado, constitui-se numa barreira ao acesso à justiça, visto que a efetivação do direito não ocorre sem que haja orçamento previsto, quer dizer, sem previsão de gasto para viabilizar a sua prestação. Sendo assim, não cabe reduzir os direitos a meros princípios, pois "um direito positivo existe, na realidade, somente quando e se há gastos orçamentais".[46]

Contrariamente à doutrina da reserva do possível, o desembargador Carlos Eduardo da Fonseca Passos considera que

> a reserva do possível não pode servir de escusa ao descumprimento de mandamento fundado em sede constitucional, notadamente quando acarretar a supressão de direitos fundamentais, em atenção ao mínimo existencial e ao postulado da dignidade da pessoa humana.[47]

Ricardo Perlingeiro Mendes da Silva,[48] professor e desembargador federal, também critica o argumento da "reserva do possível" presente nas contestações dos representantes do Poder Executivo para justificar o investimento insuficiente nas políticas públicas. Em sua ótica, "a reserva do possível, porém, não é um limite à intervenção jurisdicional em políticas públicas, porque, além de desnecessário, com elas, de natureza essencialmente procedimental, não mantém relação alguma". Segundo o autor, em se tratando de direitos sociais já garantidos e previstos nas políticas públicas, o administrador público simplesmente deve garantir a sua materialização. Portanto, nada justificaria a não execução dos serviços a serem prestados.

O Ministro Celso de Melo, na ADPF n. 45 MCDF, em transcrição no informativo 345 do Supremo Tribunal Federal, esclarece a importância do cumprimento da Constituição Federal por parte dos governos, considerando que se trata de assegurar o compromisso do Estado com a coletividade.

> O caráter programático das regras inscritas no texto da Carta Política "não pode converter-se em promessa constitucional inconsequente, sob pena de o Poder Público, fraudando justas expectativas, nele depositadas pela coletividade, substituir de maneira ilegítima, o cumprimento de seu

---

[45] BARROSO, L. R. Da falta de efetividade à judicialização excessiva: direito à saúde, fornecimento gratuito de medicamentos e parâmetros para a atuação judicial. In: *Interesse público*, v. 46, 2007b.
[46] HOLMES, S.; SUNSTEIN, C. R. *The cost of rights*: why liberty depends on taxes. New York: Norton & Co., 1999 apud SILVA, R. F. W. da. Indicadores e instrumentos de apoio à produtividade dos magistrados em 1º e 2º graus. In: *A reforma do Judiciário no Estado do Rio de Janeiro*. Rio de Janeiro: FGV, 2005. p. 12.
[47] Apelação cível/reexame necessário n. 2009.227.02423.
[48] SILVA, R. P. M. da; BLANKE, H-J; SOMMERMAN, K. P. 2009, p. 185.

impostergável dever, por um gesto irresponsável de infidelidade governamental ao que determina a própria Lei Fundamental do Estado.[49]

De acordo com as referências mencionadas, entende-se ser a doutrina da reserva do possível um argumento insustentável e, portanto, um bloqueio para o acesso à justiça dos mais necessitados.

---

[49] RTJ 175/1212-1213, Rel. Min. Celso de Mello.

Capítulo 6

Direitos Humanos e Serviço Social: fundamentos éticos da profissão

Introdução

O Serviço Social encontra nos movimentos por direitos humanos a fonte de uma ética real e concreta para o exercício profissional. A compreensão de que o direito não se restringe à legalidade, mas depende, sobretudo, da força viva e movente da sociedade, visando tanto o seu cumprimento como a sua mudança, justifica a articulação da profissão com os movimentos em defesa da cidadania.

Defender os injustiçados e os fracos – as parcelas excluídas da riqueza socialmente produzida – exprime o ponto de vista da profissão que, mesmo inserida no Estado, atuando no reforço da sua legitimidade, se situa na oposição às diversas formas de dominação. Os movimentos sociais e os direitos humanos se associam no Serviço Social e constituem, em grande parte, sua referência ética. É na consideração com a mobilização desses grupos que a categoria relaciona o processo constitutivo da história na dinâmica da luta de classe, com base em teorias que permitem analisar o movimento da particularidade na dinâmica da totalidade sistêmica.

O objetivo deste capítulo é abordar de forma crítica a intervenção do serviço social, na perspectiva da defesa dos direitos humanos em um contexto de judicialização das demandas sociais. A reflexão se concentra na articulação da profissão com os movimentos sociais, considerando a direção do projeto ético-político da categoria. Para desenvolver a proposta, o texto se divide em três seções: a primeira apresenta a concepção de direitos humanos e sua conotação no Brasil; a segunda traz um breve histórico da articulação da categoria com os direitos humanos e os movimentos sociais; e, por fim, mas não menos importante, a terceira seção faz uma apresentação das questões postas pelo projeto ético-político do Serviço Social e sua articulação intrínseca com a defesa e garantia de direitos humanos.

6.1 Direitos Humanos, Serviço Social e Democracia

O Código de Ética do Assistente Social é definido por 11 princípios. O primeiro deles declara que a liberdade é o valor central do exercício profissional, mas é o segundo princípio o que dá o tom a toda a regulamentação da profissão e declara a relevância da "defesa intransigente dos direitos humanos e a recusa do arbítrio". Isso significa que aos profissionais do Serviço Social é demandado considerar acima de qualquer outro princípio, ou requisição institucional, a valorização da pessoa humana e da necessidade de proteção aos seus direitos. Mas o que vem a ser Direitos Humanos?

Os Direitos Humanos não são uma referência simbólica, nem se resumem a uma declaração de princípios. Como fundamento do Estado Democrático de Direito, eles constituem o núcleo de irradiação do ordenamento jurídico, formando a base de sustentação da ordem social democrática. Não apenas estabelecem limites ao Estado, como também servem para orientação na tomada de decisões. Toda forma de violação aos Direitos Humanos representa uma ameaça à democracia. Na atualidade, direitos humanos se articulam com a democracia a ponto de se tornarem referência para sua avaliação.

A ausência de Direitos Humanos implica a suspensão da democracia, visto que constitui seu fundamento ético. Sua construção não resulta de um trabalho puramente filosófico, pois são corolários de um processo histórico, político e social que expressa o grau de consciência atingido pela sociedade acerca de questões trazidas ao espaço público político. Tais direitos são amplos e apresentam juridicamente um conceito vago e impreciso. Quando se fala de direito à vida, à liberdade, à dignidade, refere-se simultaneamente às condições de acesso à alimentação, à educação, à saúde, à água, à moradia, à assistência, ao trabalho e à renda, bem como ao respeito às diferenças de gênero, etnia, geração, e à proteção ao meio ambiente. Os direitos humanos englobam todo esse conjunto, porque tratam da proteção do ser humano em sua integralidade. Portanto, o conceito e o debate sobre direitos humanos não se restringem a uma parcela ou segmento social, nem somente a determinado campo. Trata-se de uma concepção abrangente e que se destina a toda sociedade.

O século XX é conhecido pela proliferação de normas que reconheceram, por meio de tratados internacionais, direitos frutos da luta dos trabalhadores em diversos países. No caso dos tratados internacionais, sua recepção implica o realinhamento do direito interno dos países que os subscrevem, no sentido da orientação geral dada. Ou seja, sua existência prevê certa uniformização no trato de questões comuns aos países que aceitam a regulamentação. A Organização das Nações Unidas (ONU) é responsável por boa parte desses tratados que são regulações referentes a diversos temas, tais como a questão dos territórios marítimos e aéreos dos países; o relacionamento diplomático; a proteção do meio ambiente; a repressão ao genocídio; os direitos de mulheres e crianças; os direitos trabalhistas, dentre outros.[1]

---

[1] RUIZ, J. L. de S. *Direitos Humanos e concepções contemporâneas*. São Paulo: Cortez, 2014. p. 68-69.

Essas normas resultam de lutas e disputas intensas, contrárias aos regimes autoritários, à exploração do trabalho e às mais diversas formas de discriminação. Portanto, as normas gerais editadas não estão desconectadas de um contexto mais amplo, pelo contrário, referem-se a situações concretas. Os direitos humanos se propõem a resgatar a vida dos escombros da história, por isso se contrapõem a tudo que represente uma ameaça, colocando-se contra a opressão e a exploração entre as classes sociais e até entre os países.

A relação entre os sistemas políticos e econômicos e os direitos humanos de um modo geral é de confronto, pois rechaçam o autoritarismo de direita e de esquerda. Também defendem a erradicação da miséria e o combate às desigualdades sociais por meio da ampliação do acesso às políticas sociais. Todavia, se na atualidade são imprescindíveis para a formação do consenso nas sociedades democráticas, é importante reconhecer que há restrições estruturais no sistema capitalista de acesso à riqueza produzida e, por conseguinte, aos direitos em geral.

Conhecer como se deu ou se impediu o acesso de populações aos direitos formais ou positivados permite avaliar as possibilidades de garantias à classe trabalhadora, o que explica sua relevância ao Serviço Social. Forti[2] considera que os debates sobre direitos humanos são imprescindíveis para direcionar a prática profissional, de forma a garantir a permanência dos direitos da classe trabalhadora, atacados cotidianamente pelo capital. Assim, "a materialização dos Direitos Humanos na sociedade de classes pode ser caminho para o que ainda precisamos alcançar se pretendemos liberdade real, igualdade de fato e fraternidade na prática".[3]

O tema encontra terreno fértil, porém polêmico, para discussão no Serviço Social, uma vez que segmentos da categoria identificam em seu interior elementos que o caracterizariam como restrito ao âmbito da sociedade capitalista. Essa identificação acontece porque a maioria dos autores relaciona o surgimento do debate dos Direitos Humanos com a Revolução Francesa, marco de emergência do Estado Moderno (e burguês). A polêmica possui um núcleo centrado na consolidação da burguesia no momento pós-revolução francesa e na sua transformação de classe revolucionária de um sistema de exploração intensa para classe dominante, agora sendo ela o elemento para exploração e expropriação da classe trabalhadora.

Embora a discussão sobre os direitos humanos pontue sua origem a partir da luta burguesa contra o feudalismo e os privilégios concedidos à nobreza e ao clero, reconhecendo o caráter revolucionário que ela assume naquele momento histórico, a análise realizada por Jefferson Ruiz[4] evidencia que há uma longa trajetória do debate sobre direitos humanos em momentos anteriores ao período da Revolução Francesa.

Como antecedente das declarações dos direitos humanos, alguns acontecimentos se alinham a eles enquanto direitos dos indivíduos contra o poder abusivo do Estado. O primeiro documento nessa direção foi a Carta Magna de 1215, de João Sem Terra, no

---

[2] FORTI, V. Direitos humanos e serviço social, notas para o debate. *O social em questão*, Rio de Janeiro, PUC, ano XV, n. 28, 2012.
[3] FORTI, 2012, p. 279.
[4] RUIZ, 2014.

momento em que o príncipe reconhece a liberdade da Igreja em Londres e em outras cidades e vilas. A Carta também define garantias e liberdade de ir e vir, a propriedade privada, a graduação da pena e a importância do delito, determinando inclusive o direito à presunção de inocência até a realização do julgamento. Em 7 de julho de 1628, a *Petition of Rights,* criada pelo Parlamento Inglês, requisita ao monarca o reconhecimento de diversos direitos, ratificando aqueles definidos na referida Carta. Em 1679, o *habeas corpus* é aprovado também pelo Parlamento Inglês, condicionando a liberdade individual à aplicação de regras fixas e não ao arbítrio do monarca.[5]

Mesmo sendo aprovados, nenhum desses direitos chegou a fazer parte da Constituição. A inserção no texto constitucional ocorreu apenas em Virgínia, em 12 de julho de 1776, na *Declaração do Bom Povo de Virgínia*. No dia 4 de julho desse mesmo ano, a Constituição Americana, sob inspiração de autores como Locke, Rousseau e Montesquieu, insere esses direitos na Declaração de Independência dos Estados Unidos.[6]

No entanto, é a Revolução Francesa que contraditoriamente vai definir na Declaração dos Direitos Humanos os três princípios básicos: liberdade, igualdade e fraternidade. O processo revolucionário não se privou do uso da violência, mantendo abstrata a referência à fraternidade. Aliás, após a Revolução Francesa, a burguesia intensificou a exploração contra a classe trabalhadora, negando reiteradamente o reconhecimento dos seus direitos.

Com a consolidação da Revolução Industrial na segunda metade do século XIX, a opressão contra os trabalhadores fez emergir a luta por melhores condições de vida, trazendo à tona os conflitos na produção que ensejaram a questão social. A evidência do conflito ofuscava os princípios que animaram a Revolução Francesa, visto que a liberdade era cerceada devido à exclusão dos trabalhadores da participação política, a igualdade tornara-se uma ficção legal e a fraternidade ficara relegada à doação voluntária.

Na clássica abordagem da teoria da cidadania de T. H. Marshall, os primeiros direitos a surgir foram os direitos civis no século XVII, seguidos dos direitos políticos no século XIX e, por último, os direitos sociais no século XX. Sua análise se baseia apenas no caso da Inglaterra e recebeu críticas pela limitação da sua teoria, visto que a cidadania não se alcança necessariamente nessa ordem em todos os países. Ruiz critica a estrutura clássica elaborada por Marshall para a gênese dos direitos, por desconsiderar as lutas populares no processo de reconhecimento e implantação de tais direitos, e também porque, ao considerar uma evolução progressiva do direito, o autor não observa as rupturas que pressionaram seu reconhecimento.

Na atualidade, o conceito de cidadania não admite a subtração de nenhum desses direitos, interpretando tal fato como violação e descartando, assim, as interpretações referentes à sua evolução por gerações. Por isso, os Direitos Humanos são universais, indivisíveis e interdependentes, conforme a II Conferência Mundial de Direitos Humanos, organizada pela ONU em Viena no ano de 1993. A esse respeito, Alves afirma que

---

[5] SIERRA, V. M.; TAVARES, A. C. D. Tutela aos direitos humanos. In: FERREIRA, L. P.; GUANABARA, R..; JORGE, V. L. (Orgs.). *Curso de teoria geral do Estado*. Rio de Janeiro: Elsevier, 2009.
[6] SIERRA & TAVARES, 2009.

até mesmo o mais fundamental dos direitos humanos, o direito à vida, compreende o direito de todo o ser humano de não ser privado arbitrariamente de sua vida (medidas negativas de abstenção) assim como o direito de todo o ser humano de dispor dos meios apropriados de subsistência e de um padrão de vida decente (medidas positivas). Pertence, pois, a um tempo, ao domínio dos direitos civis e políticos, e dos direitos econômicos, sociais e culturais, ilustrando assim a indivisibilidade de todos os direitos humanos.[7]

Segundo Alves,[8] os direitos humanos estão compreendidos em quatro dimensões: liberdades públicas, direitos econômicos e sociais, direitos de solidariedade e fraternidade, direitos dos povos. A literatura sobre a Comissão de Direitos Humanos das Nações Unidas (CDH) distingue três fases na evolução de seus trabalhos: 1) redação de normas gerais (1947-1954); 2) "promoção" de valores por meio de seminários, cursos e publicações (1955-1966); 3) iniciativas para a proteção dos direitos (a partir de 1967). As duas primeiras são definidas como abstencionistas e a última como intervencionista.

Em tempos de crise estrutural do capitalismo e do avanço da agenda neoliberal, à luta pelo reconhecimento de novos direitos se conjuga à luta pela manutenção de direitos já consagrados. A ameaça aos direitos sociais indica o declínio das forças de esquerda nos finais do século XX e início do século XXI. Como assinalou Ellen Wood,[9] o colapso do comunismo arraigou a crença de que não existe alternativa ao capitalismo, disseminando a ideia contra as mudanças, como se elas pudessem redundar sempre no pior. Como efeito, tem-se a naturalização do capitalismo e, consecutivamente, a naturalização da pobreza, o que implica o reforço do estigma contra os grupos subalternizados, tidos como fracassados e incapazes.

Aliás, nem mesmo o reconhecimento dos riscos da crise atual produzir uma devastação social em vários países parece ser suficiente para enfraquecer a hegemonia do capitalismo. O aumento da informalidade e do desemprego, a generalização da violência, a desproteção social de um grande contingente de pessoas – que mal encontram assistência no Estado – agravam a situação, porém os governos sucumbem a uma racionalidade instrumental da economia global, imposta como necessária, mas que atende, sobretudo, aos interesses transnacionais dos grandes grupos econômicos, com efeitos catastróficos para a nação. É nesse cenário pontuado por tensões que as violações dos Direitos Humanos se multiplicam e produzem reações de setores da sociedade, que passam a exigir do Estado medidas mais enérgicas, intensificando a repressão contra os grupos historicamente injustiçados. Por conseguinte, a violação aos direitos humanos tende a se tornar banal, atingindo mais gravemente as minorias estigmatizadas que qualquer outro grupo social.

---

[7] ALVES, J. A. L. *Os Direitos Humanos como tema global*. São Paulo: Perspectiva, 1994. p. XIX.
[8] ALVES, 1994.
[9] WOOD, E. M. *A origem do capitalismo*. Rio de Janeiro: Jorge Zahar, 2001.

A democracia, segundo Ellen Wodd,[10] é um desafio para o capitalismo, devido às desigualdades e opressões que produz, pois a submissão às exigências abstratas do mercado mercantiliza a vida em diversos aspectos, ampliando progressivamente a distância entre as classes sociais. Como o purgante da crise é o remédio destinado aos mais pobres, na verdade são os grupos estigmatizados que acabam tendo de provar do que é mais amargo. Daí a importância de considerar não um pluralismo indiferenciado e desestruturado, mas um pluralismo que admita realmente a diversidade e a diferença, sem deixar de reconhecer a unidade sistêmica do capitalismo.[11]

A questão do pluralismo jurídico tem sido motivo para debates no Serviço Social. Compreender que a pluralidade participa da totalidade não parece ser uma tarefa fácil, em vista dos minguados resultados alcançados até agora. Ou seja, registra-se um avanço em termos de legislação, em meio ao maior retrocesso de investimento no campo das políticas sociais. Uma das críticas ao caminho perseguido pelos movimentos sociais alude à separação que teoricamente vem sendo realizada entre cultura e economia.

Iris Young[12] confronta a questão para defender a importância da representação minoritária na política, defendendo a representação especial de grupos como uma ferramenta importante, passível de proporcionar a inclusão de sujeitos que de outra forma estariam excluídos ou marginalizados. Nesse sentido, entende que as políticas afirmativas devem contribuir na promoção da solidariedade em vez de reforçar a marginalização dos que se encontram economicamente em desvantagem.[13] Contra os intelectuais que interpretam a cultura separadamente da economia,[14] Young[15] alega que, na perspectiva marxista, a economia política é "inteiramente cultural sem deixar de ser materialista", e conclui ainda que a "cultura é econômica".

No debate que envolve os Direitos Humanos, a contraposição entre democracia e capitalismo torna-se evidente. Seguindo a perspectiva de Ellen Wood, é possível afirmar que o tempo da compatibilidade entre direitos humanos e democracia também parece estar se esgotando, pois a quantidade de pessoas que não consegue acessar os direitos de cidadania, mesmo nos países desenvolvidos, segundo os dados oficiais, tende a ser cada vez maior.

De acordo com a UNICEF, a quantidade de crianças na pobreza tem aumentado na Europa, chegando a 27 milhões. Com relação à população mundial, entre os anos de 2011 e 2013, 842 milhões de pessoas se encontravam em estado de fome crônica.

No Brasil, a situação melhorou entre os anos de 1990 e 2009, período em que cerca de 60% dos brasileiros ascenderam a um nível de renda maior. Foram 25 milhões de pessoas que, segundo relatório do Banco Mundial, saíram da pobreza extrema ou moderada. Entre os anos de 2001 e 2013, o percentual de brasileiros em extrema

---

[10] WOOD, E. M. *Democracia contra capitalismo:* a renovação do materialismo histórico. São Paulo: Boitempo, 2003. p. 224.
[11] WOOD, 2003, p. 224.
[12] YOUNG, I. M. Representação política, identidade e minorias. *Lua nova,* São Paulo, n. 67, 2006.
[13] YOUNG, I. M. Categorias desajustadas: uma crítica a teoria dual de sistemas de Nancy Fraser. *Revista Brasileira de Ciência Política,* Brasília, n. 2, 2009.
[14] HONNETH, 2003; FRASER, 2002; TAYLOR, 1993.
[15] YOUNG, 2009.

pobreza caiu de 10% para 4%. Não se pode mais afirmar que a tendência se confirmará nos anos vindouros, pois em resposta à crise, uma sequência de medidas de ajuste nas contas públicas estão sendo tomadas, o que induz a uma previsão de regresso de determinados grupos à pobreza, inclusive, à extrema pobreza.

6.2 Serviço Social, Direitos Humanos e movimentos sociais

Se o cenário atual é de precarização das condições de vida e de retração de direitos historicamente conquistados, a defesa intransigente dos Direitos Humanos não pode apenas remeter ao plano ideal, limitando-se ao discurso dos profissionais de Serviço Social – também afetados pelas condições objetivas de trabalho. Forti alerta a necessidade de comprometimento de profissionais para uma efetiva materialização de direitos. Para a autora, é preciso extrapolar a dimensão do discurso e de documentos, se mobilizando para a efetivação do acesso da classe trabalhadora a condições dignas de vida, para tornar possível o rompimento com a desumanização presente no cotidiano das instituições.

Para construir sua análise sobre a relação entre Direitos Humanos e a profissão, Forti parte de algumas direções tomadas pela produção em Serviço Social que se concentram em três justificativas para tornar o tema secundário ao debate profissional: a primeira considera que o conceito de Direitos Humanos trata de uma questão típica do mundo burguês; a segunda entende que sua constituição é incompatível com a teoria marxista; e a terceira, mais moderada, pressupõe ser necessário fundar uma nova formação social para que se traga a discussão de direitos humanos sob novos enfoques.

O Serviço Social é uma profissão de caráter eminentemente interventivo,[16] portanto, possui uma característica fundamental que é estar em contato simultâneo com as transformações sociais, atuando, interferindo e sofrendo as interferências dos processos sociais. Assistentes sociais estão entre os primeiros profissionais que percebem as mudanças nas condições de vida dos usuários. Esse é um espaço privilegiado na medida em que permite a produção de conhecimento sobre as populações com as quais se trabalha e que demandarão ao assistente social as respostas para suas questões. Para Sousa "esse conhecimento é, sem dúvida, o seu principal instrumento de trabalho, pois lhe permite ter a real dimensão das diversas possibilidades de intervenção profissional".[17]

Contraditoriamente, o cotidiano institucional também se configura, como já sinalizou Pereira,[18] em um indutor de alienação na medida em que os profissionais podem se deixar levar pela rotina, restringindo sua prática às prescrições e requisições

---

[16] SOUSA, C. T. A prática do assistente social: conhecimento, instrumentalidade e intervenção profissional. In: *Emancipação*, Ponta Grossa, v. 8, n. 1, p. 119-132, 2008. Disponível em: <http://www.uepg.br/emancipacao>. Acesso em: 6 nov. 2017.
[17] SOUSA, 2008, p. 122.
[18] PEREIRA, T. M. D. Quando o camburão chega antes do SAMU: notas sobre os procedimentos técnico-operativos do Serviço Social. In: FORTI, V.; GUERRA, Y. (Orgs.). *Serviço Social*: temas, textos e contextos, nova coletânea de Serviço Social. Rio de Janeiro: Lumen Juris, 2010.

institucionais. Nesse caso, há um enorme risco, pois "o contato direto, continuado, com a produção das sequelas das expressões da questão social espelhadas pelos usuários nos atinge irremediavelmente, a não ser que já tenhamos banalizado o mal".[19] O que se pontua aqui é a necessidade imperiosa de cuidados para não se deixar levar pela armadilha do discurso sem uma perspectiva concreta, com um posicionamento em que a teoria e a prática estão desconectadas, seja pela alienação ou pela mera decisão política em favor da rotina institucional pura e simples.

É na discussão do cotidiano profissional que se percebe o quanto de possibilidades e limites estão presentes na prática do assistente social. Tânia Dahmer Pereira[20] sinaliza com muita propriedade elementos que atuam de forma alienante nos contextos institucionais e que requerem uma compreensão consciente para sua superação. O cotidiano das instituições na organização de modelo capitalista é constituído por práticas que levam à rotina de repetição e fragmentação das atividades, um contexto de sobreposição de ações e programas e uma ignorância dos fins institucionais – sejam formais ou aqueles moldados pelas culturas institucionais que acabam obscurecendo os primeiros.

O senso comum institucional é, para a autora, um indutor de distanciamento dos interesses dos usuários dos serviços e, portanto, do próprio projeto ético-político do Serviço Social. Assim repetido, o hábito institucional se torna uma rotina banalizada, em que os fins não são percebidos e, dependendo da instituição – Pereira refere-se especificamente ao sistema prisional, mas pode-se pensar nesta reprodução em outros contextos organizacionais –, onde se reproduz uma rotina banalizada que fará da violência institucional uma sombra da criminalização da pobreza.

Em um contexto institucional de violação de direitos, Ruiz[21] aponta algumas reações, como a redução da ação profissional ao meramente burocrático, com a escusa das condições inadequadas de trabalho e do autoritarismo nas relações a que todos os profissionais estão submetidos. É importante ressaltar que o autoritarismo e o arbítrio marcam uma sociedade que se reproduz por meio de relações hierárquicas, que expressam a lógica da obediência e do comando mais do que do respeito aos direitos. Não obstante, o autor também ressalta a prática da violação de direitos por omissão.

Assim, há um rol imenso de ações/omissões que levam à violação dos direitos dos usuários e que, via de regra, fazem com que todos os cidadãos possam vir a sofrer violações: negar necessidades legítimas porque não estão legalmente previstas (ou não são previstas na rotina institucional, por exemplo); não reagir contra o autoritarismo em campos como as relações trabalhistas ou submeter-se à lógica institucional que gera práticas de violação de direitos e se constituem em elementos, apontados por Ruiz, que podem cronificar a violação e o desrespeito aos direitos dos usuários.

---

[19] PEREIRA, 2010, p. 164.
[20] PEREIRA, 2010.
[21] RUIZ, J. L. de S. A defesa intransigente dos Direitos Humanos e a recusa do arbítrio e do autoritarismo. In: *Projeto ético-político e exercício profissional em Serviço Social*: os princípios do Código de Ética articulados à atuação crítica de assistentes sociais. Rio de Janeiro: CRESS-RJ, 2013. p. 37.

A cada discurso fatalista que assumimos ("não há o que fazer"; "as condições de trabalho me impedem de agir"; "se disser o que penso serei transferido"; "corro o risco de perder meu emprego" etc.), sem acionar saídas para ações alternativas (movimentos sociais; movimento sindical; sistemas nacional e internacional de proteção a direitos humanos etc.), também violamos direitos. Deixamos de responder com a qualidade que nossa graduação nos possibilita, a demandas legítimas.[22]

Diante das pressões de uma realidade contraditória e violenta, cabe reforçar o compromisso ético da categoria com os direitos humanos e as classes trabalhadoras no sentido de denunciar violações e reforçar os sistemas de garantias de direitos para efetivá-los.[23] Nesse sentido, a articulação com os movimentos sociais e a confirmação do compromisso com o projeto ético-político do Serviço Social são instrumentos importantes.

A defesa dos direitos se dá, portanto, dentro e fora do espaço institucional. A categoria reconhece os movimentos sociais como espaços importantes para organização das lutas coletivas. Sua importância é expressa na Lei de Regulamentação da Profissão de Assistente Social, no art. 4º, inciso IX, que prevê como competência do assistente social a atuação profissional para assessoria e apoio aos movimentos sociais no que tange às políticas sociais e o exercício e defesa de direitos civis, políticos e sociais. Já o Código de Ética, no art. 12, alínea b, reconhece que é um dos direitos do assistente social o apoio ou a participação nos movimentos sociais e organizações populares que sejam vinculados à luta pela consolidação e ampliação da democracia e dos direitos de cidadania.

O reconhecimento formal nas normas que regulamentam a profissão é o resultado do alinhamento da prática profissional com as lutas dos movimentos sociais contra as desigualdades e pelo reconhecimento de direitos. A década de 1990 se inicia com a publicação da Lei de Regulamentação e do Código de Ética dos Assistentes Sociais, reunindo registros importantes do Movimento de Reconceituação do Serviço Social, que também marcarão uma tendência descendente na trajetória da atuação profissional junto a esses espaços.

Embora Duriguetto[24] reconheça que os movimentos sociais permitem possibilidades de intervenção em campos diversos, como associações comunitárias, sindicatos, movimentos pela reforma agrária e reconhecimento de direitos de diversos grupos sociais, dentre outros, a autora também sinaliza que a década de 1990 foi marcada pelo contexto de retração do Estado e dos direitos, e por uma postura de negociação que acabou por arrefecer as lutas por melhores condições de vida, manutenção e ampliação de direitos no contexto de flexibilização/precarização da vida. Nesse cenário, a autora sugere

---

[22] RUIZ, 2013, p. 38.
[23] O Código de Ética do Assistente Social determina como dever profissional, no art. 13, alínea b) "denunciar, no exercício da profissão, às entidades de organização da categoria, às autoridades e aos órgãos competentes, casos de violação da lei e dos Direitos Humanos, quanto a: corrupção, maus tratos, torturas, ausência de condições mínimas de sobrevivência, discriminação, preconceito, abuso de autoridade individual e institucional, qualquer forma de agressão ou falta de respeito à integridade física, social e mental do cidadão". (*Assistente Social*: ética e direitos. Coletânea de Leis e Resoluções, v. 1, Rio de Janeiro, 2011. p. 40).
[24] ABRAMIDES, M. B. C.; DURIGUETTO, M. L. (Orgs.). *Movimentos sociais e Serviço Social*: uma relação necessária. São Paulo: Cortez, 2014.

a superação dos limites institucionais, condição de mera execução das políticas públicas, por uma postura de sintonização com as lutas da classe trabalhadora, já que

> (...) a categoria profissional, há mais de três décadas, vem acumulando conhecimentos que nos capacitam a apreender a realidade para além do imediato, superando a naturalização das desigualdades sociais e as compreendendo em uma perspectiva histórica e de totalidade.[25]

O acúmulo de conhecimento da categoria, assim como sua organização no decorrer das últimas décadas, também é sinalizado no trabalho de Lopes, Abreu e Cardoso,[26] que reconhecem o papel das instituições da categoria desde o final da década de 1970. Para as autoras, em sintonia com o que identifica Duriguetto, além da consolidação do pensamento crítico marxista no Serviço Social, no decorrer da década de 1980, é possível também identificar quais novos desafios são postos a partir da década de 1990, inclusive durante o governo Lula que, em vez de implementar mudanças estruturais na economia, preferiu administrar a crise.

Em sua análise, é importante a dimensão de crítica ao Estado como comitê executivo da burguesia e, nesse sentido, sua crítica é concentrada em qualquer possível relação com as instituições estatais. Todavia, reconhecem o caráter conjuntural do direcionamento das instituições (as autoras citam os direcionamentos da ABESS, atual ABEPSS) e do CFAS (hoje CFESS), que transitaram de um modelo de expressão conservador para uma diretriz crítica emancipatória.

Ao considerar a transformação dessas instituições, o que as autoras sinalizam é a possibilidade de construção pela categoria de expressões mais alinhadas com as lutas contra as desigualdades e com os interesses da classe trabalhadora. Na mesma direção das autoras e de Duriguetto, Eblin Farage,[27] ao analisar a relação entre Serviço Social e Movimentos Sociais Urbanos, vai apontar a importância da relação da categoria com os movimentos e com o projeto ético político. Sua definição de movimentos sociais urbanos parte da concepção de que são "sujeitos coletivos fundamentais no processo de luta pela democratização da sociedade e das relações sociais".[28] Possuem como característica a diversidade, seja na potência da contestação, seja nas diferenças (teóricas, políticas, estratégicas) ou até mesmo marcados pela cooptação.[29]

---

[25] ABRAMIDES & DURIGUETTO, 2014, p. 192.
[26] LOPES, J. B.; ABREU, M. M.; CARDOSO, F. G. O caráter pedagógico da intervenção profissional e sua relação com as lutas sociais. In: ABRAMIDES, M. B. C.; DURIGUETTO, M. L. (Orgs.) *Movimentos sociais e Serviço Social*: uma relação necessária. São Paulo: Cortez, 2014.
[27] FARAGE, E. Experiências profissionais do Serviço Social nos movimentos sociais urbanos. In: ABRAMIDES, M. B. C.; DURIGUETTO, M. L. (Orgs.). *Movimentos sociais e Serviço Social*: uma relação necessária. São Paulo: Cortez, 2014.
[28] FARAGE, 2014, p. 250.
[29] Segundo Eblin Farage, os movimentos sociais se destacam por possuir uma ou mais de dez características que a autora assim elenca: "(...) 1) se originarem de demandas específicas; 2) se originarem fora do espaço produtivo formal, apesar de parte de seus integrantes estarem em espaços produtivos formais; 3) terem elementos da luta classista em sua formulação e organização; 4) serem autônomos em relação ao governo; 5) terem como tática a realização de ações diretas; 6) articularem em sua luta diferentes elementos da vida cotidiana na cidade; 7) posição anticapitalista; 8) estabelecerem canal de diálogo com o poder público para a garantia das demandas imediatas; 9) ação continuado; 10) possuir metodologia organizativa, entre outros" (2014:250).

Também para Farage é fundamental pensar a ação profissional para além das instituições tradicionais, mas em articulação com questões como o direito à cidadania, a luta de movimentos sociais urbanos etc.[30] Para a autora, a questão urbana exige a discussão da apropriação desigual do solo, além da discussão sobre a apropriação desigual da pobreza que envolve tanto as construções como a distribuição de equipamentos públicos e privados. No espaço urbano, a questão social se acirra, segundo Farage, e é aqui que se desenvolvem também diferentes formas de resistência.

> As dimensões da vida real vão se materializando na disputa organizada de movimentos sociais urbanos, populares, comunitários, organizações não governamentais, partidos de esquerda, além do movimento sindical e estudantil.[31]

Os espaços instituídos dos Conselhos e Fóruns são, na perspectiva da autora, parte da estratégia de conciliação de interesses, e sua constituição pensada para debates de alternativas sobre a questão urbana desde a década de 1960, embora tenham sofrido retrações com o golpe civil militar de 1964, acabam revigorados no final da década de 1970 e início dos anos 1980, com o término da ditadura. Aliás, mais de 70% da população se concentrava nos espaços urbanos no início dos anos 1980 sem que fosse acompanhado de um dimensionamento adequado do espaço urbano.

Os anos 1990 chegaram com a inspiração da nova Constituição Federal, chamada de Constituição Cidadã, mas em uma conjuntura marcada pela globalização do capital e da crise a ele inerentes. A retração de direitos em uma sociedade que acabara de reconhecê-los trouxe desafios importantes para a classe trabalhadora e para a categoria profissional, cuja reação pode ser organizada em três dos quatro momentos da mobilização social. São eles:

1) o Fórum Nacional de Reforma Urbana, criado em 1987 e integrado por diversas entidades, sendo um dos atores responsáveis pela elaboração do Estatuto das Cidades aprovado em 2001;

2) a integração das organizações como o Movimento Sem Terra e o Movimento dos Trabalhadores Sem Teto;

3) a inserção das organizações que atuam nas demandas por saúde,[32] transporte, cultura etc.

As principais reivindicações desses movimentos são a erradicação da desigualdade, a distribuição igualitária da posse da terra e a efetivação de políticas públicas de qualidade.

---

[30] FARAGE, 2014, p. 246.
[31] FARAGE, 2014, p. 248.
[32] Um dos exemplos desse tipo de organização é o Fórum de Saúde do Rio de Janeiro (FARAGE, 2014, p. 254-255).

Confirmando o compromisso ético do profissional do Serviço Social, a articulação com os movimentos sociais surge como fator relevante para a conscientização acerca dos conflitos políticos, além de propiciar a realização menos burocrática do exercício profissional e a reprodução unilateral e verticalizada da lógica institucional. O desafio para o Serviço Social, segundo Farage

> (...) consiste em, garantindo sua contribuição técnica, na elaboração e execução de políticas públicas que contribuam para a efetivação dos direitos da classe trabalhadora, também possa ultrapassar seus limites, através de sua atuação pedagógica, construir e nos inserir nas lutas urbanas, em suas diferentes formas.[33]

O Serviço Social se situa na fronteira da comunicação entre o Estado e todos aqueles que por algum motivo se encontram em necessidade, precisando, por isso, acessar seus direitos. Por reconhecer a forma como o Estado opera nos casos de violação de direitos (prisões, instituições de acolhimento etc.), atua na resistência ao domínio indisciplinado do poder. Nesse sentido, as normas jurídicas ao mesmo tempo em que servem para indicar um programa a ser cumprido, também podem respaldar a denúncia nos casos de omissão ou de violação. Portanto, a relação do Serviço Social com os direitos humanos e os movimentos sociais é intrínseca à profissão. Daí o Serviço Social preferir o direito à lei, o movimento à instituição, o espaço público ao privado, a força da coletividade à repressão oficial, o fraco ao forte, o povo ao Estado. Mesmo sendo institucional seu espaço de trabalho, seu ponto de vista não se limita ao seu interior, mas se expressa na articulação realizada entre o individual e o coletivo, o conjuntural e o estrutural, o local e o global.

A profissão amadureceu nas últimas quatro décadas toda uma discussão que redireciona sua atuação em prol da classe trabalhadora. Essa orientação política se dá a partir do reconhecimento do lugar do assistente social como trabalhador inserido formalmente na divisão do trabalho e também no reconhecimento da exploração econômica e na exclusão funcionais ao modelo de produção capitalista.

Assim é que, desde a década de 1960, e principalmente no final da década de 1970, se constrói o chamado projeto ético-político do serviço social. Um compromisso explícito com a construção de uma sociabilidade mais justa para todos.

6.3 O projeto ético-político do Serviço Social como via para a defesa dos Direitos Humanos

O projeto ético-político não é um documento ou expressão formal de compromisso, mas é o nome com o qual se designa o conjunto de encaminhamentos, compromissos e princípios que norteiam o exercício de assistentes sociais. É um direcionamento,

---

[33] FARAGE, 2014, p. 261.

ainda hegemônico, alinhado aos interesses da classe trabalhadora e expresso principalmente na Lei de Regulamentação da Profissão[34] e nos princípios do Código de Ética Profissional do Assistente Social. É importante ressaltar que o projeto ético político se localiza na esfera das práticas políticas, já que todo projeto profissional é também um projeto político.[35]

A profissão se organiza privilegiando o debate e a construção democrática de suas diretrizes, tendo a participação da base como fundamental para a consolidação de um projeto coletivo. Assim, para encaminhamento das questões relativas aos procedimentos e posicionamentos ético-políticos, o conjunto formado pelo Conselho Federal de Serviço Social e os Conselhos Regionais chama a categoria para debater os pontos a serem normatizados ou encaminhados em assembleias, encontros regionais, encontros descentralizados; no final, as propostas levantadas nesses espaços são discutidas nos encontros centralizados do Conjunto CFESS/CRESS.[36] Assim, desde a base, propostas de encaminhamentos e discussões que gerem impactos a toda categoria são debatidas exaustivamente e consolidadas nas resoluções e normativas do Conselho Federal de Serviço Social.

As resoluções publicadas pelo Conselho Regional têm força de lei para regulamentar a atividade do assistente social e valem para todo o território nacional. Questões como aplicação de multas, consolidação das resoluções, obrigatoriedade do registro profissional no conselho regional, proibição de práticas terapêuticas associadas ao exercício profissional, emissão de pareceres, laudos, opiniões técnicas em conjunto com outros profissionais e supervisão direta de estágio em Serviço Social são apenas alguns dos assuntos regulamentados pelo corpo de normas do CFESS. O objetivo é o exercício da profissão atender adequadamente às demandas da população usuária.

O Código de Ética do Assistente Social, de 1993, é orientado por um conjunto de 11 princípios que norteiam a construção desse documento e a prática profissional e são eles: 1) reconhecimento da liberdade como valor ético central e das demandas políticas a ela inerentes – autonomia, emancipação e plena expansão dos indivíduos sociais; 2) defesa intransigente dos direitos humanos e recusa do arbítrio e do autoritarismo; 3) ampliação e consolidação da cidadania, considerada tarefa primordial de toda sociedade, com vistas à garantia dos direitos civis, sociais e políticos das classes trabalhadoras; 4) defesa do aprofundamento da democracia, enquanto socialização da participação política e da riqueza socialmente produzida; 5) posicionamento em favor da equidade e da justiça social, que assegure universalidade de acesso aos bens e serviços relativos aos programas e políticas sociais, bem como sua gestão democrática; 6) empenho na eliminação de todas as formas de preconceito, incentivando o respeito à diversidade, à participação de grupos socialmente discriminados e à discussão das diferenças; 7) garantia do pluralismo, por meio do respeito às correntes profissionais

---

[34] Lei federal n. 8.662/93 que regulamenta a profissão de assistente social e dá outras providências.
[35] BRAZ, M.; TEIXEIRA, J. B. O projeto ético-político do Serviço Social. In: *Serviço Social:* direitos sociais e competências profissionais. Brasília/Distrito Federal: CFESS, 2009. p. 4.
[36] Segundo o art. 8º da Lei de Regulamentação, esse é o Fórum Máximo de deliberação do Conjunto CFESS/CRESS. E o art. 9º reforça que as reuniões conjuntas entre o CFESS e os CRESS são responsáveis inclusive por fixar os limites de sua competência.

democráticas existentes e suas expressões teóricas, e compromisso com o constante aprimoramento intelectual; 8) opção por um projeto profissional vinculado ao processo de construção de uma nova ordem societária, sem dominação-exploração de classe, etnia e gênero; 9) articulação com os movimentos de outras categorias profissionais que partilhem dos princípios desse Código e com a luta geral dos trabalhadores; 10) compromisso com a qualidade dos serviços prestados à população e com o aprimoramento intelectual, na perspectiva da competência profissional; 11) exercício do Serviço Social sem ser discriminado, nem discriminar, por questões de inserção de classe social, gênero, etnia, religião, nacionalidade, opção sexual, idade e condição física. Em artigo de 2003, Marlise Vinagre expõe a relação íntima entre o fazer profissional do assistente social e a dimensão ética e moral de sua prática. Realizando uma reflexão que remonta parte dos debates da década de 1980, a autora considera que os debates surgidos no final da década de 1970 fizeram emergir um novo perfil profissional que tem a ética como um instrumento crítico de desmistificação dos elementos responsáveis pela reprodução da alienação inerente ao cotidiano.

Foi pontuado que a ética profissional, naquele momento comemorando os dez anos de publicação do Código de Ética Profissional do Assistente Social, extrapola a mera normativa, constituindo-se em importante documento que registra um compromisso da categoria profissional com toda a sociedade e com um projeto político bem definido. O objetivo (e desafio) posto pelo compromisso ético da categoria se torna desde então a construção de uma ética emancipatória.

Naquele momento histórico, há 13 anos, alguns elementos desafiavam (e ainda desafiam) o projeto ético-político: 1) tendência à fragilização da base teórica, a partir dos incentivos limitados pela perspectiva econômica de retração da intervenção estatal típica do neoliberalismo, que influenciaria diretamente a produção do conhecimento e a formação profissional; 2) tendência à flexibilização do mundo do trabalho e à desregulamentação profissional, percebida na intensa luta pela implantação da jornada de 30 horas semanais ainda não plenamente concretizada, bem como nas diversas configurações de vínculos empregatícios, na maioria sem garantias efetivas aos trabalhadores do Serviço Social.

Em 2008, o conjunto de instituições que regulamentam e fiscalizam o exercício profissional, conhecido como Conjunto CFESS-CRESS, teve o seu 37º Encontro Nacional,[37] com o tema *Direito, Trabalho e Riqueza no Brasil: O Conjunto CFESS/CRESS na Defesa do Projeto Ético-Político Profissional*. Uma das principais palestras proferidas e registradas nos anais do evento foi ministrada pela prof. Sâmia Rodrigues, que discutiu as possibilidades e limites da hegemonia do projeto ético-político na medida em que, como projeto coletivo, demanda alguns requisitos básicos como a

---

[37] Os encontros do conjunto CFESS/CRESS são divididos em descentralizados, realizados por regiões do país para deliberação de posicionamentos diante dos desafios postos pela realidade para o exercício profissional, e centralizados, com a participação dos conselhos de todas as regiões para deliberação das questões discutidas e encaminhadas pelos conselhos após os descentralizados. O objetivo é a uniformização do posicionamento do conjunto de forma a abranger a sociedade como um todo. Mas além dos encaminhamentos das questões inerentes à fiscalização e regulamentação profissional, esses eventos se tornaram também, com o decorrer do tempo, eventos de reflexão e qualificação dos conselheiros.

condição de necessidades oriundas das condições objetivas de vida, consciência política e a vontade de construção de um projeto coletivo que esbarra em limitações.[38]

Assim, o projeto ético-político, que surge como resposta e contestação em um cenário de intenso conservadorismo e relações autoritárias ainda na vigência da ditadura civil militar, é constituído do questionamento da categoria diante das condições de vida daquele momento histórico que vai aos poucos emergindo e consolidando uma proposta de ruptura ideológica, política e conceitual com a tradição que marcava o Serviço Social. Segundo Netto,[39] enquanto o Código de Ética define as normas que orientam o exercício profissional, o projeto profissional compreende as opções teóricas, ideológicas e políticas dos profissionais, consistindo numa indicação ética que "só adquire efetividade histórico-concreta quando se combina com uma direção político-profissional".[40]

Visando a romper com o conservadorismo, a produção do serviço social empregou vertentes críticas marxistas, adotando as concepções teóricas e metodológicas com os projetos societários das classes trabalhadoras,[41] assumindo a perspectiva da negatividade constitutiva do capital. Ainda que se reconheça a presença de outras vertentes, o projeto ético político "se configurou como estrutura básica",[42] capaz de absorver as novas questões, sem que seja rompida ou descaracterizada. Trata-se de um projeto profissional, que se vincula a um projeto societário[43] com objetivo da construção de uma nova ordem social, livre da exploração/dominação de classe, etnia e gênero.[44] A dimensão teórico-cognitiva contribui ao engajamento nos movimentos de defesa dos direitos humanos, servindo tanto para reclamar os que já foram positivados, mas que são desrespeitados, como para cobrar àqueles que ainda não foram reconhecidos.

O Código de Ética Profissional foi revisto duas vezes no processo de construção do projeto ético-político. A primeira em 1986 e a última e atualmente vigente em 1993. O curto espaço se justifica pelo período de redemocratização do país e também pela perspectiva de garantia de direitos trazida na Constituição de 1988. O início da década de 1990, no entanto, apontou desafios frente ao crescimento do neoliberalismo e seu avanço sobre a sociedade brasileira, sufocando direitos mal ensaiados formalmente e apontando para a necessidade de luta pela garantia do que se prescrevia na lei e pelo reconhecimento de "novos" direitos.

Com a agudização das desigualdades, o papel de denúncia por parte das organizações da categoria foi importante numa conjuntura de redução de espaços para

---

[38] A autora trabalha com a concepção gramsciana para elaborar esses conceitos ou ideias.
[39] NETTO, J. P. A construção do projeto ético-político do Serviço Social. In: MOTA, A. E. et al. (Org.). *Serviço Social e saúde:* formação e trabalho profissional. 4. ed. São Paulo: Cortez, 2009.
[40] NETTO, 2009, p. 8.
[41] NETTO, 2009.
[42] NETTO, 2009.
[43] José Paulo Netto assim define o que seriam projetos societários: "Os projetos societários são projetos coletivos; mas seu traço peculiar reside no fato de se constituírem como projetos *macroscópicos*, como propostas para o *conjunto* da sociedade. Somente eles apresentam esta característica – os outros projetos coletivos (por exemplo, os projetos profissionais, de que trataremos adiante) não possuem este nível de amplitude e inclusividade." (2009:2)
[44] NETTO, 2009.

reformas efetivas e pautas ousadas.⁴⁵ Nesse cenário, o início do século XXI trouxe o debate sobre uma possível crise do projeto ético-político descrito pela autora da seguinte maneira:

> se os debates giraram, sobretudo, em torno de como conter o impacto do rebaixamento da formação profissional de graduação, por meio de seu aligeiramento e empobrecimento, em função da descoberta deste nicho de valorização pelos tubarões da educação, a ideia da existência da crise do projeto ou sua negação esteve no centro dos debates.⁴⁶

Behring relata que, apesar de ter sido um debate tenso, aconteceram vários desdobramentos com estratégias de contratendências da categoria numa perspectiva de direção autônoma e anticapitalista. As respostas concretas das organizações a demandas legítimas de assistentes sociais (a autora cita a luta pela jornada semanal de 30 horas como uma delas) foi, em sua opinião, o ponto central para sustentar as diretrizes oferecidas pelo projeto ético-político.

> O cansaço para com o privilégio do crescimento capitalista mais predatório, e uma vida urbana massacrante e violenta para os trabalhadores, com pouco acesso à saúde, transporte, moradia e educação como direitos veio à tona com força e violência inusitadas. Somou-se a isso a desconfiança para com a política tradicional parlamentar e a indignação com a corrupção endêmica, que beirava a recusa peremptória e por vezes reacionária da política, mas prenhe de razões, se pensarmos na expansão da pequena política no Brasil pós redemocratização.⁴⁷

Elaine Behring é otimista ao analisar a trajetória do projeto ético-político em uma categoria que não é homogênea como a de assistentes sociais. Para ela, o conjunto de ações desenvolvidas pelas entidades de organização da categoria, as entidades de pesquisa em Serviço Social e o movimento estudantil são espaços importantes para reafirmação e construção continuada do projeto profissional alinhado com os interesses das classes trabalhadoras na qual o Serviço Social se insere. Sua análise resgata a história da mobilização profissional desde a década de 1980, chegando aos desafios postos pela precarização das políticas e serviços em meados da segunda década do século XXI.

Tal trajetória é bem resumida por Braz e Teixeira:⁴⁸

---

[45] BEHRING, E. R. Ética, política e emancipação: a atualidade de nossas escolhas. In: *Projeto ético-político e exercício profissional em Serviço Social:* os princípios do Código de Ética articulados à atuação crítica de assistentes sociais. Rio de Janeiro: CRESSRJ, 2013. p. 14.
[46] BEHRING, 2013, p. 14.
[47] BEHRING, 2013, p. 15.
[48] BRAZ, M.; TEIXEIRA, J. B. O projeto ético-político do Serviço Social. In: *Serviço Social:* direitos sociais e competências profissionais. Brasília/Distrito Federal: CFESS, 2009. p. 4.

> no caso do Serviço Social, tanto no plano ideal (das ideias) quanto no plano prático, os sujeitos que nele intervêm procuram lhe imprimir determinada direção social, que atende aos diversos interesses sociais que estão em jogo na sociedade (políticos, ideológicos, econômicos etc.). Assim é que vão se afirmando uns ou outros valores, umas ou outras diretrizes profissionais que, ao assumirem dimensões coletivas, ou seja, ao conquistarem segmentos expressivos do corpo profissional, passam a representar para parcelas significativas da profissão a sua verdadeira "autoimagem", adquirindo então a condição de projeto profissional.[49]

Para os autores, a categoria consolidou no decorrer do tempo elementos fundamentais para a consolidação de seu compromisso profissional a partir da produção de conhecimentos, das instâncias de organização política da categoria e, por fim, da dimensão jurídico-legal expressa pelo conjunto normativo editado pelo conjunto CFESS/CRESS.[50] A produção de conhecimentos é privilegiada no âmbito acadêmico, mas não adstrita a esse espaço, já que a cada ano mais profissionais que atuam no campo apresentam reflexões sobre os desafios postos pela realidade nas instituições, denunciando as condições de vida da população, a precarização das relações de trabalho e a vida dos profissionais e o desmonte das políticas públicas. O *locus* da atuação profissional é privilegiado nesse sentido pela aproximação direta com a realidade e com as demandas dos usuários – um privilégio que também se constitui em desafio ao profissional já que a ruptura com o conservadorismo exige atenção às mudanças sociais.

A articulação com as instâncias político-organizativas da profissão exige a participação nesses espaços que já são tradicionais, como as assembleias dos conselhos regionais e com, mais recentemente constituídos, os espaços das comissões temáticas dos CRESS que reúnem profissionais de determinadas áreas ou políticas para debate e encaminhamento de questões comuns, bem como os sindicatos, sendo a organização sindical da categoria outro elemento importante.

O terceiro elemento citado por Braz e Teixeira[51] se relaciona com a esfera jurídico legal e, nesse sentido, percebe-se a preocupação crescente com a normatização no sentido de uniformizar entendimentos sobre a prática profissional de forma a garantir à população usuária que as atividades desenvolvidas por assistentes sociais estejam alinhadas aos interesses da população usuária, viabilizando, assim, o respeito à prática profissional ética laica, respeitando as atribuições específicas da profissão que configuram um objetivo cotidianamente perseguido.

É importante lembrar que a lei de regulamentação da profissão assinala competências do assistente social em seu art. 4º que congregam a elaboração, implementação, execução e avaliação de políticas públicas, bem como a elaboração, coordenação e avaliação de planos, programas e projetos em parceria com a sociedade civil (lembrando da importância da articulação com os movimentos sociais). A identificação de recursos e

---

[49] NETTO, 2009.
[50] NETTO, 2009.
[51] BRAZ & TEIXEIRA, 2009.

orientação a indivíduos e grupos também integra o rol das competências do assistente social na defesa da garantia de direitos. E um dos mais importantes: também compete ao assistente social o planejamento, a execução e a avaliação de pesquisas que possam contribuir para a análise da realidade social e para o subsídio de ações profissionais.[52] A realização de estudos socioeconômicos com usuários para fins de acesso a benefícios e serviços sociais não pode se constituir em um fim em si mesmo. É preciso que sua elaboração descreva os dados da realidade social da população estudada e que traduza uma análise amadurecida das questões que permeiam as condições de vida da população.

Em tempos de restrição/redução de direitos e de apologia ao direito positivo, é preciso instrumentalizar a política e a ética, de modo a construir avaliações consistentes que contribuam efetivamente para mudança na correlação de forças prevista no Código de Ética. Nesse sentido, como sinalizam Braz e Teixeira,[53] o projeto ético-político

> (...) é expressão das contradições que particularizam a profissão e que seus princípios e valores – por escolhas historicamente definidas pelo Serviço Social brasileiro, condicionadas por determinantes histórico-concretos mais abrangentes – colidem (são mesmo antagônicas em sua essência) com os pilares fundamentais que sustentam a ordem do capital.

Por outro lado, é somente a partir dessa instrumentalização ética, teórica e metodológica que se pode defender o espaço privativo do Serviço Social, delimitado as chamadas atribuições privativas. Destacam-se entre a realização de perícias técnicas, vistorias e laudos médicos, bem como a elaboração de relatórios, informações e pareceres. Via de regra, esse trabalho é demandado em uma perspectiva institucional reducionista, cabendo aos profissionais a defesa de sua autonomia técnica para a escolha dos instrumentos mais adequados para a construção dos estudos sociais requisitados. Uma relação marcada pela tensão, pelo poder institucional e pela resistência que cotidianamente é requerida para manutenção da atuação ética e comprometida com os usuários dos serviços e políticas públicas.

O cotidiano das instituições é desafiador porque envolve assistentes sociais em rotinas e regulamentos que levam a pensar nas culturas institucionais como algo acabado e imutável. Além disso, a condição assalariada dos assistentes sociais e a precarização exponencial das relações de trabalho em tempos de precarização, flexibilização e insegurança, colocam na ordem do dia novos desafios ao lado da profunda desigualdade social que marca a sociedade brasileira. Não se deixar levar pelo pessimismo é tão importante como não se iludir no messianismo. É preciso amadurecimento e ação coletiva para resistir aos tempos difíceis e construir novas perspectivas, afinal,

---

[52] Esta competência se relaciona intimamente com a prática dos profissionais de campo. Se a questão social se mostra no varejo, ela também apresenta suas nuances e metamorfoses primeiramente na demanda direta às instituições. Daí a importância de profissionais instrumentalizados para sistematização deste conhecimento e sua tradução na perspectiva de mudanças institucionais e sociais.
[53] BRAZ & TEIXEIRA, 2009, p. 12.

> (...) o projeto ético-político encontra-se num momento crucial de sua trajetória, que é expressão também da própria trajetória da profissão. E o momento é crucial porque remete à manutenção ou não das bases teóricas, organizativas e ético-políticas do projeto coletivo da profissão que mudou as feições do Serviço Social brasileiro nos últimos 30 anos.[54]

Trata-se, portanto, de um projeto em construção, que se não é homogêneo, é hegemônico e reforça a orientação política do Serviço Social de ruptura com as desigualdades sociais.

---

[54] BRAZ & TEIXEIRA, 2009, p. 16.

CAPÍTULO 7

O Serviço Social e o Poder Judiciário

Introdução

Neste capítulo, será feita uma revisão da literatura, retomando brevemente o histórico da profissão e sua relação com o Poder Judiciário e as instituições sociojurídicas, com destaque para a emergência do projeto ético-político e os encaminhamentos profissionais. Com uma breve abordagem sobre os requisitos do assistente social como perito nos processos judiciais e as questões éticas que atravessam a atividade, serão apresentados relatos de experiências recentes, articulados à discussão sobre a ética profissional e os desafios postos na atuação do assistente social.

A atuação do Serviço Social no Poder Judiciário Federal e sua influência nas questões que envolvem a Seguridade Social, principalmente no tocante aos processos que têm como objeto a Seguridade Social, também serão discutidos. Todas as questões abordadas são respostas às expressões da questão social, aprofundada com a crise da ordem capitalista, que se apresenta na forma de conflitos individuais ao Poder Judiciário.[1]

Na esfera estadual, essa crise se mostra quase absolutamente restrita à figura dos indivíduos em suas relações sociais. O Estado intervém por meio dos processos que tramitam nas áreas criminais, de família e principalmente nas relações de consumo. Já no âmbito federal, sobretudo no que toca os Juizados Especiais Federais, será o Estado, enquanto "União Federal", na figura de suas autarquias, instituições, fundações e empresas públicas, o réu.

---

[1] ALAPANIAN, S. *Serviço Social e Poder Judiciário:* reflexões sobre o direito e o Poder Judiciário. v. 1. São Paulo: Veras, 2008. p. 15.

Na Justiça Federal, especialmente, observa-se um rebatimento individual diante da insuficiência das políticas públicas que compõem o tripé da Seguridade Social -Previdência Social, Política de Saúde e, mais recentemente, Política de Assistência.[2]

O Poder Judiciário é um importante empregador do assistente social e é também o responsável pela origem da profissão no Brasil. Falar das origens do Serviço Social é falar de um momento de intensa organização do Poder Judiciário com vistas à intervenção na ordem social, por meio de ações voltadas à infância e à juventude (na época, os chamados "menores"), junto às famílias.

Atualmente, pensar o fazer profissional nas justiças é considerar principalmente a importância do acesso à justiça e aos Direitos Humanos e Sociais,[3] mas não se resume apenas a esse aspecto, já que a demanda trazida por magistrados cada vez mais se direciona à "necessidade de contar com outros especialistas que os auxiliem a compreender essa realidade, a realizar a leitura das diferentes expressões individualizadas do 'social' e a encaminhar as soluções cabíveis e viáveis em cada caso".[4]

7.1 Serviço Social, Direitos e o Poder Judiciário: a origem da profissão no Brasil

A trajetória da profissão no Brasil se confunde com a trajetória da profissão no Poder Judiciário. As pioneiras são as mesmas, quer fale-se dos tribunais, quer da constituição do Serviço Social. E, segundo Eunice Fávero, tinham como orientação as concepções de justiça social e direitos da doutrina católica aliados a um viés da social-democracia.[5]

O Estado do Rio de Janeiro, capital federal no início do século XX, teve o primeiro juizado de menores instaurado em 1923, demandando um trabalho especializado para o desenvolvimento do atendimento judicial.[6] Essa demanda emergente significou também uma guinada da tradicional forma de prestação de assistência pela via caritativa, para uma intervenção de caráter técnico, o que imprimiu, a partir de então, contornos científicos à intervenção social. Em São Paulo, a instalação do Serviço Social no Tribunal de Justiça se deu um pouco mais tarde, em 1949,[7] mas a gênese profissional e as demandas do Poder Judiciário estiveram em paralelo nessa trajetória.

---

[2] O Judiciário Federal tem tido importante participação na ampliação de direitos civis e sociais. Nesse sentido, o reconhecimento da união entre pessoas do mesmo sexo e a ampliação do limite de renda *per capita* para acesso ao benefício de prestação continuada (BPC) são importantes avanços em lacunas deixadas pelos Poderes Legislativo e Executivo.
[3] FÁVERO, E. T. O Serviço Social no Judiciário: construções e desafios com base na realidade paulista. *Serviço Social e sociedade*. São Paulo, Cortez, n. 115, p. 509, jul./set. 2013.
[4] ALAPANIAN, 2008, p. 17.
[5] ALAPANIAN, 2008, p. 510.
[6] VALENTE, M. L. C. da S. Serviço Social e Poder Judiciário: uma nota histórica. *Libertas,* Juiz de Fora, v. 3, n. 2, p. 57, jan./jun., 2009.
[7] ALAPANIAN, 2008.

Como se trata de um processo histórico e social, é preciso lembrar que a demanda que justifica a origem do Serviço Social é a necessidade de consolidação e manutenção da ordem social capitalista em um país transitando da tradição agrária para a industrialização. Por se tratar também de um processo não linear, sem um momento de ruptura abrupta, as relações com a Igreja e o ideário neotomista marcaram a atuação dos primeiros profissionais, bem como a dimensão de controle moral dos usuários atendidos.

Assim, o Serviço Social brasileiro surgiu em um momento histórico, em que "as ideias europeias, positivistas e evolucionistas são acolhidas no Brasil em resposta às aspirações de progresso e civilização".[8] A aspiração pela modernidade e pela transformação social no país impulsionou a indústria, as relações sociais deixaram de ser unicamente centradas na figura dos senhores, e ao Estado ficou reservado certo protagonismo na intervenção da regulação social, passando a se preocupar com a prevenção da criminalidade, principalmente entre a população mais jovem.

A aproximação com a realidade da Corte Juvenil de Chicago inspirou a criação dos juizados de menores no Brasil e este, por sua vez, se tornou o primeiro campo para intervenção do Serviço Social, ao mesmo tempo em que possibilitou a profissionalização dos sujeitos responsáveis pela intervenção direta na questão social. A criação dos juizados de menores se articula intimamente com a gênese do Serviço Social, mas o ideário ideológico que lastreia esse processo é higienista, com forte viés moral de influência cristã.[9]

Em 1927, o Código de Menores é promulgado e o enfrentamento das questões postas demandam a criação de serviços que auxiliem o Juizado na abordagem técnica especializada. Somente em 1936 é organizado o Curso Intensivo de Formação Técnica de Assistentes Sociais, com a participação de assistentes sociais originárias de São Paulo, cuja formação se deu na Bélgica.[10] O curso foi planejado por um juiz de menores e uma deputada[11] em parceria com o Laboratório de Biologia Infantil.[12] A primeira turma se formou em 1938, dentre os quais, Maria Esolina Pinheiro, convidada a dirigir o Serviço Social do Juízo de Menores.[13]

A partir da organização do aparato judicial, as expressões da questão social são levadas aos tribunais que atuam especialmente no campo da Justiça da Infância e Juventude e da Família.[14] Nesse momento em que o Poder Judiciário começa a demandar a intervenção de profissionais especializados na realidade social, tem início um questionamento sobre o caráter da assistência social, tradicionalmente embasada por

---

[8] VALENTE, 2009, p. 68.
[9] VALENTE, 2009.
[10] Maria Kiehl e Albertina Ramos, segundo Maria Luiza Valente (2009).
[11] Juiz de Menores José Burle de Figueiredo e Deputada Carlota Pereira de Queiroz.
[12] A aproximação com as ciências biológicas na busca de métodos científicos de abordagem também se mostra na denominação dos setores.
[13] Em São Paulo, a implantação do Serviço Social também acompanha a estruturação do aparato judicial, mas esse movimento ocorre um pouco mais tarde, em 1949, quando profissionais ingressam na condição de gestores do Serviço de Colocação Familiar (ALAPANIAN, 2008, p. 18).
[14] FÁVERO, 2013, p. 509.

aspectos religiosos e moralistas. Estando há muito nas mãos das igrejas que recebiam verbas públicas para a prestação do serviço – a caridade oficial, forma como a Assistência era identificada[15] –, sofreu transformações que levaram décadas para se consolidar como direito constitucional, expresso apenas na Constituição de 1988.

O contexto histórico em que ocorreu a implantação do Juizado de Menores e do próprio Serviço Social, respondendo à demanda por modernização, profissionalização e alinhamento com o pensamento científico da época, é tão emblemático quanto a participação de uma deputada nesse processo, considerando o contexto mundial e a condição feminina na sociedade naquele período.

Foi um período de mudanças sociais e institucionais expressivo, na medida em que marcou a superação de um modo de produção baseado no sistema agrário e a consolidação da industrialização brasileira. Percebeu-se também um movimento de participação feminina na vida pública que levou à construção de toda uma categoria profissional. A sociedade demandou proteção social de forma organizada e desvinculada das formas caritativas anteriormente ligadas de forma exclusiva às iniciativas de cunho religioso e o Estado passou a intervir, ainda que sob a égide da "cidadania regulada", nas relações sociais.

Nesse contexto, famílias que não tinham recursos procuravam o Poder Judiciário para solicitar o abrigamento de suas crianças em instituições onde pudessem estudar[16] e cabia ao Serviço Social a identificação daquelas em situação mais precária para inclusão na assistência. Creches e outros serviços eram inexistentes ou insuficientes e crianças e adolescentes, reconhecidos formalmente sob o conceito de "menores", eram divididos entre abandonados e delinquentes. Sobre esse público, o Serviço Social emitia opiniões técnicas com o objetivo de subsidiar as decisões judiciais.[17]

É importante ressaltar que o Serviço Social no Brasil surgiu com uma estrutura positivista, normalizadora e corretiva, subjacente à justiça para crianças e adolescentes, e foi esse um traço marcante de determinada época, em que a busca por padrões científicos e modernos ditava a estrutura de políticas públicas. Foi também o indicador de um processo de laicização da assistência e de tentativa de ruptura com padrões não técnicos de intervenção social. Assim, se hoje é possível observar o conservadorismo presente nas práticas e bases que fundaram a profissão, é preciso o distanciamento histórico e a análise de acordo com a conjuntura daquele momento para perceber que, embora na perspectiva de consolidação da ordem capitalista emergente, significava transformações de grande monta diante da tradição caritativa religiosa, bem como o ingresso feminino no mercado de trabalho.

---

[15] VALENTE, 2009, p. 71.
[16] Um procedimento típico da cultura popular quando famílias não conseguiam vislumbrar formas de manter suas crianças dignamente.
[17] Para Maria Luiza Valente (2009, p. 76), "iniciou-se uma prática social caracterizada pela intervenção estatal sistemática e direta sobre a infância pobre, identificada de forma imediata com a criminalidade. Os processos de diagnóstico, vistos como solução inovadora e fundamental, visavam a identificar as causas da criminalidade infantil, a partir de estudos sobre os fatores que tenderiam a incentivar as situações irregulares e a diagnosticar o estado (físico, psíquico e social) em que se encontrava o 'menor', para ministrar-lhe um melhor tratamento".

Outra importante sinalização diz respeito à expressiva participação feminina no Serviço Social, o que representou a atuação dessas mulheres que ousaram sair de papéis historicamente determinados para atuar no âmbito das relações sociais, institucionais e políticas. Essas mulheres não foram simplesmente chamadas, elas buscaram construir uma prática alinhada à técnica e ao saber científico de sua época. Seguir essa linha de análise permite questionar o possível anacronismo em determinadas análises atuais sobre o caráter conservador das pioneiras. Teriam sido, naquele momento, conservadoras de fato? O que podem dizer sua atuação e importância na constituição de uma história do Serviço Social?

Nesse sentido, Freitas,[18] ao relatar as motivações para criação da Escola de Serviço Social de Niterói/RJ, considera, com muita poesia, que a instituição foi: "uma escola tecida por mãos femininas e que congregou diversas mulheres interessadas em também fiar um tempo diferenciado e tingir com cores novas a paisagem local". A autora trabalha com perspectiva crítica o olhar anacrônico lançado às pioneiras do Serviço Social, já que essas mulheres ousaram sair do lugar de mulheres comuns, inscritas em seu tempo, para alargarem um horizonte aparentemente dado e construírem as bases de uma profissão que avançou em sua trajetória e constituiu uma crítica importante à ordem capitalista que a demandou em suas origens.[19] Naquele momento histórico, essas profissionais foram vanguardistas, ainda que seu objetivo principal não fosse a subversão da ordem capitalista.

A crítica ao papel do Serviço Social na justificação da ordem capitalista, produzida no final dos anos 1960 com o Movimento de Reconceituação, fez com que o questionamento sobre as instituições se espraiasse também e – por que não dizer? –, principalmente, no Poder Judiciário, o que em parte justifica as produções sobre esse campo específico nas décadas de 1980 e 1990.

A partir dos anos 2000, com a retomada das reflexões de autores do Serviço Social sobre o Poder Judiciário, e a estruturação do Poder Sociojurídico, as produções voltam a refletir sobre a prática dos assistentes sociais nessa área. Sem que nunca tivesse sido realmente abandonada na prática profissional, a área judicial volta à cena para reflexão, justamente pelos reflexos sociais da agudização da questão social em tempos de neoliberalismo globalizado. Para o judiciário, essa crise se materializa no fenômeno da judicialização.

Com a aprovação dos estatutos das minorias, os governos passaram a ser pressionados a criar a infraestrutura necessária para a efetivação e a defesa de direitos aos novos sujeitos de direitos. Nos conselhos tutelares, Centro de Referência Especializado da Assistência Social (CREAS) e delegacias, os assistentes sociais foram sendo requisitados para trabalhar junto às equipes de profissionais e cobrados no desenvolvimento de competências e habilidades, dentre as quais, a notificação

---

[18] FREITAS, R. de C. dos S. et al. Construindo uma profissão: o caso da Escola de Serviço Social da Universidade Federal Fluminense. *Serviço Social e sociedade*, São Paulo, Cortez, n. 97, 2009.

[19] Nas palavras das autoras: "É importante entender a conjuntura de então. A bibliografia era pouca. As ideias circulavam com relativa dificuldade e havia poucos estudos sobre nossa realidade. Não existia uma regulamentação para o exercício profissional nem mecanismos associativos. Tudo, na verdade, estava por se fazer".

compulsória e a denúncia nos casos de suspeita de abuso sexual e maus tratos. Além disso, apesar da negativa do Conselho Federal do Serviço Social (CFESS) sobre a participação do assistente social nos casos de depoimento sem dano, sua presença continua sendo requerida no Poder Judiciário.

Esse processo evidencia o aprofundamento dos mecanismos de controle – que acompanham a disseminação da linguagem do direito – como principal referência para as ações entre os profissionais e os usuários, com o fim da apuração de provas sobre crimes que não costumavam chegar aos tribunais. O Poder Judiciário, ao ser capaz de defender o indivíduo de diversas formas de violação, com base na ameaça da punição, surge como instituição central para a valorização da individualidade. Todavia, o paradoxo que enfrenta em ter de garantir a efetivação do direito e, ao mesmo tempo, punir aqueles a quem o direito não foi garantido, acaba envolvendo todos os profissionais que nele atuam nessa mesma contradição.

Com o Serviço Social, a situação não é diferente. No sociojurídico, a profissão se depara com situações que extrapolam as instâncias judiciárias, remetendo à política, especialmente as ações no Poder Executivo. Contudo, mesmo sabendo que o Judiciário pune severamente os excluídos da cidadania, a defesa dos direitos se faz premente e leva o profissional da assistência social a acirrar o controle judiciário.

O trabalho do Serviço Social no sociojurídico contribui na acentuação do processo de individualização, servindo à instituição do "sujeito de direito", ao reforçar essa ideologia por meio da adoção de dispositivos que separam, fragmentam e discriminam a classe trabalhadora, ao mesmo tempo em que legitima a dominação capitalista. Nesse sentido, a profissão se torna agente no processo de subjetivação dos novos sujeitos de direitos, ao empregar uma metodologia com base na classificação e tipificação do sujeito ou de sua conduta, utilizando-se de instrumentos que acentuam o individualismo. Não obstante, ao mesmo tempo realiza um trabalho de informação, orientação e esclarecimento acerca dos direitos que podem ser acessados.

Consciente das limitações institucionais para a garantia dos direitos, o serviço social se aproxima dos movimentos sociais, participando da pressão pela democratização do acesso aos serviços. Para isso, valoriza a disputa no espaço público, aberto às agências coletivas.

A judicialização é a outra face do neoliberalismo. Surge no contexto de avanço da agenda neoliberal no Brasil, representando uma reação da sociedade e ao mesmo tempo o aumento do controle sobre ela. Reação quando remete à mobilização pela aprovação dos novos direitos para crianças e adolescentes, idosos, pessoa com deficiência, mulheres; e ampliação do controle em decorrência desses mesmos direitos também determinarem a punição de outros sujeitos nos casos de violação. O Serviço Social é requisitado para defender os direitos dos indivíduos e assegurar os direitos sociais. No entanto, em seu trabalho, o profissional percebe que o aparato para a garantia de direitos é precário e insuficiente. Logo reconhece que o sujeito é designado como pessoa jurídica somente quando é submetido a um processo judicial, pois recorrentemente enfrenta resistências quando se trata de reclamar o seu direito, inclusive, tendo de se submeter até ao julgamento de um juiz para a cobrança de um direito definido constitucionalmente. Sendo assim, entende que a judicialização, no sentido amplo, não significa avanço, mas implica o aumento do controle pela exigência da responsabilidade aos pobres, como se fossem eles os culpados da violência. O que o fenômeno traz de novo é a linguagem e as representações empregadas na interpretação do problema, bem como os procedimentos utilizados na intervenção, visto que tendem a ser orientados para o judicial. Nesse sentido, entender se tais mudanças são mais ou menos democráticas parece uma questão para o Serviço Social analisar profundamente.

7.2 A estrutura do Poder Judiciário no Brasil

O Poder Judiciário é imprescindível ao Estado Democrático de Direito. A Constituição Federal de 1988 expressou o resultado de um processo de amadurecimento da sociedade brasileira, buscando garantir as bases para a legitimidade da democracia e da formação de um novo modelo de Estado de Bem-Estar Social. Um modelo que reunia a participação na deliberação de políticas públicas e a ideia da universalização dos serviços de assistência e saúde, consistindo, portanto, em um modelo inclusivo.

A centralidade do Poder Judiciário foi conferida na pretensão de garantir o constitucionalismo, pela possibilidade de fazer com que os poderes se submetessem à Constituição Federal de 1988. Nesse sentido, a Carta Magna admitiu o conflito entre os poderes enquanto parte do processo democrático. Mesmo que o Judiciário detenha a palavra final, nem mesmo a ele é facultado infringir a Constituição Federal.

Tal processo foi considerado relevante pela história da relação entre os poderes no Brasil. Acreditava-se na capacidade de o Poder Judiciário punir o Poder Executivo e impor a legalidade, considerando a supremacia constitucional. Na atualidade, a proeminência do Poder Judiciário tem sido questionada devido aos embates com a política. O risco é de que a politização de uma justiça criticada pela parcialidade nas suas decisões não renda os frutos que o movimento de redemocratização esperava colher.

A fim de compreender melhor o significado do Poder Judiciário na democracia brasileira, convém conhecer sua organização. A estrutura do judiciário brasileiro é constituída por seis sistemas de justiça: quatro pertencentes à União – Justiça Federal (comum), Justiça do Trabalho, Justiça Eleitoral e Justiça Militar – e duas vinculadas à cada Estado – Justiças Estaduais ordinárias e Justiças Militares estaduais.

A inovação na estruturação do Poder Judiciário a partir de 1988 surgiu com a criação do Superior Tribunal de Justiça.

No que tange à Justiça Federal, foram criados, a partir de previsão no Ato das Disposições Constitucionais Transitórias, os Tribunais Regionais Federais (TRF), cortes de 2ª instância que garantem a descentralização na qualidade de câmaras regionais.

A localização da sede dos TRFs considerou o número de processos e a localização geográfica. Em 1989, foi publicada a lei n. 7.727 que trata da estrutura dos TRFs e do seu quadro de pessoal.[20] Em 1999, o CJF emitiu portaria regulamentando critérios para seleção dos candidatos e descrevendo as atribuições dos cargos, prevendo inclusive a inserção de assistentes sociais.

Em 2001, ocorreu a edição da lei federal n. 10.259, que criou os Juizados Especiais Federais Cíveis e Criminais, num movimento para acolher as demandas judiciais menos complexas, mas volumosas, que tinham valor abaixo de 60 salários mínimos.

Atualmente, o Poder Judiciário se organiza da seguinte forma:

JUSTIÇA ESTADUAL	JUSTIÇA FEDERAL	JUSTIÇA DO TRABALHO	JUSTIÇA ELEITORAL	JUSTIÇA MILITAR
1ª instância Juízes estaduais Varas/juizados	1ª instância Juízes federais Varas/juizados	1ª instância Juízes do trabalho Varas do trabalho	1ª instância Juízes eleitorais Juntas eleitorais	1ª instância Juízes de Direito Auditorias militares
2ª instância Desembargadores Tribunal de Justiça	2ª instância Desembargadores Tribunal Regional Federal	2ª instância Juízes do trabalho Tribunal Regional do Trabalho	2ª instância Juízes eleitorais Tribunais Regionais Eleitorais	2ª instância Juízes Civis e Militares Tribunal de Justiça Militar
	Superior Tribunal de Justiça Ministros STJ	Tribunal Superior do Trabalho Ministros TST	Tribunal Superior Eleitoral Ministros TSE	Tribunal Superior Militar Ministros STM
SUPREMO TRIBUNAL FEDERAL (STF)				

A Constituição Federal estabelece a estrutura do Poder Judiciário nos arts. de 92 a 100. Prevê como órgãos do Poder Judiciário o Supremo Tribunal Federal (STF), o Conselho Nacional de Justiça (CNJ – incluído pela emenda constitucional n. 45 de 2004), o Superior Tribunal de Justiça (STJ), o Tribunal Superior do Trabalho (incluído pela emenda constitucional n. 92 de 2016), os Tribunais Regionais Federais e Juízes Federais, os Tribunais e Juízes do Trabalho, os Tribunais e Juízes Eleitorais, os Tribunais e Juízes Militares, os Tribunais e Juízes dos Estados e do Distrito Federal e Territórios.

Ao STF cabe o julgamento das ações diretas de inconstitucionalidade, o julgamento das mais altas autoridades, litígios envolvendo entes federativos ou Estados estrangeiros, ou organismos internacionais etc. Esse órgão pode funcionar como

---

[20] A respeito da descrição do cargo de assistente social, a Resolução 212/1999 do Conselho da Justiça Federal, assim define: "Carreira/Cargo: Analista Judiciário; Área: Apoio Especializado; Especialidade: Serviço Social; Atribuição Básica: realizar atividades de nível superior a fim de prevenir ou minimizar dificuldades de natureza biopsicossocial que possam afetar/estejam afetando magistrados, servidores, inativos, pensionistas e/ou seus dependentes, bem como promover uma melhor integração entre família, comunidade e organização. Compreende a identificação e análise de aspectos que possam interferir/estejam interferindo no bem-estar dos indivíduos ou da coletividade, como também a proposição de soluções. Envolve a realização de visitas domiciliares/institucionais, entrevistas e pesquisas, a elaboração de projetos para concessão de benefícios sociais, a organização de atividades de promoção social e a participação em programas para promoção da saúde, dentre outras atividades de mesma natureza e grau de complexidade. Requisitos - Escolaridade: 3º grau completo. Formação Especializada: curso superior completo de Serviço Social, devidamente reconhecido. Experiência Profissional: não é necessária. Habilidade Específica: poderá ser verificada, a critério da Administração, por intermédio de prova prática Digitação de textos".

sendo de segunda instância nos casos de recursos ordinários (se denegatória a decisão sobre as ações constitucionais decididas em única instância dos Tribunais Superiores e nos crimes políticos) e recursos extraordinários (casos em que a apreciação de uma causa pelo STF se justifica pelo princípio da supremacia constitucional).[21]

A Justiça Comum está dividida em Justiça Federal e Justiça Estadual, tendo em seu ápice o STJ. A Justiça Comum Federal possui três instâncias: 1ª) Juízes Federais; 2ª) Tribunais Regionais Federais; 3ª) STF. Já na Justiça Comum Estadual, as três instâncias estão constituídas por: 1ª) juízes de direito; 2ª) Tribunais de Justiça; e 3ª) STJ.[22]

A Justiça do Trabalho, a Justiça Militar e a Justiça Eleitoral formam a Justiça Especializada. Com exceção da Justiça Militar que possui apenas duas instâncias, a Justiça Comum e Justiça Especializada possuem três instâncias, com as seguintes atribuições: 1ª) recebe as ações, processa, colhe as provas etc.; 2ª) julga os recursos ordinários; 3ª) aprecia as causas relacionadas aos requisitos constitucionais e legais, que requer acesso a um Tribunal Superior.[23]

Os membros dos tribunais superiores – 3ª instância – e do STF são denominados ministros. Desembargador é o título concedido ao juiz dos Tribunais de Justiça. Os demais magistrados de 1ª e 2ª instâncias são chamados de juízes ou juízes monocráticos.

Após a aprovação da emenda constitucional n. 45 de 2004, que instaurou a reforma do Poder Judiciário, criou-se, em 2005, o Conselho Nacional de Justiça (CNJ). Trata-se de um órgão com competência para "controlar a atuação administrativa e financeira do Poder Judiciário e o cumprimento dos deveres funcionais dos juízes, cabendo-lhe, além de outras atribuições que lhe forem conferidas pelo Estatuto da Magistratura".[24] Também é sua atribuição "zelar pela autonomia do Poder Judiciário e pelo cumprimento do Estatuto da Magistratura, podendo expedir atos regulamentares, no âmbito de sua competência, ou recomendar providências".[25] Além disso, o CNJ está encarregado de

> receber e conhecer as reclamações contra membros ou órgãos do Poder Judiciário, inclusive contra seus serviços auxiliares, serventias e órgãos prestadores de serviços notariais e de registro que atuem por delegação do poder público ou oficializados, sem prejuízo da competência disciplinar e correcional dos tribunais, podendo avocar processos disciplinares em curso e determinar a remoção, a disponibilidade ou a aposentadoria com subsídios ou proventos proporcionais ao tempo de serviço e aplicar outras sanções administrativas, assegurada ampla defesa.[26]

---

[21] MOTTA, S.; BARCHET, G. *Curso de direito constitucional*. Rio de Janeiro: Elsevier, 2007. p. 741.
[22] MOTTA & BARCHET, 2007, p. 743.
[23] MOTTA & BARCHET, 2007, p. 744.
[24] EC n. 45/2004.
[25] EC n. 45/2004.
[26] EC n. 45/2004.

Quanto à Justiça Federal, o órgão é constituído pelos Tribunais e pelos Juízes Federais, cuja responsabilidade é resolver conflitos existentes entre os cidadãos e os Órgãos da União, autarquias e empresas públicas federais, como o INSS, as Universidades Federais, os correios etc. Também é competência da Justiça Federal analisar e resolver as disputas sobre direitos indígenas, crimes cometidos a bordo de aeronaves e navios, entre outros.

A primeira instância possui apenas um juiz, que tem o papel de verificar as reivindicações de uma das partes, para então analisar e julgar de acordo com a lei. Já as instâncias superiores possuem uma dupla função, isto é, realizam o julgamento de casos específicos que a lei determina e reavaliam as decisões tomadas pela primeira instância, quando uma das partes entra com um recurso. Vale ressaltar que praticamente todos os assuntos devem ser julgados, antes de tudo, pela primeira instância. Somente alguns temas devem ser julgados diretamente pelas instâncias superiores, de acordo com a sua natureza. A segunda instância é composta por uma turma de juízes, que realizam o julgamento de forma conjunta. A tese que for mais votada dentro de um grupo de juízes será a vencedora.

A Constituição Federal de 1988, em seu art. 98, inciso I, parágrafo primeiro, aponta a criação dos Juizados Especiais no âmbito da Justiça Federal. Em 2001, com a lei n. 10.259, os Juizados Especiais Federais são regulamentados, bem como suas competências. Segundo Arantes,[27] "os Juizados Especiais representaram uma importante experiência de ampliação do acesso à justiça para causas cíveis..."

Os Juizados Especiais foram criados com o objetivo de julgar as causas de baixo valor, contribuindo para a agilidade dos processos e diminuição do tempo de tramitação. São responsáveis por julgar as causas em que a União, autarquias, fundações e empresas públicas federais são uma das partes interessadas da ação, quando o valor das mesmas não ultrapasse a soma de 60 salários mínimos.

7.3 O Serviço Social na Justiça Federal

Na Justiça Federal, o ingresso do Serviço Social ocorreu tardiamente, somente após a reestruturação dada pela Constituição Federal de 1988. Com a extinção do Tribunal Federal de Recursos e a criação dos Tribunais Regionais Federais nas cinco regiões do Brasil, o Serviço Social foi chamado a atuar com um papel muito específico. O Manual de Cargos da Justiça Federal, documento que define a atribuição dos profissionais dentro do Judiciário Federal, determina que compete ao assistente social

> realizar atividades de nível superior a fim de prevenir ou minimizar dificuldades de natureza biopsicossocial que possam afetar/estejam afetando magistrados, servidores, inativos, pensionistas e/ou seus dependentes, bem

---

[27] ARANTES, R. B. O Judiciário entre a justiça e a política. In: AVELAR, L.; CINTRA. O. A. (Orgs.). *Sistema político brasileiro*: uma introdução. São Paulo: UNESP, 2004. p. 103.

como promover uma melhor integração entre família, comunidade e organização. Compreende a identificação e análise de aspectos que possam interferir/estejam interferindo no bem-estar dos indivíduos ou da coletividade, como também a proposição de soluções. Envolve a realização de visitas domiciliares/institucionais, entrevistas e pesquisas, a elaboração de projetos para concessão de benefícios sociais, a organização de atividades de promoção social e a participação em programas para promoção da saúde, dentre outras atividades de mesma natureza e grau de complexidade.[28]

O cargo é inscrito como "Apoio Especializado" e tem como requisito a formação superior em Serviço Social, devidamente reconhecida com registro no Conselho de Classe. Não é necessário ter experiência e a habilidade específica requerida é a digitação de textos, verificada por prova prática durante o processo seletivo. Naquele momento específico – o Judiciário Federal se organizava e estruturava os serviços requerendo do assistente social o atendimento às questões da organização institucional –, sua atuação seria voltada, pela previsão inicial, para o atendimento aos servidores, em ações de saúde e outras que se enquadram no âmbito da área-meio, isto é, atividades da administração do judiciário que existem para dar suporte à atividade-fim que é, resumidamente, o processamento e decisão sobre as ações que ingressam volumosamente.

Desde 1999, com as intensas mudanças ocorridas em toda a sociedade, a efervescência de conflitos e a multiplicidade das expressões da questão social, as requisições para o Serviço Social também foram se transformando e diversas frentes de atuação foram delineadas, a partir de demandas urgentes, mas sem que houvesse um aumento expressivo dos quadros para resposta adequada à demanda.[29] São criados os Juizados Especiais Federais, Juizados de Pequenas Causas, e também as Centrais de Penas e Medidas Alternativas, com vistas a aplicação de uma justiça com acesso mais ágil e também com um caráter antes pedagógico que punitivo. Na Justiça Federal, uma equipe técnica formada por assistentes sociais e psicólogos foi contratada para atuar em vara criminal federal, a partir de 2001, acompanhando as medidas alternativas previstas na Lei de Execução Penal (LEP), sendo substituída por profissionais concursados em 2004.

Apesar da criação dos Juizados Especiais Federais (JEFs), em 2001, no Rio de Janeiro, é somente em 2005 que se reconhece a demanda para implantação de um trabalho do Serviço Social voltado ao público dos JEFs. Uma das explicações possíveis é, além do não conhecimento sobre as possibilidades de atuação do assistente social na análise de políticas públicas, desde a implantação das penas e medidas alternativas até

---

[28] Redação dada pela Resolução 212/99 do Conselho da Justiça Federal, que "regulamenta, no âmbito do Conselho da Justiça Federal e da Justiça Federal de Primeiro e Segundo Graus, as atribuições dos cargos e os requisitos de formação especializada e experiência profissional a serem exigidos para o ingresso nas carreiras a que se refere o art. 1º da lei n. 9.421, de 24 de dezembro de 1996".

[29] O que não se restringe ao Serviço Social, o déficit de servidores e magistrados na Justiça Federal é um dado importante.

o atendimento mais simplificado ao público dos JEFs, não havia na Justiça Federal um contato direto com a população, cujo surgimento se deu de forma dramática, exacerbado pela necessidade de proteção frente às arbitrariedades cometidas por agentes do próprio Estado e também por conta da desconfiança (não sem fundamento) que a população apresentava ao ter de reclamar em uma instituição do Estado sobre as injustiças cometidas por outras instituições estatais.

Não é à toa que as perdas advindas de planos econômicos diversos durante a adequação da política econômica brasileira aos ditames da globalização mundial e o INSS foram os maiores responsáveis pela corrida aos Juizados Especiais Federais. Além de uma demanda reprimida pela barreira imposta anteriormente com a necessidade de representação dos indivíduos por advogados, os ritos mais formais das varas comuns faziam com que os processos levassem muito tempo até uma decisão final, o que não respondia às necessidades de uma população mais pobre e sem a estrutura de uma Defensoria Pública adequada.[30]

Assim, se na história da instituição, via de regra, o contato com as partes se dava por intermédio de advogados e defensores públicos, a partir do contato mais direto com a população há uma demanda pelo trabalho do assistente social para mediação com o público dos JEFs, principalmente para responder às questões que não possuem um caráter necessariamente judicial, mas que requerem o cuidado e o encaminhamento às Redes de Proteção Social e de Saúde. O trabalho estruturado para esse perfil mostrou como frentes de atuação, além do plantão social (demanda comum nas culturas institucionais), são necessárias às atuações em perícias e às atuações de cunho pedagógico voltado não só ao público externo, mas também a servidores e magistrados.

Das grandes dificuldades institucionais – não exclusivas ao Poder Judiciário, mas características das instituições brasileiras como um todo –, a falta de conhecimento sobre atividades, projetos e trabalhos é algo que também permeia o Judiciário Federal. Com a emergência de novas demandas, os profissionais se viram diante da necessidade de mapear o Serviço Social no Judiciário Federal. Para mapear as frentes de atuação e demandas postas pela realidade, em 2009 um grupo de assistentes sociais[31] apresentou os resultados de uma pesquisa minuciosa e importante sobre o Serviço Social nas diversas instituições que compõem o Poder Judiciário Federal. O levantamento considerou órgãos que contavam com assistentes sociais, as áreas em que atuavam e especialmente o perfil dos profissionais, chegando a resultados interessantes que apontavam para a necessidade não só de aumento das equipes, mas de investimento na qualificação de suas atuações.

---

[30] A estrutura insuficiente da Defensoria Pública é um obstáculo importante ao acesso à justiça ainda nos dias atuais. Não há investimentos suficientes para que a cobertura seja mais democratizada e os defensores são obrigados a triar as maiores urgências, bem como a realizar um recorte de renda para garantir uma prática de qualidade aos assistidos.

[31] Esse grupo de estudo foi formado por três profissionais da 3ª Região (duas do TRF e uma da JFSP); uma do TRF5; e ainda uma profissional do TRE/SP. O resultado do levantamento nacional que fizeram foi apresentado no II Congresso de Serviços de Saúde do Judiciário Federal.

A pesquisa semiaberta foi realizada a partir de encaminhamento de questionário a 61 órgãos do Poder Judiciário Federal.³² Destes, um terço não contava com equipes de Serviço Social e a maior parte dos assistentes sociais estava lotada na área da saúde, com atuação em Gestão de Pessoas e Saúde do Trabalhador. Mais da metade estava acima dos 40 anos, o que aponta para um perfil maduro de profissionais. Configurando uma característica nacional, a quase totalidade era de mulheres (94%). Houve cuidado em se apurar também a identidade étnica dos entrevistados, com a identificação de quase 60% de pessoas que se declaravam brancas. Somente 3% dos profissionais eram negros. Com relação à formação, as pesquisadoras descobriram que mais da metade possuía alguma pós-graduação, sendo a maioria com especialização, seguidas de mestrado. Nenhum dos profissionais possuía doutorado. Também se observou que quase 70% não recebe funções comissionadas e, quando ocorre, são as de menor valor na instituição.

Na Justiça Federal do Rio de Janeiro, o assistente social ingressou inicialmente na área de Gestão de Pessoas com atuação também na Saúde. Posteriormente, houve a criação de equipe técnica para intervenção em Vara Criminal responsável pela aplicação de penas e medidas alternativas e, por fim, houve o reconhecimento e abertura de mais um campo específico no setor responsável pelo atendimento ao público dos Juizados Especiais Federais. Apesar da abertura de três frentes distintas e importantes, o número de profissionais é reduzido: apenas cinco em toda a Seção Judiciária.

Na área da saúde, o Serviço Social atuava em programas de caráter preventivo, nas ações antiestresse e em processos administrativos que requeriam o parecer social.

Desde a implantação do Serviço Social junto ao Atendimento dos Juizados Especiais Federais no Rio de Janeiro,³³ em maio de 2005, observou-se uma crescente demanda oriunda de usuários do Instituto Nacional do Seguro Social (INSS) e do Sistema Único de Saúde (SUS), as maiores demandas dos JEFs seguidas de perto pelas causas que têm como partes servidores federais ativos e inativos.³⁴ Entretanto, não foi essa a demanda inicial para o trabalho do assistente social no Atendimento ao Público. O que motiva a chamada do profissional de Serviço Social para o ingresso na Seção de Atendimento dos Juizados Especiais Federais é, num primeiro momento, a busca por um profissional que faça a mediação da relação das instâncias institucionais com frente às queixas da população.

Os usuários, esgotados em sua luta contra a inoperância das instituições, acabam por expressar da forma mais patética³⁵ sua indignação e impotência, incluindo desde o

---

[32] Os resultados da pesquisa foram apresentados no II Congresso dos Serviços de Saúde do Poder Judiciário, e encontram-se reunidos no seguinte documento: SANTIAGO, A. F. P. et al. Perfil do Serviço Social no Judiciário Federal Brasileiro. II Encontro Nacional dos Serviços de Saúde do Poder Judiciário. Porto Alegre, 2009, mimeo.

[33] Inserção tardia frente a especificidade destes órgãos, comprovada pela estruturação consecutiva realizada em São Paulo e outros estados.

[34] REIS, J. F. dos. *Nos caminhos da judicialização: um estudo sobre a demanda judicial pelo Benefício da Prestação Continuada*. Dissertação (Mestrado em Política Social), Universidade Federal Fluminense, Rio de Janeiro, 2010.

[35] Utilizou-se aqui a concepção do Dicionário Houaiss: "adjetivo e substantivo masculino 1 - que ou o que tem capacidade de provocar comoção emocional, produzindo um sentimento de piedade, compassiva ou sobranceira, tristeza, terror ou tragédia Ex.: <cena p.> <o p. de uma cena> 2 - que ou o que traduz comoção emocional, piedade, pesar, terror ou tragédia".

choro e algumas formas de sensibilização, até posturas mais agressivas, respondidas com a força institucional e conduzidas de forma policial.

Uma demanda de mediação conhecida na prática profissional formada com uma abordagem técnica se desenhou para a Administração. Assim, se por um lado o apelo dramático oriundo da materialização de expressões da questão social gerou comoção institucional e organização para delegação do trato ao assistente social, por outro, cabia ao profissional a análise da realidade e a sugestão de medidas que dessem conta das questões postas pela população. A avaliação técnica realizada sobre a requisição buscou o tratamento especializado e diferenciado dos usuários que batiam às portas da Justiça Federal do Rio de Janeiro. Para atender a essa "nova realidade", foi preciso redimensionar de alguma forma a cultura institucional.

A demanda institucional para o Serviço Social se lastreou no entendimento arraigado de ser este o profissional da intermediação, da escuta e da conciliação.[36] A necessidade de reorientação da demanda para definir o foco mais próximo aos interesses e necessidades do público-alvo norteou o planejamento para elaboração de projeto de intervenção, nos primeiros meses, e de atuação, bem como a necessidade de promover a visualização das reais possibilidades a fim de programar as ações relativas à Seção de Atendimento de forma coerente com a realidade social e as questões inerentes ao judiciário federal. A redefinição da demanda incluiu negociação de prazo para apresentação de projeto de intervenção, observação *in loco* das atividades de pré-atendimento e observação das demandas trazidas que, aparentemente, não seriam objeto de atividade da Justiça Federal.

Numa perspectiva pedagógica de discussão sobre as atribuições profissionais do assistente social com o escopo de preservação da autonomia profissional ante a realidade apresentada, construiu-se um trabalho de acolhimento dos estagiários e servidores recém-lotados no setor para apresentação e esclarecimento sobre a atuação do Serviço Social. Triagem e encaminhamento são demandas tradicionalmente imputadas ao assistente social, assim como a escuta no sentido de oferecimento (menos que acolhimento técnico) de um ombro amigo no qual o usuário poderá desabafar as suas agruras na construção do exercício da cidadania tão caro aos sistemas democráticos de direito.

Importante ressaltar que tal conduta de acolhimento acrítico, se absorvida pelo profissional, redundará, via de regra, em duas situações: de um lado, o cerceamento real do exercício de cidadania do indivíduo que procura seus préstimos; de outro, o desgaste natural já apontado por Palma[37] como um dos responsáveis pelo desencanto e até abandono da profissão. Há sempre um desafio posto na identificação e construção de projeto que, alinhado aos princípios ético profissionais, defina a atuação em consonância com a real demanda dos usuários e as possibilidades inscritas nas instituições. É o que se persegue na proposta de um projeto de intervenção que seja alinhado com a realidade dos usuários da instituição pesquisada.

---

[36] A visão da moça boazinha ainda não deixou o imaginário social das instituições, não obstante todo avanço político da categoria nas últimas décadas.

[37] PALMA, D. *A prática política dos profissionais*: o caso do Serviço Social. São Paulo: Cortez, 1996.

Consolidar um projeto alinhando a demanda institucional à realidade posta por usuários e pelas expressões da questão social é fugir da aparência do real apresentado e buscar refletir o que é a realidade política e econômica, para que se entenda a lógica das instituições e seus rebatimentos na vida dos cidadãos. O objetivo último é a apresentação de um trabalho de qualidade comprometido com o exercício cidadão e com a garantia dos direitos.

Por se tratar de um instituto ainda recente, e diante das características das relações de trabalho, saúde e previdência no Brasil, não é exagerado considerar que há um "boom" de demanda aos JEFs. A explosão de procura pelo atendimento dos juizados se deu inicialmente de forma geométrica, a divulgação da possibilidade de apreciação judicial de forma ágil e a perspectiva de garantia de direitos despertou o interesse.

Outra parte da tensão que embasa a procura por direitos tem como pano de fundo a realidade social brasileira, com os custos dos diversos planos e programas econômicos arcados pela classe trabalhadora, que leva bastante tempo para compreender as perdas e requerer as reposições financeiras sofridas, numa corrida contra o tempo e contra a "prescrição dos prazos", além da falta de uma educação voltada para o exercício da cidadania. Então, os usuários que procuram o profissional do serviço social têm o entendimento que "o Estado" lhes causou algum prejuízo e que será numa instituição desse mesmo "Estado" que haverão de peticionar para reaver o que acreditam lhes ser devido.

Os Juizados Especiais Federais têm sua competência limitada a determinadas causas e a valores de, no máximo, 60 salários mínimos. O prazo para petição também é limitado, e atualmente foi reduzido de 30 para 5 anos, fazendo com que nem sempre haja condições de petição de determinado objeto, ou que parte dos usuários tentem recorrer quando já não mais possuem direito reconhecido. A atuação é demarcada por territórios compreendidos no Mapa Judiciário com as localidades geográficas e as respectivas jurisdições. A territorialidade é uma questão importante a discutir, uma vez que a maioria dos jurisdicionados reside em determinados locais e trabalha em outras cidades, o que pode dificultar o acesso à prestação.

No entanto, o que chama a atenção de forma incisiva nos casos que envolvem a Seguridade Social, quando não há identificação de violação expressa do direito no atendimento avançado, são encaminhados para o Serviço Social. Nessas situações, o Serviço Social eventualmente, após análise, oficia às instituições prestadoras dos serviços públicos informando o atendimento e o relato do usuário, solicitando a apreciação do pleito dentro da rotina institucional e formalizando o pedido (que muitas vezes nem sequer é formalizado nas instituições).[38] Impressiona o número de encaminhamentos que logram êxito com esse dispositivo: 62% dos casos encaminhados são resolvidos sem que haja necessidade de provocação ao Poder Judiciário.[39] Ao mesmo tempo

---

[38] É relevante o número de usuários que relatam o "indeferimento verbal" de suas requisições, num processo que tem o seguinte percurso: ao ser atendido em instituição pública, o atendente simplesmente relata que a pretensão do usuário não é válida, e não permite que haja formalização do pedido. Assim feito, é praticamente inviável que uma pessoa possa recorrer às instâncias superiores ou de recursos dos órgãos públicos, bem como se torna inviável a petição judicial, uma vez que a requisição administrativa prévia é uma condição imperiosa para o peticionamento.

[39] Segundo dados levantados em 2010 por Reis, em sua dissertação de mestrado.

em que demonstra uma violação do direito e aponta para a possibilidade de resolução sem querela judicial, essa via acaba por auxiliar a desobstrução do aparelho judiciário, levando tempo brevíssimo para chegar a termo. Em média, um caso leva de 15 a 20 dias para ser resolvido por via administrativa, enquanto demoraria de um ano e meio a dois para findar a prestação jurisdicional. Apesar da existência formal do Estado de Direito e de haver garantia constitucional de acesso à informação referente ao cidadão, causa espécie a quantidade de pessoas que têm negado esse direito básico justamente pelos órgãos públicos.[40]

O reconhecimento da importância do exercício de cidadania participativa apresenta-se subjacente ao reconhecimento da provocação do Judiciário como algo inerente à falta de cumprimento das obrigações formais das instituições para com a população. Há, nesse universo, um campo imenso para atuação e contribuição do assistente social na medida em que os conhecimentos acumulados pela categoria são fundamentais para desvelamento das refrações da questão social na vida dos usuários do Poder Judiciário. E não é à toa que os serviços desse profissional vêm sendo requisitados em diversas frentes.

O Serviço Social, em seu processo de trabalho no Poder Judiciário, depara-se com um fenômeno que requer análise, principalmente por se tratar de um processo que o envolve diretamente. A multiplicação de estatutos e normas legais referentes à proteção social requer o conhecimento do Estado, com a devida atenção à atuação do Poder Judiciário. Além disso, ampliam-se a quantidade de assistentes sociais com atribuições nesse Poder, bem como há o alargamento de sua inserção no sociojurídico. Por se tratar de uma profissão em que a defesa dos direitos da classe trabalhadora está definida no Código de Ética e no seu projeto ético-político, o debate sobre o Poder Judiciário e o aumento das demandas judiciais por direitos sociais não pode ser apenas lateral, já que o Direito e o Poder Judiciário estão situados no centro das democracias constitucionais.

Sabe-se que uma profissão que pensa a atividade profissional como práxis, prioriza o conhecimento que ultrapassa o nível do imediatismo, buscando produzir um conhecimento não limitado à produção de pareceres e laudos, entendendo o serviço social como um tipo de trabalho que requer planejamento, execução, monitoramento e avaliação, realizados não com etapas de um processo de trabalho, mas reelaborados e redefinidos na reflexão acerca de todos os momentos do exercício profissional.

O reconhecimento da importância do exercício de cidadania participativa apresenta-se subjacente ao reconhecimento da provocação do Judiciário como elemento inerente à falta de cumprimento das obrigações formais das instituições e do Estado para com a população. Enquanto o exercício participativo da cidadania, dada a tradição brasileira, na história da participação popular, apresenta uma trajetória incipiente, com momentos de emergência e de refluxo, quando da ocorrência de contextos de períodos autoritários que, via de regra, culminaram com o cerceamento de direitos

---

[40] Nesse aspecto, o Relatório do Seminário de Gestão Estratégica do I Encontro dos Juizados Especiais Federais explicita em sua visão "ser um instrumento de pacificação social capaz de provocar mudança de comportamento da sociedade, de forma a estimular o cumprimento voluntário das próprias obrigações e o respeito ao direito do próximo, contribuindo para a recuperação da imagem do Poder Judiciário e para o resgate da cidadania". (INDG, 2005)

políticos e civis. Com isso, percebe-se um componente muito importante: a falta da cultura participativa.

Dessa forma, não é simples a retomada na arena democrática da participação popular, o que torna extremamente bem-vinda e necessária a existência de uma esfera de reivindicação de direitos negados – negação, por sinal, quase sistemática. A discussão da judicialização não reducionista, taxada como um problema, mas sendo, na verdade, o resultado de problemas maiores, traz à tona situações de profundo desrespeito à dignidade da pessoa humana, conceito fundamental do Estado Democrático de Direito. Essas situações se apresentam individualmente ao Poder Judiciário, mas demandam decisões e ações concretas no sentido de garantia efetiva da materialização das políticas públicas.[41]

É preciso também pensar que as restrições e limitações de recursos que afetam outras áreas e instituições acabam por influenciar a estruturação do Poder Judiciário,[42] e no caso do Judiciário Federal fica mais patente já que, embora seja uma instituição em franca expansão, com a realização de concursos públicos bastante frequentes e com quadro de servidores jovens e especializados, a Justiça Federal também se ressente da retração do Estado em virtude do ideário neoliberal. Com uma realidade de restrição moldada por um cenário mais amplo de restrição da ação do Estado, percebe-se porque a Justiça Federal possui quadro tão restrito de assistentes sociais. Embora não se possa pensar somente no aspecto do reconhecimento das potencialidades do assistente social para assessorar nas demandas que envolvem políticas públicas, é certo pensar que esse também é um elemento importante aliado à questão orçamentária que limita a perspectiva de ampliação desse poder.

O universo formado pela judicialização das relações sociais e da política num contexto de retração estatal diante de imposições econômicas aponta questões muito importantes, marcadas pela contradição e pela relação perversa com o público-alvo das políticas públicas. É que chama a atenção de forma incisiva nos casos que envolvem a Seguridade Social, no Atendimento dos Juizados, nas intervenções realizadas pelo Serviço Social: a possibilidade de atendimento aos requerentes dentro da rotina institucional. Impressiona o número de encaminhamentos que logram êxito com esse dispositivo: 62% dos casos encaminhados são resolvidos sem que haja necessidade de provocação ao Poder Judiciário.

Sobre a cultura institucional brasileira, arraigada em práticas autoritárias, apesar da existência formal do Estado de Direito e das garantias constitucionais de acesso à informação referente ao cidadão, causa espécie a quantidade de pessoas que têm negado esse direito básico justamente pelos órgãos públicos. São essas práticas meramente relacionadas aos agentes ou a uma postura mais ampla? Sua existência e superação quando há um terceiro elemento intervindo na relação entre o sujeito e a instituição pode apontar o quanto ainda é preciso superar para a consolidação de

---

[41] SILVA, R. P. M. da. É a reserva do possível um limite à intervenção jurisdicional? *Revista de Direito Administrativo Contemporâneo*, ano 1, v. 2, set./out. 2013.
[42] Para o ano de 2016, o orçamento proposto na Lei de Diretrizes Orçamentárias sofreu corte de 50% diante da iniciativa do Governo Federal de privilegiar as determinações econômicas de superávit primário.

práticas mais éticas e garantidoras de direitos no serviço público. No entanto, é preciso problematizar a necessidade de uma mediação quando se trata de política pública e de direitos já consagrados em lei, porque não é concebível deslocar a lógica da impessoalidade e do acesso universal para mecanismos que, de certa forma, tutelam cidadãos em busca da garantia de seus direitos. Se a experiência prática do Serviço Social mostra que há recursos que poderiam ser acessados pela via da rotina institucional já estabelecida, é importante que essa via seja fortalecida, assim como urge criar e fortalecer uma cultura de participação popular no controle social com respectivo respeito pelo legislador das diretrizes apontadas pelas esferas de avaliação, elaboração e controle das políticas. Talvez seja essa a direção para minimizar os efeitos deletérios da retração dos direitos sociais e da judicialização da política.

Capítulo 8

Instrumentos técnico-operativos do Serviço Social na justiça

Introdução

Foi trazida, nos capítulos anteriores deste livro, a problematização da realidade que descreve e reflete a atuação dos assistentes sociais no Poder Judiciário Brasileiro. Neste capítulo, então, a proposta será abordar a dimensão técnico-operativa, com ênfase sobre a instrumentalidade do Serviço Social no Poder Judiciário.

Assim, será apresentada uma breve estrutura de diversos instrumentos utilizados pelos assistentes sociais, de forma a facilitar sua elaboração e utilização no cotidiano da prática profissional.

Embora sua apresentação seja genérica, é preciso lembrar que cada espaço ocupacional demandará dos assistentes sociais particularidades que deverão ser alinhadas, avaliadas e encaminhadas em pleno acordo com o projeto ético-político da categoria. Essa é uma tarefa cotidiana que exige compromisso, estudo, esforço e, obviamente, embate.

A prática do assistente social é traduzida no cotidiano por manifestações técnicas a respeito de sua atuação. Assim, as questões referentes aos usuários, benefícios, rotinas institucionais, políticas e suas nuances e outros aspectos da realidade serão apresentados na forma de variados documentos.[1]

Essa necessidade, cada vez mais premente na atualidade, relaciona-se a dois aspectos fundamentais: o primeiro diz respeito ao aprofundamento da questão social que

---

[1] MAGALHÃES, S. M. *Avaliação e linguagem*: relatórios, laudos e pareceres. 2. ed. São Paulo: Veras, 2006.

demanda de instituições e profissionais respostas para a superação dessa realidade. A segunda vem na esteira da anterior e se constitui na necessidade de construção sistemática e de aprimoramento constante dos meios para intervenção de acordo com o projeto ético-político, conforme nos lembra Eunice Fávero.[2]

A preocupação com a construção de uma prática ética e comprometida com o interesse das classes trabalhadoras é, assim, o fio condutor da recém-redescoberta discussão de instrumentos técnico-operativos do Serviço Social. Uma demanda que cresce a cada dia com a requisição cada vez maior não só dos estudantes nos campos de estágio, mas também de profissionais comprometidos com uma atuação qualificada.

Destacam-se quesitos importantes para construção de uma prática emancipatória, conjugando respeito, compreensão da realidade e acolhimento do usuário com a apropriação adequada do instrumental técnico que, abolida sua utilização acrítica, se torna um importante elemento no desvelar da realidade social.[3]

> A crescente demanda pela manifestação técnica do assistente social, em um momento que antigas posturas de controle e autoritarismo são revisitadas e reconfiguradas, chamou a atenção do Conjunto CFESS-CRESS, responsável pela regulamentação e fiscalização da prática profissional dos assistentes sociais. Várias resoluções importantes foram editadas para orientação dos profissionais e regulamentação de práticas como a elaboração de documentos conjuntos e a atuação do assistente social na qualidade de perito judicial.

Todas as atividades previstas no art. 4º da Lei de Regulamentação da profissão de Assistente Social requerem um domínio sobre estudos, assessorias, planejamento e pesquisas. Na sequência, ao estabelecer as atribuições privativas do profissional de Serviço Social, todas as atividades demandam não só o estudo constante, mas, também, uma organização que tem relação direta com a construção e uso de instrumentais adequados.[4]

Assim, se a linguagem é o instrumento básico do assistente social, como sinaliza[5] Iamamoto, sua expressão se dará por meio dos instrumentos e diversos documentos elaborados no cotidiano da prática profissional. Os primeiros documentos que embasam a atuação do assistente social são aqueles que compõem o conjunto de leis e regulamentos profissionais.[6] No entanto, a linguagem é um instrumento privilegiado não somente para assistentes sociais, mas para qualquer profissional que foque sua intervenção das relações sociais.[7]

---

[2] CFESS (orgs.). *O estudo social em perícias, laudos e pareceres técnicos:* contribuição ao debate no Judiciário, penitenciário e na Previdência Social. São Paulo: Cortez, 2004. p. 10.
[3] MAGALHÃES, 2006. p. 18.
[4] A Lei de Regulamentação da profissão (lei federal n. 8.662/93) e o Código de Ética Profissional do Assistente Social são as principais normas que embasarão o conjunto de regulamentos da atuação profissional.
[5] IAMAMOTO, M. V.; CARVALHO, R. de. *Relações sociais e Serviço Social no Brasil.* São Paulo: Cortez, 1996. p. 88.
[6] O CRESS-RJ edita com regularidade, e há algum tempo, a sua famosa Coletânea de Leis e Resoluções. Além disso, o Conselho Federal de Serviço Social (CFESS), por meio de intensos debates com a categoria de todo o país, edita resoluções que orientam e buscam a constante qualidade e alinhamento da ação profissional às demandas da realidade.
[7] MAGALHÃES, 2006, p. 11.

A legislação que regulamenta a prática do assistente social, legitimando-a, resguarda seus arquivos e documentos para garantir o sigilo profissional, importante instrumento de proteção ao usuário.[8]

Assim, o principal instrumento do assistente social é o arcabouço legal, composto pela legislação, além das regulamentações expedidas pelo Conjunto CFESS-CRESS, instituições fundamentais para a garantia de uma prática profissional voltada aos interesses da população usuária.

No universo dos instrumentos utilizados pelo assistente social, outros, mais comuns e muito utilizados, são lembrados: entrevista social, dinâmicas de grupo, reuniões, assembleias, visitas domiciliares e institucionais, relatórios, bancos de dados, bancos de recursos, prontuários, laudos e pareceres que muitas vezes expressarão o resultado de um estudo social ou de perícia social. Alguns desses instrumentos serão descritos adiante.[9]

Para o Conselho Federal de Serviço Social,

> o Serviço Social, historicamente, atua nas múltiplas refrações da questão social, conformadas na ordem social contemporânea e seus procedimentos técnicos são instrumentais vinculados a uma intencionalidade, que extrapola a requisição institucional, cuja demanda nos é colocada sem lapidação teórica e ético-política. Só a competência do (a) profissional pelo conhecimento teórico-político é capaz de decifrar seu significado.[10]

Atualmente existe uma demanda crescente de estudantes e profissionais pela discussão metodológica de instrumentos técnico-operativos do Serviço Social. Todos os anos, espera-se com grande expectativa pela oferta de minicursos, seminários e palestras que tragam esse debate. É interessante observar que foram autores relacionados ao sociojurídico que sistematizam o tema, dessa vez com a orientação crítica balizando o debate.

Essa demanda se relaciona com uma também crescente procura pelo trabalho técnico especializado do assistente social para subsidiar decisões em diversas instituições. O sociojurídico tem se constituído, no momento atual, em uma área em expansão, e com o surgimento de novas instituições, a procura pelo trabalho do assistente social tem aumentado, incluindo o seu recrutamento nas instituições tradicionais da área de segurança pública.[11]

Discutir os principais elementos utilizados pelo assistente social em sua prática profissional é importante na medida em que instrumentaliza o profissional garantindo

---

[8] Marilda Iamamoto considera que a regulamentação profissional por meio de norma legal constitui a lei como instrumento, apontando esse fato como um elemento resultante da mobilização da categoria, como avanço histórico ao articular os elementos que constituem o projeto ético-político.
[9] Autores como Sousa, Dahmer, Fávero e Magalhães são referências importantes sobre o tema.
[10] CFESS. *Atribuições privativas do/a Assistente Social em questão*. 1. ed. ampliada, 2012, p. 30. Disponível em: <http://www.cfess.org.br/arquivos/atribuicoes2012-completo.pdf>. Acesso em: 8 ago. 2016.
[11] Recentemente as polícias militares e as forças armadas foram reconhecidas como integrantes do sociojurídico.

a qualidade dos serviços prestados à população e, principalmente, reforçando a autonomia profissional na escolha daqueles instrumentos mais adequados para a realização de seu trabalho.

Não se trata aqui de mera instrumentalização para a elaboração de relatórios, laudos ou pareceres, nem de constituir mero entrevistador. A proposta é iniciar uma discussão, apresentando diversos instrumentos, com suas principais utilizações, e refletir sobre os objetivos de cada um e as possibilidades e limites do instrumental técnico para compreensão e explicitação de uma análise técnica, fundamentada sobre a realidade social, sempre buscando o referencial teórico para embasamento da análise técnica.

Há uma relação direta entre o uso, a construção dos instrumentos e a elaboração dos documentos finais com a escolha da direção ético-política dos profissionais, que embasará as considerações qualitativas[12] que figurarão nos documentos e que levarão a determinados resultados. Porém, para que as considerações sejam realmente qualitativas, a fundamentação teórica, tanto como a aproximação com a realidade estudada, é fundamental.

Portanto, uma descrição instrumental sobre os documentos do Serviço Social, principalmente os mais requisitados durante a intervenção e o estudo social, deve ser feita, articulando a fundamentação teórica do fazer profissional e as possibilidades e limites dos instrumentos técnicos utilizados pelo assistente social. Assim, embora o objetivo deste capítulo seja instrumental, é importante rever a história da relação do Serviço Social com seus instrumentos técnico-operativos e a necessidade da crítica incisiva realizada durante o período da Reconceituação.

8.1 Uma trajetória crítica sobre a técnica instrumental

Ao identificar a técnica com o aparato burocrático ideológico específico do modo de produção capitalista, o movimento crítico que construiu a Reconceituação considerou o uso da técnica e de seus instrumentos como recurso a serviço da manutenção da ordem hegemônica. Não estavam equivocados. Naquele momento histórico, era fundamental o reconhecimento dos modelos de dominação e a necessidade de ruptura.

O Serviço Social se constituiu enquanto profissão dentro da ordem capitalista e seu surgimento está intimamente relacionado à legitimação do modo de produção do capital. Apesar dos avanços na elaboração de uma intervenção crítica, alinhada aos interesses das classes trabalhadoras, sua condição inicial de parte do aparato burocrático-ideológico[13] permanece, uma vez que as condições que o demandaram são mantidas. Dessa forma, a localização de seu processo de trabalho se dá no interior de contextos institucionais específicos.

---

[12] Por considerações qualitativas entendemos aquelas que desvelam a realidade dos sujeitos envolvidos no estudo social, ultrapassando a mera observação, buscando refletir sobre os condicionantes sociais que influenciam a vida destas pessoas. Trata-se de uma perspectiva comprometida ética e politicamente com os usuários e que rompe com a descrição pura e simples.

[13] IAMAMOTO, M. V.; CARVALHO, R. de. *Relações sociais e Serviço Social no Brasil*. São Paulo: Cortez, 1996. p. 105.

O assistente social é um profissional eminentemente assalariado. A condição de assalariamento demanda a constituição de compromisso consciente com as classes trabalhadoras às quais integra e também oferece os mesmos aspectos de pressão, precarização e insegurança no mundo do trabalho em contexto neoliberal.

A natureza da profissão é interventiva, assim, o desafio posto aos profissionais é a articulação da prática que exige respostas imediatas às expressões materiais da questão social e que demandam conhecimentos específicos sobre políticas, instituições, bens e serviços, entre outros.[14] Além disso, em sua trajetória houve a necessidade de superação de conceitos e posturas que entendiam a atuação profissional como neutra por ser baseada na técnica.

Tal noção de neutralidade técnica foi rechaçada em virtude de sua própria falácia: os sujeitos são políticos, exercem sua prática com sua visão de mundo e têm um compromisso ético em todas as esferas da vida. Assim, independente de consciência, há uma diretriz ética no comportamento humano que, associada a uma visão política, direciona suas atitudes diante da vida e do mundo.

Não há como falar em neutralidade, e reconhecer essa impossibilidade permite redirecionar a categoria para os interesses da classe trabalhadora. Foi necessário romper com a noção da pseudoneutralidade política e construir um direcionamento voltado para a construção efetiva de uma competência ético-política, expressa fundamentalmente pelo projeto ético-político do Serviço Social.[15]

Outro aspecto fundamental é a consolidação da competência teórico-metodológica dos profissionais, partindo do pressuposto de que o profissional precisa se qualificar para conhecer a realidade. Por fim, o conhecimento, a apropriação e a criação do conjunto de habilidades técnicas do assistente social completam o grupo de competências necessárias para o exercício profissional. É na articulação das competências ético-política, teórico-metodológica e técnico-operativa que se constrói um fazer profissional aliado aos interesses da população usuária.[16]

As adversidades postas pela realidade institucional fazem o profissional se deparar com desafios que demandam esforço em sua superação. São questões que se fundam nas rotinas e culturas institucionais que, a princípio, parecem arraigadas ou universalizadas, e sempre trazem a marca do fatalismo.

Assim, a repetição do trabalho, sem um conhecimento ou reconhecimento dos resultados imediatos ou futuros,[17] constitui-se em parte dos vícios induzidos pelo

---

[14] Charles Toniolo de Sousa assim define: "o Serviço Social surge na história como uma profissão fundamentalmente interventiva, isto é, que visa produzir mudanças no cotidiano da vida social das populações atendidas – os usuários do Serviço Social. Assim, a dimensão prática (técnico-operativa) tende a ser objeto privilegiado de estudos no âmbito da profissão". (SOUSA, 2008)

[15] SOUSA, C. T. A prática do assistente social: conhecimento, instrumentalidade e intervenção profissional. In: *Emancipação*, Ponta Grossa, v. 8, n. 1, p. 119-132, 2008. Disponível em: <http://www.uepg.br/emancipacao>. Acesso em: 6 nov. 2017.

[16] SOUSA, 2008.

[17] PEREIRA, T. M. D. Quando o camburão chega antes do SAMU: notas sobre os procedimentos técnico-operativos do Serviço Social. In: FORTI, V.; GUERRA, Y. (Orgs.). *Serviço Social*: temas, textos e contextos, nova coletânea de Serviço Social. Rio de Janeiro: Lumen Juris, 2010.

cotidiano.¹⁸ A atuação entorpecida por rotinas institucionais alienadas configura verdadeira armadilha, prendendo o profissional em uma atuação alienante, reduzida à mera execução de tarefas. Nesse caso, o que se tem é a redução da prática profissional ao prescrito, sem avaliação crítica e sem proposições que defendam o interesse dos usuários. Em suma, tem-se uma alienação institucional.

Da alienação institucional nascem a individualização e a criminalização da pobreza, a restrita responsabilização dos sujeitos por sua condição socioeconômica e a não visualização das responsabilidades do Estado na condução do bem-estar e da proteção social.

Assim, reduzida a prática, considera-se a realidade pelo aspecto micro de questões mais amplas que se retroalimentam e o universo maior em que a questão social é gestada acaba despercebido. Essa redução é conduzida por meio de uma burocracia fragmentada, articulada com o desconhecimento entre diferentes instâncias de um mesmo aparelho – a ignorância dos fins institucionais sem os quais não se consegue planejar e avaliar a execução de políticas e intervenções.¹⁹

A limitação do trabalho ao demandado, ao prescrito institucionalmente, promove o distanciamento dos interesses dos usuários e do próprio projeto e acaba formando um círculo vicioso de fazer pelo fazer, sem crítica e sem possibilidade de superação. O senso comum institucional é também um elemento desafiador para o assistente social, uma vez que, aliado à banalização da rotina, desemboca na repetição das ações e da repetição por si.

Além disso, observa-se que a violência institucional, muitas vezes banalizada no senso comum, deita suas raízes na criminalização da pobreza, e na retificação de práticas autoritárias – outro desafio de grande porte para qualquer profissional que atua com as instituições do sociojurídico.

Resistir às armadilhas do cotidiano institucional, reafirmando o compromisso com o projeto ético-político firmado pela categoria é o primeiro e mais importante passo para a construção de uma prática profissional alinhada aos interesses legítimos dos usuários do Serviço Social em qualquer espaço ou instituição.

8.2 Informações sobre o público-alvo da intervenção profissional

A sistematização crítica da prática profissional permite não só a organização do processo de trabalho, mas contribui de forma imprescindível para a construção da história do Serviço Social em determinada política ou instituição.

A constituição de uma base de dados, por meio dos registros e arquivos do Serviço Social, deve ser o ponto de partida para a avaliação profissional, apontando os

---

¹⁸ MAGALHÃES, 2006.
¹⁹ MAGALHÃES, 2006.

direcionamentos mais adequados e fundamentando os encaminhamentos possíveis para as equipes de trabalho e as instituições.

Constitui-se, então, como fonte de estudo histórico sobre a instituição, permitindo o resgate das histórias dos sujeitos, usuários das instituições, de forma a observar o impacto da atuação nas vidas deles ou de grupos inteiros. O registro das ações, suas avaliações e o devido arquivamento são importantes aspectos relacionados aos instrumentais e à documentação do Serviço Social. Sinaliza-se aqui a importância desses arquivos e documentos para a própria história profissional.

É imprescindível lembrar que cada área de atuação demandará a construção de instrumentos específicos, com características e dados que interessem naquele momento histórico. Isso implica a constante avaliação e aprimoramento de acordo com as demandas postas pela realidade.

Em todo trabalho do assistente social, é necessário que o arcabouço conceitual e teórico utilizado para fundamentar as análises seja construído com consistência. Nesse sentido, é fundamental a constante preocupação com a capacitação profissional que precisa se estender para além da formação acadêmica, sendo esse apenas o ponto de partida.

Não há receita ou instrumentos genéricos, mas há esboços apresentados aos profissionais de forma a orientar as equipes para construção de seus próprios instrumentos e métodos de aferição de acordo com a realidade em que atuam. Tais esboços são tão importantes quanto à construção dos instrumentos, pois consistem na qualificação ética e política de resguardar o sigilo profissional e garantir aos usuários o atendimento qualificado que necessitam. O ponto de partida sempre será a fundamentação teórica.

A seguir serão listados alguns dos instrumentos mais utilizados pelo Serviço Social, com uma breve discussão das de algumas questões a eles ligadas.

8.3 Instrumentos mais utilizados

8.3.1 Projeto de intervenção

O projeto de intervenção do Serviço Social, em qualquer área de atuação, é, talvez, o principal instrumento a ser elaborado pelo assistente social. Trata-se de uma proposta de trabalho com articulação teórico-metodológica, de acordo com a realidade institucional, que vai apontar as perspectivas, possibilidades e limites da atuação profissional.

É por meio do estudo para o desenvolvimento do projeto de intervenção que o assistente social vai lapidar sua demanda e qualificar sua atuação. Trata-se de um grande desafio na atualidade de gestões centralizadoras e homogeneizantes de políticas, mas é um importante instrumento para proteção e resguardo dos interesses da população e garantia de seus direitos.

A proposta apresentada aqui é de uma estrutura básica, que deverá ser constituída e fundamentada de acordo com a realidade de cada espaço de atuação.

8.3.1.1 Apresentação

Deve-se descrever de maneira sucinta o que será apresentado, com uma exposição breve dos instrumentos utilizados para sua estruturação.

8.3.1.2 Histórico

O ponto de partida para a construção da história do Serviço Social na instituição é um aspecto significativo a ser observado. Aqui, é importante abordar como ocorreu a inserção do Serviço Social na respectiva instituição e se já havia atuação de profissionais. O alinhamento com as demandas apresentadas é o objeto dessa breve discussão que pretende ancorar junto com a apresentação a proposta a ser encaminhada.

8.3.1.3 Justificativa

É importante discutir quais demandas e desafios estão postos na realidade institucional e requerem a intervenção do assistente social.

8.3.1.4 Objetivo geral e objetivos específicos / eixos de trabalho

O tema deste tópico consiste em apresentar os principais trabalhos a serem desenvolvidos pelo Serviço Social, cujo caráter conjuntural deve ficar claro. Aqui, deve-se apontar o principal objetivo do projeto, o mais amplo, que para ser alcançado depende de outros específicos, definidos em outro tópico.

8.3.1.5 Ações programadas

Congrega identificação e breve descrição das atividades a serem desenvolvidas pela equipe de Serviço Social. As ações devem ser brevemente desmembradas em procedimentos, já que cada ação prevê alguns desdobramentos específicos e, dependendo da estrutura hierárquica, sua previsão garante a concretização dos objetivos a médio e longo prazo.

8.3.1.6 Avaliação

Projetos de qualquer natureza necessitam dispor de meios de avaliação para alinhamento com a realidade dos usuários. Assim, o projeto de intervenção deve contemplar um espaço para avaliação, utilizando os recursos institucionais e os meios mais adequados para as equipes envolvidas. O rigor metodológico é fundamental para a garantia de uma análise bem estruturada que esteja de acordo com a realidade dos usuários.

8.3.1.7 Recursos

É fundamental descrever quais recursos serão necessários para o desenvolvimento do projeto. O mais importante é garantir as condições éticas e técnicas do trabalho, a fim de viabilizar à população usuária dos serviços do assistente social um trabalho de qualidade, comprometido com o público-alvo.

8.3.2 Atendimento direto ou plantão social

O atendimento direto, normalmente efetuado no regime de plantão social, tem por objetivo o contato com as demandas espontâneas dos usuários. Via de regra, os usuários são encaminhados ao Serviço Social nas seguintes situações: quando o setor se localiza na porta de entrada das instituições para identificação e avaliação dos usuários e posterior inclusão na rotina institucional; quando há uma rotina de informação sobre a estrutura institucional que está sendo requerida; quando é o profissional responsável pela avaliação e identificação de públicos-alvo; quando da intervenção no diálogo entre usuários e os profissionais de outras áreas, numa perspectiva de chamada para a mediação de conflitos no cotidiano institucional e, por fim, quando ninguém mais na instituição sabe o que fazer com a demanda dirigida pelo usuário.

Nos dois últimos, o que impera na expectativa institucional é, além do desconhecimento sobre o trabalho do assistente social, uma demanda pela figura conciliadora que carrega consigo, contraditoriamente, o reforço à rotina institucional.

Em ambas as situações é preciso questionar o que realmente representa a atuação profissional e quais as reais possibilidades de intervenção do assistente social, já que na maioria esmagadora das vezes as possibilidades extrapolam em muito o imaginário institucional, devendo ser desveladas pelos assistentes sociais na construção de um projeto que, de fato, atenda aos interesses da população usuária.

Se nesses casos o assistente social é visto como o profissional da mediação de conflito imediata, o "ombro amigo" que escuta o usuário com maior dificuldade de comunicação e como tradutor para a instituição das demandas trazidas pela população, é preciso refletir sobre o significado dessas expectativas para romper com uma possível perspectiva irreal e limitadora da atuação técnica.

Não é possível menosprezar a intervenção num contexto em que a violação de direitos e de acesso às mais diversas políticas é a tônica nas culturas institucionais. É urgente que se discuta a violência institucional e o papel do assistente social em contextos institucionais autoritários.

No entanto, também é imperioso sinalizar a necessidade de construção de parcerias intra-institucionais, muitas vezes interdisciplinares, com o objetivo de viabilizar o atendimento de qualidade a todos que buscam a instituição, e fazer com que tal prática seja incorporada à cultura institucional – tarefa nada fácil dada à correlação de forças e que não pertence apenas a uma categoria profissional.

Assim, já o primeiro contato direto com o usuário traz por marca a tensão, que pode ser causada por violações as mais variadas de seus direitos de acesso a políticas, bens e serviços ou, num extremo mais radical, pode ser vincada pela violência urbana, mental ou emocional, além de também trazer a marca da expectativa do usuário por um profissional que escute de forma atenciosa suas questões e que possa viabilizar o acesso a direitos, bens e serviços sociais.

No atendimento direto, principalmente no primeiro atendimento, ocorre o que Charles Toniolo de Sousa[20] identifica como face a face, ou seja, momento da identificação da demanda e possível articulação com a política desenvolvida na área.

É preciso identificar, a partir da história de vida dos sujeitos que passam pelas instituições e seu contexto social mais amplo, o que desvelará as possíveis tensões e, a partir desse ponto, trabalhar, junto ao sujeito, as questões que o afetam, construindo estratégias de resolução possíveis.

As tensões aqui referidas dizem respeito desde a busca de um benefício até as situações vivenciadas nas áreas de saúde, passando por questões que envolvem o sistema penitenciário, o sistema socioeducativo e outras tantas.

Nesse primeiro contato, o usuário, via de regra, busca informações sobre formas de resolver as questões que o afligem e, por isso, chega carregado de ansiedade e, muitas vezes, irritação devido às violações sofridas no decorrer de sua trajetória até aquele momento.

O que se propõe é que a abordagem nesse primeiro contato valorize a escuta criteriosa, na medida em que é a forma mais adequada para assimilar as informações necessárias às providências posteriores.

Compreender a diferença entre o primeiro atendimento – que envolve a primeira aproximação – e uma entrevista mais estruturada, que demanda a coleta de dados mais direcionados, permite um trabalho mais articulado com a população, na medida em que somente após esse contato inicial será possível definir qual é o melhor instrumento para avaliação, ou intervenção junto aos sujeitos, bem como a possibilidade de mobilização para as tomadas de decisão nos encaminhamentos posteriores.

8.3.3 Entrevista

A entrevista em Serviço Social é o instrumento mais utilizado, sem sombra de dúvidas, e permite ao assistente social a coleta sistematizada de dados com o objetivo de organizar e estruturar sua intervenção e a produção de conhecimento sobre os usuários. Sua utilização depende da natureza da instituição e dos objetivos que a norteiam. Assim, é imprescindível que se solicite a anuência do entrevistado, explicando os objetivos da entrevista (se para subsidiar a emissão de documentos ou decisões institucionais; se para fundamentar pesquisas; se para avaliar atividades ou serviços etc.).

Pode ser do tipo aberto, com ampla liberdade para expressão dos usuários; semiaberta, mesclando questões mais objetivas e informações qualitativas mais relevantes, ou do tipo fechado, com instrumental totalmente objetivo, constituído por campos bem delimitados que não permitem interpretação livre.

---

[20] SOUSA, 2008.

A realização de uma entrevista social faz com que o profissional entre em contato, muitas vezes, com a intimidade de seus usuários, suas condições de vida e as questões que mais afetam sua vida. O cuidado em preservar o sigilo das informações, e de fazer com que a coleta desses dados tenha um efeito real no atendimento aos sujeitos que são submetidos a esse processo é de fundamental importância.

Também é importante assegurar que o arquivo que contém esses dados seja inviolável, de forma a garantir o compromisso ético do assistente social para com a população usuária. O sigilo é um direito do usuário e é dever do assistente social assegurá-lo.

Um dos elementos mais delicados na entrevista é a identificação dos lugares ocupados, tanto pelo entrevistador como pelo entrevistado. A relação que se estabelece traz sempre a marca de uma relação de poder, ainda que o profissional se disponha ao acolhimento do usuário. Reconhecer essa relação e se dispor a alcançar o sujeito entrevistado, construindo uma relação profissional baseada no respeito e na empatia, é o desafio posto na utilização desse instrumento.

8.3.4 Livros de registro de ocorrência, livros de plantão e livros de atas

Os livros de registro de ocorrência são tão antigos quanto às instituições e trazem a vantagem do maior controle de informações do cotidiano institucional. Podem se referir aos atendimentos, em locais onde a informatização ainda não está implantada e não se pode criar um banco de dados. Também é um instrumento muito utilizado para registro dos cotidianos dos serviços em locais onde o trabalho é ininterrupto e realizado por equipes diversas, servindo para registrar e informar sobre intercorrências em plantões e sobre a necessidade de providências para as equipes no início de cada turno de serviço.

O registro de atas de reuniões, assembleias e ocorrências permite documentar e formalizar decisões e encaminhamentos, bem como perenizar a história institucional.

8.3.5 Encaminhamentos

Na intervenção profissional, muitas vezes há a necessidade de direcionar o usuário para outros setores de uma mesma instituição ou de outros espaços. Nesses casos, o instrumento privilegiado é o encaminhamento.

O objetivo desse instrumento é fazer com que o usuário acesse serviços ou políticas que não são atendidas no local onde ele primeiro se dirigiu. De uma estruturação consistente, dependerão o acolhimento e a compreensão dos motivos que ensejaram o encaminhamento desse usuário.

O uso acrítico pode levar à banalização ou, de outro lado, à supervalorização, reforçando a burocracia e a tutela da população usuária e/ou simplesmente impedindo que sejam alcançados os objetivos traçados em sua elaboração.

Sua construção, em documentos específicos, sem maiores espaços para identificação dos motivos que ensejaram sua utilização restringe a eficiência e a eficácia e o torna apenas mais um elemento burocrático.

A proposta aqui é considerar a dificuldade de acesso imposta por várias culturas institucionais brasileiras e a dificuldade de acesso que muitas instituições apresentam para o público em geral.

Via de regra são mais prejudicados tanto os mais pobres como aqueles com menos anos de estudo (na maioria das vezes, essas condições estão estreitamente articuladas), o que impede, em alguma medida, maior capacidade de negociação. Dessa forma, o encaminhamento que contém, além da simples identificação do usuário e da instituição de origem (com respectiva identificação do profissional que encaminha), a breve descrição dos motivos que ensejaram a busca pela instituição destino tende a facilitar em grande medida o atendimento da demanda.

É comum, em algumas instituições, o uso de um pequeno formulário que traz apenas a identificação institucional do usuário, do profissional que está encaminhando e a identificação da instituição destinatária, com duas ou três linhas para informar o objetivo do encaminhamento.

Embora esse formato possa sugerir economia de recursos em papel e impressão, na maioria das vezes não há uma comunicação adequada para o destinatário dos motivos que engendraram o encaminhamento e, nesse caso, dificilmente haverá também formas de retorno, isto é, o famoso *feedback* das providências tomadas e da articulação para encaminhamentos posteriores de providências.

Assim, cabe indagar se esse formato é, realmente, o mais indicado para alcançar qualidade do trabalho e para resolutividade das questões apresentadas pelos usuários. Não se pode questionar sua legitimidade, mas os limites da estrutura desse documento podem levá-lo a constituir mais um elemento obsoleto da burocracia institucional que um instrumento útil ao projeto que se pretende desenvolver.

8.3.6 Relatórios

Muitos são os tipos de relatórios e sua constituição dependerá, assim como outros instrumentos, dos objetivos profissionais e institucionais. A seguir, será descrita, brevemente, a estrutura de três tipos de relatórios.

8.3.6.1 Relatório de atendimento

No relatório de atendimento, o objetivo é informar, a partir de atendimentos ou acompanhamentos, a realidade de usuários dos serviços, com uma breve análise da situação identificada, e as possibilidades de resolução para a situação. Devido às condições que norteiam sua elaboração, há limites metodológicos que precisam ser sinalizados para que não seja confundido com um laudo ou estudo mais aprofundado.

Geralmente é composto por uma folha de identificação que traz os dados da instituição/setor que o originam, a identificação do usuário e de sua família, se for o caso, um breve histórico, uma avaliação sucinta da situação atendida e um campo para observações ou sugestões.

A menos que seja circunstanciado, não caberá o fechamento com um parecer.

8.3.6.2 Relatório de atividades (periódico | mensal | anual)

Os relatórios de atividades são instrumentos importantes para informar às instâncias superiores de qualquer instituição sobre o trabalho desenvolvido nos setores, sinalizando não apenas os quantitativos de atendimentos e atividades desenvolvidas, mas também auxiliando no planejamento de atividades/melhorias necessárias e abrindo caminho para a realização de projetos. Ao formalizar as informações, garante-se o registro e o histórico dos setores/profissionais nas instituições.

Uma sugestão de estrutura pode se dar no seguinte modelo:

- **Identificação do setor.**
- **Descrição qualitativa e/ou quantitativa** dos atendimentos/serviços/atividades realizados.
- **Descrição sucinta dos projetos planejados para o período**, informando caso ocorra a inviabilidade de algum projeto programado com avaliação crítica sobre sua não concretização.
- **Informação sobre projetos não programados,** mas realizados (situação mais comum do que se pensa em instituições públicas).
- **Análise crítica** sobre as condições do período analisado, com avaliação e sugestões para novas atividades, sendo este último elemento fundamental para relatórios anuais, finalizados com perspectivas futuras e previsão de atividades/serviços.

8.3.6.3 Relatórios de encaminhamentos

Os relatórios de encaminhamento são elaborados quando há necessidade de se levar a outras instituições a situação atendida, com o objetivo de estabelecer parcerias ou de acolhimento da demanda. Nesses casos, para além de simples orientação/encaminhamento, deixando a cargo do usuário ou de sua família a busca pelos serviços sugeridos, o instrumento traz uma justificativa sintética dos motivos que ensejaram o encaminhamento, com informações de contatos da instituição de origem para futuro *feedback*.

Os relatórios de encaminhamento trazem:

- **A identificação da instituição de origem**, com nome, endereço, telefone de contato e setor emitente.
- **Nome, endereço, telefone e setor e/ou profissional** a que se destina o encaminhamento. Quesitos fundamentais e que definirão quais informações estarão contidas nesse documento.

- **A identificação do usuário**, seu endereço e telefone para contato.
- Uma breve **descrição do atendimento** realizado e das providências tomadas quanto ao caso.
- A **solicitação precisa** do que se deseja da instituição a que se está encaminhando. Por exemplo, "solicita-se a avaliação do caso para atendimento", que, embora genérica, pretende garantir a escuta do usuário.

8.3.6.4 Laudos sociais

O laudo social é um instrumento privativo do assistente social e se constitui como produto final do processo de estudo social realizado por um perito em Serviço Social. Ou seja, por natureza, todo assistente social é perito, já que detém o conhecimento especializado em Serviço Social. Se o assistente social for nomeado por um juiz para realizar estudo social ou perícia, ele será automaticamente considerado perito judicial.

A perícia em Serviço Social tem crescido na medida em que aumentam as mazelas da questão social e na medida em que o Poder Judiciário se vê obrigado a atender parcelas da população em busca de políticas e serviços sociais. Com o crescimento da demanda, muitas questões têm surgido, tais como: a responsabilidade das custas referentes aos peritos, o quantitativo das equipes técnicas nas Varas e Juizados e a utilização do trabalho de assistentes sociais lotados em Secretarias Municipais de Assistência e outros órgãos públicos, constituindo apenas uma tarefa (pesada) a mais na rotina desses trabalhadores, ou seja, nem sempre com retorno financeiro de um trabalho técnico especializado.

São questões que demandam a organização política dos trabalhadores do Serviço Social na defesa de uma atuação ética, qualificada e comprometida com os usuários de seus serviços.

Cabe lembrar que o fenômeno da judicialização da política social tem apontado para um ativismo judicial que, uma vez alinhado a princípios constitucionais de dignidade humana, acessibilidade e proteção social, faz com que decisões configurem em jurisprudência a favor da população. Alguns dados apontam para uma subversão do chamado "direito positivo", aquele que se limita ao frio exame dos textos legais.

Tal realidade só é possível ao se considerar o papel dos movimentos sociais e a atuação de profissionais que desvelam a questão social e seus rebatimentos. Nesse sentido, o papel do assistente social é de fundamental importância, uma vez que o laudo oferece elementos de base social para a tomada de decisão, principalmente nos casos que envolvam direitos sociais.[21]

Proposta de estrutura do laudo social

A construção do laudo depende primeiramente da metodologia escolhida para a construção do estudo social e o objeto específico a ser analisado durante o estudo.

---

[21] REIS, J. F. dos. N*os caminhos da judicialização*: um estudo sobre a demanda judicial pelo Benefício da Prestação Continuada. Dissertação (Mestrado em Política Social), Universidade Federal Fluminense, Rio de Janeiro, 2010.

Alguns elementos como os que são listados a seguir podem ser importantes para avaliação das condições de vida dos sujeitos envolvidos na perícia social. Via de regra, esses sujeitos são denominados periciandos.

No entanto, é preciso ressaltar a importância do apuramento metodológico e ético, pois tem crescido substancialmente o número de denúncias éticas nos conselhos regionais em virtude de duas situações opostas, mas comuns: de um lado, a imperícia na condução do estudo social e na elaboração do laudo técnico; de outro, a insatisfação dos periciandos com as conclusões técnicas a que chegaram os peritos.

Conteúdo do laudo

Possui uma estrutura geralmente constituída por:

- **Introdução**

    Indica a demanda judicial, o processo a que se refere e os objetivos. Esse elemento também traz a identificação do perito assistente social, seu número de registro no Conselho Regional da Região, onde mora e onde realiza o trabalho.

- **Identificação dos sujeitos envolvidos**

    Quem é o indivíduo a quem se refere o laudo, como se estrutura sua família, quais possíveis redes de solidariedade o amparam (família, amigos etc.). Cabe aqui uma identificação mais formal, com o relato dos seus documentos e alguns detalhes mais importantes a serem destacados.

- **Metodologia**

    Quais instrumentos e metodologia foram selecionados para conhecer a história dos sujeitos envolvidos e se houve consulta documental – deixando claro a especificidade, os limites da profissão e os objetivos do estudo.

- **Análise da construção histórica da questão estudada**

    É preciso apresentar as referências conceituais que embasarão a análise da realidade avaliada no estudo social. Por exemplo, qual é o conceito de família considerado. Embora se trate de uma revisão histórica, deve ser breve e apresentar uma fundamentação teórica.

- **Avaliação técnica do Assistente Social**

    Embora aparentemente se confunda com a primeira, e também requeira uma breve fundamentação teórica, esse item se constitui pelo apontamento de conclusões ou indicativos de alternativas do ponto de vista do Serviço Social, isto é, o posicionamento profissional frente à questão em estudo, correlacionando com as refrações da questão social a que se relacionam. É importante que seja conclusivo, com indicações de alternativas, do ponto de vista do Serviço Social, e que expresse o posicionamento de quem o elabora.[22]

- **Quesitos**

Indagações e questões apresentadas pelas partes (envolvidos no processo) ou pelo juiz. É importante o cuidado com os quesitos, pois requerem do perito que se tenha clareza metodológica a fim de distingui-los – referentes às condições de vida social e material dos sujeitos estudados – de meros requerimentos de procedimentos, os quais muitas vezes não são avaliados pelo assistente social como adequados ou necessários. Essa distinção é fundamental para que não haja interferência direta na metodologia, além de resguardar a autonomia profissional prevista na lei de regulamentação da profissão e no Código de Ética.

O principal ponto a ser respeitado nesse item é a dignidade do sujeito a quem se dirige a perícia: há que se respeitar o espaço do periciando e suas condições de vida.

- **Parecer**

O parecer faz parte do encerramento do laudo,[23] assim como a conclusão. É a opinião técnica do assistente social, a manifestação de sua avaliação após a realização do estudo social e traz sua consideração sobre o objeto do estudo social, ratificando a avaliação realizada.

- **Conclusão**

A conclusão pode ser breve e deve conter considerações sobre o que foi analisado, para depois redundar no parecer técnico. A avaliação resulta num parecer não determinista e, portanto, reflete observações e impressões do ponto de vista de um conhecimento específico, em determinado momento e em dadas circunstâncias.[24]

Com relação ao laudo, Fávero observa que esse "deve ser documentado por meio de registros diversos e permanecer devidamente arquivado no espaço de trabalho do profissional".[25] Para a autora, ao construir um laudo técnico ultrapassa-se o simples fazer profissional para um saber técnico próprio da profissão afeita à área de estudo. Isso porque o saber que o fundamenta integra estudo, experiência e pesquisa de campo, constituindo um conhecimento científico que foge ao senso comum.[26]

---

[22] Sinaliza-se aqui que o posicionamento profissional referido não é a respeito da decisão a ser tomada em si, de competência da autoridade que requisitou o laudo, mas deve se restringir ao objeto de trabalho e estudo do assistente social.

[23] Mas não somente, o parecer pode constituir parte de um relatório de acompanhamento, ou encaminhamento, ou ainda ser incorporado ao prontuário de um sujeito em situação de internação. Isso vai depender da demanda apresentada aos profissionais, mas em todas as situações o parecer é a parte final de um estudo realizado pelo assistente social. Ele não surge do nada, pois sua elaboração depende de uma aproximação mais detalhada com as condições de vida dos usuários dos serviços.

[24] MAGALHÃES, 2006, p. 81-84.

[25] CFESS, 2004, p. 45-46.

[26] CFESS, 2004, p. 29.

8.3.6.5 Parecer social

O parecer social é sempre o subproduto de um estudo, mesmo que breve. Ele integra a estrutura de relatórios de acompanhamento, manifestações técnicas diversas e laudos sociais.

O parecer social, segundo Fávero, "diz respeito a esclarecimentos e análises, com base em conhecimento específico do Serviço Social, a uma questão ou questões relacionadas a decisões a serem tomadas".[27]

O parecer não deve ser prolixo, mas objetivo na exposição e na apresentação da avaliação técnica, focando na apresentação dos motivos que ensejaram sua elaboração, com fundamentação teórica, ética e técnica. Embora se trate de um documento breve, sua elaboração depende de estudo prévio para que possa justificar as manifestações e conclusões apresentadas pelo profissional.

Muito requisitado não só na esfera do Poder Judiciário, mas também em diversas instituições públicas, o parecer social configura a conclusão de estudo social ou de laudo social. É também muito requisitado em consulta de instâncias superiores de diversas instituições.[28]

8.3.6.6 Banco de recursos

Esse é, talvez, um dos mais antigos instrumentos utilizados pelos profissionais, muito antes da constituição da concepção de trabalho em rede. O banco de recursos, que em muitas instituições públicas ainda é organizado em livros, fichários ou arquivos próprios, nada mais é do que a compilação de instituições, recursos disponíveis na comunidade e no setor público, com vistas ao encaminhamento de usuários. Além dos dados de identificação das instituições (endereço, telefone e tipo de serviços prestados), esse instrumento também deve conter as portas de entrada e condicionalidades para atendimento. É absolutamente necessário que se faça o monitoramento e as atualizações das informações nele contidas.

8.3.6.7 Perfil dos usuários e pesquisas

O contato diário com determinada população permite a catalogação de dados referentes às condições de vida dos usuários, constituindo estudo importantíssimo para o alinhamento das ações profissionais/institucionais à realidade da comunidade atendida. Quem são as pessoas que buscam os serviços prestados pelos profissionais? Onde moram? Quais redes de solidariedade contam em sua organização? Quais outras questões são relevantes? E a principal: Há necessidade de readequar a atuação institucional para atender de fato às suas demandas?

O levantamento de perfil de usuários permite o realinhamento de atividades e serviços para que ofereçam maior qualidade e melhor adequação às necessidades do público a que se destina.

---

[27] CFESS, 2004, p. 47.
[28] CFESS, 2004, p. 46-47.

8.3.6.8 Plano de estágio

Das diversas atividades privativas do assistente social, a supervisão de estagiários é uma das mais delicadas e integra a prática profissional com a formação acadêmica.

Sendo imprescindível para a conclusão do curso de Serviço Social, o estágio tem de ser diretamente supervisionado por um assistente social formado e com registro regular no Conselho Regional de Serviço Social.

Receber um estagiário permite contribuir para a formação de outro profissional e também aproxima o assistente social da academia. É uma excelente oportunidade de articulação teoria-prática e requer que os supervisores acadêmicos também se aproximem dos espaços de atuação dos estagiários.

O projeto de estágio é um instrumento indispensável para organizar as atividades e pré-requisito para a recepção de estagiários e elaboração de convênios com unidades acadêmicas.

Abaixo, é apresentado um exemplo de estrutura básica utilizado pelo Serviço Social na Justiça Federal da Segunda Região, contendo:

- **Introdução**

  Apresentação do trabalho na instituição e das questões postas no cotidiano do espaço para o Serviço Social.

- **Justificativa e problematização do tema**

  Como todo projeto, é importante fazer a justificativa do interesse em receber o estagiário, com os possíveis impactos para a instituição, sinalizar a condição de pessoa em processo de formação profissional e resguardar os aspectos éticos e técnicos que envolvem as atividades de estágio.

- **Objetivos gerais**

  Objetivos específicos

  Devem ser descritos de acordo com os prazos para sua execução:
  - **Em curto prazo (exemplo)**
    1. Desenvolvimento de atividades nas áreas de atuação do Serviço Social.
    2. Observação da atuação profissional.
    3. Identificação e utilização do instrumental técnico-operativo.
  - **A médio prazo (exemplo)**
    1. Análise institucional.
    2. Avaliação das possibilidades e limites da atuação profissional.
  - **A longo prazo (exemplo)**
    1. Elaboração de projeto, sob supervisão direta, a ser implementado na instituição.

- **Metodologia**

    Definição das atividades e métodos de atuação, supervisão e avaliação previstos para o semestre. A cada período acadêmico em que se encontra o estudante, é necessário atualizar o projeto de estágio, adequando as atividades propostas ao desenvolvimento acadêmico do estagiário.

- **Conteúdo programático e bibliografia**

    Ementa construída com base na bibliografia selecionada pela supervisora de campo para discussão.

    As disciplinas de estágio trazem referenciais teóricos importantes, mas genéricos sobre determinadas áreas de concentração, principalmente no campo sociojurídico, por sua especificidade. É fundamental que os supervisores de campo selecionem textos que se aproximem das realidades vivenciadas com o objetivo de instrumentalizar a discussão dos estagiários, articulando sua prática à discussão temática.

- **Avaliação**

    Os métodos e instrumentos de avaliação do estagiário devem ser definidos em conjunto com o aluno e com a unidade acadêmica por meio de contato com o supervisor acadêmico. Via de regra, as instituições públicas possuem instrumentos próprios de avaliação de estagiários, assim como as unidades acadêmicas que solicitam aos profissionais o encaminhamento de instrumentos de avaliação da atuação do estudante.

8.4 Cuidados éticos em pesquisa

A utilização de qualquer instrumento na prática profissional, assim como a elaboração das análises a partir do contato com a vida dos usuários, requer não só a competência técnica, teórica e metodológica, mas implica, antes de mais nada, o exercício ético da profissão e a compreensão da multiplicidade de determinações sociais e das expressões assumidas pela questão social. Eunice Fávero alerta com muita propriedade:

> como qualquer outra documentação no âmbito da profissão, os princípios éticos devem guiar a escolha do que é pertinente ou não de se registrar em documentos que permanecem em prontuário próprio do Serviço Social, e naqueles que serão expostos à análise de outro agente, ou que poderão vir à público. Em processos judiciais ou administrativos que, nestes casos, são de público conhecimento, uma vez que serão expostos à análise de outro agente, ou que poderão vir a público.[29]

---

[29] CFESS, 2004, p. 44-45.

Considerações finais

As mudanças trazidas pela centralidade do Poder Judiciário expressam grandes desafios, principalmente quanto à garantia da institucionalidade democrática. Defender as regras do jogo, ampliar o acesso aos pobres, integrar-se aos órgãos de defesa da cidadania, nada disso parece simples, ainda mais se considerar a extrema desigualdade social e os efeitos desastrosos da crise do capitalismo sobre as políticas sociais. Nesse contexto, fazer com que o Poder Judiciário avance na defesa dos direitos definidos na Constituição Federal de 1988 parece um trabalho praticamente intransponível. O risco a que a sociedade é exposta é grave, pois caso não consiga garantir os direitos à promoção social, esse Poder pode chegar a ser o contrário do que se pretendia, aprofundando o controle de tal forma que o direito pode servir apenas como referência para a punição dos indivíduos da classe trabalhadora. É nesse sentido que tais mudanças despertam interesse ao profissional de Serviço Social, que tem atuado nas varas, juizados e até mesmo em outras instituições, empregando procedimentos judiciais e recorrendo à autoridade da justiça, como acontece nos conselhos tutelares, nos CREAS, nas delegacias etc.

A formação de uma nova institucionalidade nas políticas sociais se constitui como uma particularidade no movimento do capital. Todas as instituições, portanto, são afetadas nesse processo de mudanças institucionais que atingem fortemente os mecanismos de integração que proporcionaram a reprodução social, gerada a partir da articulação entre a produção e o consumo. O desacoplamento dos direitos sociais do mundo da produção, ao contrário do que se esperava, não significou a ampliação da cidadania. Pelo contrário, mesmo o sujeito que trabalha pode não ter direito à proteção social, caso seu contrato seja muito flexível.

Os contratos flexíveis significam cada vez mais a subtração da cidadania. Quanto mais os direitos sociais forem esvaziados de substância, tornando-se uma realidade tangível sob certas condições, e não uma garantia constitucional que compete o Estado efetivar, maiores serão nesse país as violações contra os direitos humanos e os riscos contra a democracia.

A perspectiva marxista que aqui se seguiu como ponto de partida para uma breve crítica do Direito não se recusa a considerar os avanços das conquistas sociais para a classe trabalhadora. No entanto, reconhece suas limitações e adverte para a problemática da legalidade no Brasil, no contexto de grave crise do capitalismo e de aumento geral da desigualdade social.

Considerando um passado marcado pela repressão e submissão da classe trabalhadora ao poder do Estado, conhecer a trajetória do Poder Judiciário contribui na medida em que serve como indicação da sua capacidade em defender a democracia, no embate das forças políticas contrárias aos direitos constitucionais. A luta pelo direito não pode se traduzir numa busca vazia, sob o risco de apagar as promessas da democracia aos que precisam vender a força de trabalho em troca de um salário.

O descumprimento dos direitos sociais acarreta uma fratura no centro do Estado Democrático de Direito, pois estes formam a substância da dignidade social da pessoa humana, um direito fundamental que integra a Constituição Federal de 1988. O direito ao trabalho, bem como a legislação trabalhista, refere-se à principal atividade desenvolvida pela ação humana. Na sociedade capitalista, organizada pelo princípio do trabalho, os direitos sociais são imprescindíveis à legitimidade do Estado Democrático de Direito. Isso significa que a classe trabalhadora não participa do Estado apenas no momento do voto, mas que, por meio das políticas sociais, também toma parte na repartição da riqueza socialmente produzida.

O Serviço Social, tradicionalmente requisitado para atuar diretamente com sujeitos da classe trabalhadora, encontra na garantia dos direitos sociais a orientação da sua prática. Uma profissão que se preocupa com a emancipação da classe trabalhadora, mas que atua nas instituições do Estado, se volta à defesa dos direitos, sobretudo dos direitos sociais, entendendo ser essa uma direção para a autonomia dos trabalhadores e o reconhecimento da sua cidadania. Nesse sentido, os direitos humanos são aliados do profissional do Serviço Social, da mesma forma que os movimentos sociais são os espaços de referência e produção de uma ética que se fundamenta a partir do real concreto, mas que também se dirige para as mudanças no direito. Nesse sentido, sua participação ultrapassa os espaços formalizados, extrapolando a burocracia, e o assistente social, na busca por uma forma de escapar ao isolamento e aos constrangimentos institucionais do seu espaço de trabalho, se engaja nos movimentos de defesa de direitos. Assim, ele atua na defesa dos direitos da classe trabalhadora, denunciando veementemente os efeitos da acumulação capitalista sobre as condições de reprodução social.

O envolvimento do Poder Judiciário com as expressões da questão social é antigo, passando a classe trabalhadora a recorrer aos seus órgãos para demandar direitos apenas com a regulação dos direitos trabalhistas. A ampliação dos direitos sociais no processo de institucionalização do Estado Democrático de Direito reforçou essa possibilidade ao conferir aos cidadãos o direito de reclamar direitos nos órgãos do Poder Judiciário. Desde então, a questão do acesso à justiça se sobressai, fazendo com que algumas barreiras para a efetivação de direitos pudessem ser identificadas. A democratização do Poder Judiciário passa necessariamente por questões relativas ao acesso, aos ritos e aos procedimentos. O seu desafio no Estado Democrático de Direito brasileiro é grande, principalmente porque precisa construir uma nova história tirando lições do passado, mas sem repeti-lo. Ou seja, é necessário superar a crítica da justiça parcial, burocrática, classista que não atende aos interesses da classe trabalhadora, posicionando-se ao lado dos fortes contra os fracos. Certamente, a mudança nessa direção faz com que as reações cheguem com a mesma intensidade do impacto das decisões – e já começaram a chegar.

Defender que a ingerência do Poder Judiciário na política é mais ou menos democrática não é simples, pois são diversos os aspectos e as implicações nos diferentes setores das políticas sociais. A situação deve ser compreendida no contexto da crise atual e das contradições expressas na sociedade e em suas instituições. Não basta dizer se o Poder Judiciário deve ou não intervir nas políticas, importando saber prioritariamente os motivos que ampliam a sua influência na política e na vida social, expressando as contradições entre o direito democrático e as exigências do capitalismo.

A crítica aqui desenvolvida não deve ser entendida na dualidade reducionista capitalismo *versus* socialismo, como se existisse uma divisão nítida, situando de um lado o neoliberalismo e do outro os regimes totalitários de esquerda. A posição aqui apresentada é de defesa da democracia, com participação autônoma da classe trabalhadora e reconhecimento dos seus direitos. O ponto de partida é a coletividade e o espaço público, concebido como espaço de movimento, de ação e de contestação. O objetivo é a realização dos ideais constitucionais de formação de uma sociedade justa e solidária. Nesse sentido, os direitos humanos constituem a base da legitimidade do Estado Democrático de Direito, servindo como fonte de orientação ao exercício da cidadania, devido à sua capacidade de articulação entre a democracia política e os anseios da democracia social.

Referências

AGLIETTA, M. *Regulación y crisis del capitalismo:* la experiência de los Estados Unidos. Madrid: Siglo Veintiuno, 1979.

ALAPANIAN, S. *Serviço Social e Poder Judiciário:* reflexões sobre o direito e o Poder Judiciário. v. 1. São Paulo: Veras, 2008.

ALVES, J. A. L. *Os Direitos Humanos como tema global.* São Paulo: Perspectiva, 1994.

ANAIS DO ENCONTRO CFESS/CRESS, 2008. Disponível em: <http://www.cfess.org.br/arquivos/Anais_CFESS_CRESS_2008.pdf>. Acesso em: jan. 2018.

ARANTES, R. B. O Judiciário entre a justiça e a política. In: AVELAR, L.; CINTRA, O. A. (Orgs.). *Sistema Político Brasileiro:* uma introdução. São Paulo: UNESP, 2004.

ARAÚJO, R. C. de. *O Estado e Poder Judiciário no Brasil.* 2. ed. Rio de Janeiro: Lumen Juris, 2004.

ASSUMPÇÃO, M. C. *"Questão social" e direito na sociedade capitalista*: um estudo sobre a judicialização do acesso ao Benefício da Prestação Continuada. Dissertação de Mestrado, Rio de Janeiro, Uerj, 2012, mimeo.

BARBOSA, A. de F. *A formação do mercado de trabalho no Brasil.* São Paulo: Alameda, 2008.

BARROSO, L. R. Da falta de efetividade à judicialização excessiva: direito à saúde, fornecimento gratuito de medicamentos e parâmetros para a atuação judicial. In: *Interesse público.* v. 46, 2007b.

BARROSO, L. R. Neoconstitucionalismo e constitucionalização do direito (O triunfo tardio do direito constitucional no Brasil). In: SARMENTO, D. A. de M. SOUZA NETO, C. P. (Orgs.) *A constitucionalização do direito*: fundamentos teóricos e aplicações específicas. Rio de Janeiro: Lumen Juris, 2007.

BEHRING, E. R. Ética, política e emancipação: a atualidade de nossas escolhas. In: *Projeto ético-político e exercício profissional em Serviço Social*: os princípios do Código de Ética articulados à atuação crítica de assistentes sociais. Rio de Janeiro: CRESSRJ, 2013.

_____.; BOSCHETTI, I. *Política social*: fundamentos e história. 2. ed. São Paulo: Cortez, 2007.

BOBBIO, N. *Teoria do ordenamento jurídico*. 6. ed. Brasília: UNB, 1995.

BOSCHETTI, I. Seguridade Social no Brasil: conquistas e limites à sua efetivação, 2003. In: CFESS. *Serviço Social*: direitos sociais e conquistas profissionais. Disponível em: <http://portal.saude.pe.gov.br/sites/portal.saude.pe.gov.br/files/seguridade_social_no_brasil_conquistas_e_limites_a_sua_efetivacao_-_boschetti.pdf>. Acesso em: 6 nov. 2016.

BOYER, R. *Les transformations du rapport salarial en Europe: 1973/1984*. Paris: Cebremap, 1984.

BRASIL. Lei federal n. 8.662/1993. In: *Assistente social*: ética e direitos. Coletânea de Leis e Resoluções, v. 1, Rio de Janeiro, 2011.

BRASIL. *Relatório de distribuição da renda e da riqueza da população brasileira*: dados do IRPF 2014-1015. Brasília: Ministério da Fazenda/Secretaria de Política Econômica, 2016.

BRAVO, M. I. S. Política de saúde no Brasil. *Serviço Social e saúde*: formação e trabalho Profissional. Disponível em: <http:www.saude.mt.gov.br/arquivo/2163>. Acesso em: 9 nov. 2017.

BRAZ, M.; TEIXEIRA, J. B. O projeto ético-político do Serviço Social. In: *Serviço Social*: direitos sociais e competências profissionais. Brasília/Distrito Federal: CFESS, 2009.

BUCKEL, S.; FISCHER-LESCANO, A. Reconsiderando Gramsci: hegemonia no direito global. *Revista Direito GV*, São Paulo, v. 5, n. 2, p. 471-490, jul./dez. 2009.

CABRAL, P. B. G. *Conservadorismo moral e Serviço Social*: a particularidade da formação moral brasileira e sua influência no cotidiano de trabalho dos assistentes sociais. Tese de doutorado, UFRJ, 2012, mimeo.

CAETANO, F. C. Os dez anos de reforma do Judiciário. *Revista Justiça e Cidadania*, Rio de Janeiro, n. 172, Editora JC, 2014.

CÂMARA DOS DEPUTADOS. *Nota técnica n. 17/2003*. Disponível em: <http://www.camara.gov.br/internet/orcament/principal/> e <http:/www.senado.gov.br/sf/orcamento/>. Acesso em: 31 nov. 2016

CAPPELLETTI, M; GARTH, B. *Acesso à justiça*. Porto Alegre: Fabris, 1988.

CAPPELLETTI, M. *Juízes irresponsáveis?* Porto Alegre: Sergio Antonio Fabris, 1989.

CARNOY, M. *Estado e teoria política*. 2. ed. Campinas: Papirus, 1988.

CARVALHO, J. M. de. *Cidadania no Brasil*: o longo caminho. 3. ed. Rio de Janeiro: Civilização Brasileira, 2004.

_____. *Os bestializados*: o Rio de Janeiro e a República que não foi. São Paulo: Companhia das Letras, 1987.

CARVALHO, L. F. R. de. Não existe democracia sem Judiciário forte, que não seja arrogante e dialogue com todos. *Revista Justiça e Cidadania,* Rio de Janeiro, n. 174, Editora JC, 2015.

CASTRO, L. B. de. Esperança, frustração e aprendizado: a história da Nova República (1985-1989). In: *Economia Brasileira Contemporânea (1945-2004)*. Rio de Janeiro: Elsevier, 2005.

CFESS. *Atribuições privativas do/a assistente social*: em questão. 1. ed., 2012. Disponível em: <http://www.cfess.org.br/arquivos/atribuicoes2012-completo.pdf.>. Acesso em: 9 nov. 2017.

_____. *Atuação de assistentes sociais no sociojurídico*: subsídios para reflexão. Disponível em: <http://www.cfess.org.br/arquivos/CFESSsubsidios_sociojuridico2014.pdf>. Acesso em: 9 nov. 2017.

_____. *O estudo social em perícias, laudos e pareceres técnicos*: contribuição ao debate no Judiciário, penitenciário e na Previdência Social. São Paulo: Cortez, 2004.

_____. *Projeto ético-político e exercício profissional em Serviço Social*: os princípios do Código de Ética articulados à atuação crítica de assistentes sociais. Rio de Janeiro: CRESS-RJ, 2013.

CHAVES, V. P. *O direito à assistência social no Brasil.* Rio de Janeiro: Campus, 2012.

CHESNAIS, F. A globalização e o curso do capitalismo de fim-de-século. *Economia e Sociedade*, v. 5, Campinas, 1995.

CITTADINO, G. *Pluralismo, direito e justiça distributiva*: elementos da filosofia constitucional contemporânea. Rio de Janeiro: Lumen Juris, 1999.

CRESS. *Assistente Social*: ética e direitos. Coletânea de leis e resoluções, v. 1, Rio de Janeiro, 2011.

CROCCO, F. L. T. *Geörg Lukács e a reificação*: teoria da constituição da realidade social, *Kínesis*, v. 1, n. 2, 2009.

CRUZ, A. J. da. Justiça gratuita aos necessitados, à luz da lei n. 1.060/50 e suas alterações. *Jus Navigandi*, Teresina, ano 8, n. 172, 25 dez. 2003. Disponível em: <http://jus.com.br/revista/texto/4675/justica-gratuita-aos-necessitados-a-luz-da-lei-no-1-060-50-e-suas-alteracoes>. Acesso em: 9 nov. 2017.

DEL CONT, V. Francis Galton: eugenia e hereditariedade. *Scientiae Studia*, São Paulo, v. 6, n. 2, 2008.

DONATO, V. C. C. *O Poder Judiciário no Brasil*: estrutura, críticas e controle. Dissertação de mestrado, UNIFOR, Fortaleza, 2006. Disponível em: <http://www.dominiopublico.gov.br/download/teste/arqs/cp041679.pdf.>. Acesso em: 9 nov. 2017.

DRAIBE, S. M. Welfare states no Brasil: características e perspectivas. *Caderno de Pesquisa,* Campinas, NEPP/Unicamp, n. 8, 1993.

DUPAS, G. *Economia global e exclusão social:* pobreza, emprego, estado e o futuro do capitalismo. São Paulo: Paz e Terra, 2001.

DURIGUETTO, M. L. Movimentos Sociais e Serviço Social no Brasil pós-anos 1990: desafios e perspectivas. In: ABRAMIDES, M. B. C.; DURIGUETTO, M. L. (Orgs.). *Movimentos Sociais e Serviço Social:* uma relação necessária. São Paulo: Cortez, 2014.

ENGELS, F.; KAUTSKY, K. *Socialismo Jurídico.* 2. ed. São Paulo: Boitempo, 2012.

ESPING-ANDERSEN, G. As três economias políticas do Welfare States. *Lua nova,* São Paulo, n. 24, set. 1991.

FAGNANI, E. Política social e pactos conservadores no Brasil: 1964/921. *Economia e Sociedade,* Campinas, v. 8, p. 183-238, jun. 1997.

FAORO, R. A questão nacional: a modernização. *Estudos Avançados,* v. 6, n. 14, p. 7-22, São Paulo, 1992.

FARAGE, E. Experiências profissionais do Serviço Social nos movimentos sociais urbanos. In: ABRAMIDES, M. B. C.; DURIGUETTO, M. L. (Orgs.). *Movimentos Sociais e Serviço Social:* uma relação necessária. São Paulo: Cortez, 2014.

FARIA, J. E. *O direito na economia globalizada.* São Paulo: Malheiros, 1999.

_____. O sistema brasileiro de justiça: experiência recente e futuros desafios. *Estudos Avançados,* v. 18, n. 51, 2004.

_____. Prefácio. In: CITTADINO, G. *Pluralismo, direito e justiça distributiva:* elementos da filosofia constitucional contemporânea. Rio de Janeiro: Lumen Juris, 1999.

FAVER, M.; PACHÁ, M. A nova gestão do Poder Judiciário. In: *A reforma do Judiciário no Estado do Rio de Janeiro.* Rio de Janeiro: FGV, 2005.

FÁVERO, E. T. O Serviço Social no Judiciário: construções e desafios com base na realidade paulista. *Serviço Social e Sociedade,* n. 115, p. 508-526, São Paulo, Cortez, jul./set. 2013.

FERNANDES, F. *A revolução burguesa no Brasil:* ensaio de interpretação sociológica. 2. ed. Rio de Janeiro: Zahar Editores, 1976.

_____. *Que tipo de República?* São Paulo: Brasiliense, 1986.

FLEURY, Sônia. *Estado sem cidadãos:* seguridade social na América Latina. Rio de Janeiro: FIOCRUZ, 1994.

FORTI, V. Direitos Humanos e Serviço Social: notas para o debate. *O social em questão,* Rio de Janeiro, PUC, Ano XV, n. 28, 2012.

FRANÇA, G. de A. e. *O Poder Judiciário e as políticas públicas previdenciárias.* Dissertação de Mestrado, São Paulo, Faculdade de Direito, 2010.

FRASER, N. Redistribuição ou reconhecimento? Classe e status na sociedade contemporânea. In: *Interseções – Revista de Estudos Interdisciplinares.* UERJ, ano 4, n.1, 2002.

FREITAS, R. de C. dos S. et al. Construindo uma profissão: o caso da Escola de Serviço Social da Universidade Federal Fluminense. *Serviço Social e Sociedade,* São Paulo, Cortez, n. 97, 2009a.

FREITAS, V. P. de. O Poder Judiciário brasileiro no regime militar. *Consultor Jurídico*, 20 de dezembro de 2009b. Disponível em: <http://www.conjur.com.br/2009-dez-20/segunda-leitura-poder-judiciario-brasileiro-regime-militar>. Acesso em: 9 nov. 2017.

FURTADO, C. *O mito do desenvolvimento econômico.* 5. ed. São Paulo: Paz e Terra, 1981.

GARAPON, A. *O juiz e a democracia*: o guardião das promessas. Rio de Janeiro: Revan, 1999.

GOMES, A. de C. *A invenção do trabalhismo.* São Paulo: FGV, 2005.

GRAMSCI, A. *Cadernos do cárcere.* v. III. Rio de Janeiro: Civilização Brasileira, 2000.

_____. *Maquiavel, a política e o Estado Moderno.* 8. ed. Rio de Janeiro: Civilização Brasileira, 1991.

HAMILTON, A.; MADISON, J.; JAY, J. *O federalista.* Brasília: Editora UnB, 1984.

HARVEY, D. *Condição pós-moderna.* 6. ed. São Paulo: Loyola, 1992.

_____. *O novo imperialismo.* São Paulo: Loyola, 2004.

HERMANN, J. Reformas, endividamento externo e o mercado econômico. (1964--1973). In: GIAMBIAGI, F. et al. (Orgs.). *Economia Brasileira Contemporânea (1945- 2004).* Rio de Janeiro: Elsevier, 2005.

HOLMES, S.; SUNSTEIN, C. R. *The cost of rights*: why liberty depends on taxes. New York: Norton & Co., 1999.

HONNETH, A. *Luta pelo reconhecimento*: a gramática moral dos conflitos sociais. São Paulo: Editora 34, 2003.

IAMAMOTO, M. V. *Serviço Social em tempo de capital fetiche*: capital financeiro, trabalho e questão social. São Paulo: Cortez, 2007.

_____.; CARVALHO, R. de. *Relações sociais e Serviço Social no Brasil.* São Paulo: Cortez,1996.

IHERING, R. von. *A luta pelo direito.* São Paulo: Forense, 2006.

JACCOUD, L. Proteção social no Brasil: debates e desafios. *Concepção e gestão da proteção social não contributiva.* Brasília: Ministério do Desenvolvimento Social e Combate à Fome/UNESCO, 2009.

JESSOP, B. *The capitalist state*: marxist theories and methods. Oxford: Martin Robertson and Company Ltd., 1982.

_____. Towards a schumpeterian workfare state? Preliminary remarks on post fordist political economy. *Studies in Political Economy,* n. 40, Spring: 7-39, 1993.

JUNQUEIRA, E. B. Acesso à justiça: um olhar retrospectivo. *Revista Estudos Históricos,* CPDOC/FGV, Rio de Janeiro, v. 9, n. 18, 1996.

KELSEN, H. *Teoria pura do Direito.* 6. ed. São Paulo: Martins Fontes, 1996.

LEAL, V. N. *Coronelismo, enxada e voto*. 3. ed. Rio de Janeiro: Nova Fronteira, 1997.

LÊNIN, V. I. *Estado e a revolução*. 2. ed. Lisboa: Editorial Estampa, 1978.

LIMA, S. de C. Da substituição de importações ao Brasil potência: concepções do desenvolvimento 1964-1979. *Aurora*, ano V, n. 7, jan. 2011.

LOPES, J. B.; ABREU, M. M.; CARDOSO, F. G. O caráter pedagógico da intervenção profissional e sua relação com as lutas sociais. In: ABRAMIDES, M. B. C.; DURIGUETTO, M. L. (Orgs.). *Movimentos sociais e Serviço Social* – uma relação necessária. São Paulo: Cortez, 2014.

LUKÁCS, G. *Ontologia do ser social*: os princípios ontológicos fundamentais de Marx. São Paulo: LECH, 1979.

LYRA FILHO, R. *O que é o direito*. 11. ed. São Paulo: Brasiliense, 1982.

MACHADO, J. M. M. *O processo de trabalho do assistente social no Poder Judiciário*. Campo Grande: UCDB Editora, 2004.

MADISON, J.; HAMILTON, A.; JAY, J. *Os artigos federalistas*. Rio de Janeiro: Nova Fronteira, 1993.

MAGALHÃES, S. M. *Avaliação e linguagem*: relatórios, laudos e pareceres. 2. ed. São Paulo: Veras, 2006.

MARMELSTEIN, G. A criação da Justiça Federal e o surgimento da jurisdição constitucional no Brasil. *Revista CEJ*, Brasília, ano XI, n. 39, p. 84-87, out./dez. 2007.

MARX, K. *A questão judaica*: manuscritos econômicos-filosóficos. Lisboa: Edições 70, 1993.

_____. Crítica do programa de Gotha. In: MARX, K.; ENGELS, F. *Obras escolhidas*. v. 2. São Paulo: Editora Alfa e Ômega, 1982.

_____. *Grundrisse*. São Paulo: Boitempo, 2011.

_____. *O capital*: crítica da economia política. v. 1. Coleção Os Economistas. São Paulo: Nova Cultura, 1996.

_____. *Para a crítica da economia política*. Lisboa: Edições Avante, 1982.

MATHIAS, C. F. *Notas para uma história do Judiciário no Brasil*. Brasília: Fundação Alexandre de Gusmão, 2009.

MEDEIROS M.; SOUZA, P. H. G. F.; CASTRO, F. A. de. O topo da distribuição de renda no Brasil: primeiras estimativas com dados tributários e comparação com pesquisas domiciliares (2006-2012). *Dados*, v. 58, n.1, Rio de Janeiro, jan./mar. 2015.

MELO, A. L. A. de. Ação civil pública não deve ser usada no direito individual. *Consultor jurídico*, 2013. Disponível em: <http://www.conjur.com.br/2013-dez-03/andre-luis-melo-acao-civil-publica-nao-usada-direito-individual>. Acesso em: 9 nov. 2017.

MENDONÇA, S. R. *Estado e economia no Brasil*: opções de desenvolvimento. Rio de Janeiro: Graal, 1985.

MIOTO, R. C. T.; LIMA, T. C. S. A dimensão técnico-operativa do Serviço Social em foco: sistematização de um processo investigativo. *Revista Textos e Contextos,* Porto Alegre, v. 8, n.1 p. 22-48. jan./jun. 2009.

MONTAÑO, C. *Terceiro setor e a questão social*: crítica ao padrão emergente de intervenção social. São Paulo: Cortez, 2002.

MONTESQUIEU, C. de S. *O espírito das leis*. São Paulo: Martins Fontes, 1996.

MORAES, A. de. *Direito Constitucional*. 8. ed. revista, ampliada e atualizada com a EC n. 28/00. São Paulo: Atlas, 2000.

MOTTA, S.; BARCHET, G. *Curso de Direito Constitucional*. Rio de Janeiro: Elsevier, 2007.

MOTTI, A. J. Â. Sistema de garantia de direitos das crianças e dos adolescentes. In: _____.; FARIA, T. D. *Caderno de texto:* capacitação das redes locais. Mato Grosso do Sul: UFMS, s/d. Disponível em: <www.crianca.df.gov.br/>. Acesso em: 9 nov. 2017.

MOURA, J. A.; MORAES, L. C. Especificidades no trabalho do assistente social em varas de ampla competência: sistematização da prática. In: *14º Congresso Brasileiro de Assistentes Sociais*, Águas de Lindóia/SP, 2013.

NETTO, J. P. A construção do projeto ético-político do Serviço Social. In: Serviço Social e saúde: trabalho e formação profissional. MOTA, A. E. et al. (Orgs.). *Serviço Social e saúde:* formação e trabalho profissional. 4. ed. São Paulo: Cortez, 2009.

_____. O movimento de reconceituação 40 anos depois. *Serviço Social & sociedade*, São Paulo, Cortez, ano 26, n. 84, nov. 2005.

NORONHA, K.; SANTOS, C. M. O estado da arte sobre os instrumentos e técnicas da intervenção profissional do assistente social – uma perspectiva crítica. In: FORTI, V.; GUERRA, Y. *Serviço Social: temas, textos e contextos:* Coletânea nova de Serviço Social. Rio de Janeiro: Lumen Juris, 2010.

OLIVEIRA, A. L. de. *A limitação dos efeitos temporais da Declaração de Inconstitucionalidade no Brasil*: uma análise das influências dos modelos norte-americano, austríaco e alemão. Porto Alegre: EDIPUCRS, 2008. Disponível em: <http://www.pucrs.br/edipucrs/efeitostemporais/pag7.html.>. Acesso em: 9 nov. 2017.

OLIVEIRA, L. *Imagens da democracia:* os Direitos Humanos e o pensamento político de esquerda no Brasil. Recife: Pindorama, 1995.

PACHUKANIS, E. B. *Teoria geral do direito e marxismo*. São Paulo: Acadêmica, 1988.

PAIM, J. S. A constituição cidadã e os 25 anos do Sistema Único de Saúde (SUS). *Cad. Saúde Pública*, Rio de Janeiro, v. 29, n. 10, p. 1927-1953, out. 2013.

PALMA, D. *A prática política dos profissionais:* o caso do Serviço Social. São Paulo: Cortez, 1996.

PAUGAM, S. *A desqualificação social:* ensaio sobre a nova pobreza. São Paulo: Educ & Cortez, 2003.

PEREIRA, T. M. D. Quando o camburão chega antes do SAMU: notas sobre os procedimentos técnico-operativos do Serviço Social. In: FORTI, V.; GUERRA, Y. (Orgs.). *Serviço Social*: temas, textos e contextos, nova coletânea de Serviço Social. Rio de Janeiro: Lumen Juris, 2010.

POULANTZAS, N. *O Estado, o poder, o socialismo*. 2. ed. Rio de Janeiro: Graal, 1980.

RAWLS, J. *Uma teoria da justiça*. Brasília: Universidade de Brasília, 1981.

REIS, J. F. dos. A implantação do Serviço Social na Seção de Atendimento dos Juizados Especiais Federais. *Revista da Seção Judiciária do Rio de Janeiro*, n. 17, 2006.

_____. *Nos caminhos da judicialização*: um estudo sobre a demanda judicial pelo Benefício da Prestação Continuada. Dissertação de mestrado em Política Social, Universidade Federal Fluminense, Rio de Janeiro, 2010.

REIS, J. F. dos. et al. O processo de trabalho do Serviço Social na Justiça Federal da 2ª Região. *Caderno Temático*, Rio de Janeiro, NEAT, CRESS 7ª Região, 2003.

ROCHA, R. da F. A inserção da temática étnico-racial no processo de formação em Serviço Social e sua relação com a educação antirracista. In: ABRAMIDES, M. B. C.; DURIGUETTO, M. L. (Orgs.). *Movimentos sociais e Serviço Social* – uma relação necessária. São Paulo: Cortez, 2014.

RUIZ, J. L. de S. A defesa intransigente dos Direitos Humanos e a recusa do arbítrio e do autoritarismo. In: *Projeto ético-político e exercício profissional em Serviço Social*: os princípios do Código de Ética articulados à atuação crítica de assistentes sociais. Rio de Janeiro: CRESS-RJ, 2013.

_____. *Direitos Humanos e concepções contemporâneas*. São Paulo: Cortez, 2014.

_____.; PEQUENO, A. C. A. *Direitos Humanos e Serviço Social*. Coleção Serviço Social. São Paulo: Saraiva, 2016.

SADEK, M. T. Judiciário: mudanças e reformas. *Estudos avançados*, v. 18, n. 51, 2004.

SALVADOR, E. da S. Fundo público e políticas sociais na crise do capitalismo. *Serviço Social e Sociedade*, São Paulo, n. 104, out./dez. 2010.

_____. O controle democrático no financiamento e gestão do orçamento da seguridade social no Brasil. *Revista Texto e Contexto*, v. 11, n. 1, jan./jun. 2012.

SANTOS, W. G. DOS. A práxis liberal e a cidadania regulada. In: *Décadas de espanto e uma apologia democrática*. Rio de Janeiro: Rocco, 1998.

SARLET, I. W.; FIGUEIREDO, M. F. Reserva do possível, mínimo social e direito à saúde. *Revista Direitos Fundamentais e Justiça*, n. 1, out./dez. 2007.

SARTIM, M. M. do N. O congresso da virada. CRESS-17, 2009. Disponível em: <http://www.cresses.org.br/cress/index.php?module=m_noticias&pag=inf_ detalhes_conselho &id_noticia=568>. Acesso em: nov. 2017.

SARTORI, V. B. *Lukács e a crítica ontológica do direito*. São Paulo: Cortez, 2010.

SCABIN, C. S. *O Supremo Tribunal Federal nos anos de regime militar*: uma visão do Ministro Victor Nunes Leal. Monografia, Sociedade Brasileira do Direito Público, 2004.

SEÇÃO JUDICIÁRIA DO RIO DE JANEIRO. Memória da Administração Pública Brasileira Justiça Federal de 1º Grau no Rio de Janeiro. Elaboração SID/CDOC. Disponível em: <http://www.jfrj.jus.br/sites/default/files/NCOS---SEASI/mapa.pdf último acesso em 06/09/2016>. Acesso em: nov. 2017.

SERRA, M. A. de S. *Economia política da pena*. 1. ed. Editora Revan, 2009.

SIERRA, V. M. A judicialização da política no Brasil e a atuação do assistente social na justiça. *Rev. Katálysis*, v. 14, n. 2, Florianópolis, jul./dez. 2011.

_____.; TAVARES, A. C. D. Tutela aos Direitos Humanos. In: FERREIRA, L. P.; GUANABARA, R.; JORGE, V. L. (Orgs.). *Curso de teoria geral do Estado*. Rio de Janeiro: Elsevier, 2009.

SILVA, A. A. Política de assistência social: o lócus institucional e a questão do financiamento". In: *Serviço Social e Sociedade*. n. 48. São Paulo: Cortez, 1995.

SILVA, M. O. da S.; YAZBEK, M. C.; GIOVANNI, G. di. *A política social brasileira no século XXI*: a prevalência dos programas de transferência de renda. 4. ed. São Paulo: Cortez, 2008.

SILVA, M. V. Ética, Direitos Humanos e projeto ético-político. *Revista Praia Vermelha*, n. 11, 2004.

SILVA, N. L. da. A judicialização do benefício de prestação continuada da assistência social. *Serviço Social e Sociedade*, São Paulo, n. 111, jul./set. 2012.

SILVA, R. F. W. da. Indicadores e instrumentos de apoio à produtividade dos magistrados em 1º e 2º graus. In: *A reforma do Judiciário no Estado do Rio de Janeiro*. Rio de Janeiro: FGV, 2005.

SILVA, R. P. M. da. É a reserva do possível um limite à intervenção jurisdicional? *Revista de Direito Administrativo Contemporâneo,* ano 1, v. 2, set./out. 2013.

_____.; GRECO, L. A jurisdição administrativa no Brasil. In: SILVA, R. P. M. da; BLANKE, H-J; SOMMERMAN, K. P. *Código de jurisdição administrativa*. Rio de Janeiro: Renovar, 2009.

SIMMEL, Georg. El pobre. In: *Sobre la individualidad y las formas sociales*. Quilmes: Universidad Nacional de Quilmes, 2002.

SQUINCA, F. *Deficiência e Aids*: o judiciário e o benefício de prestação continuada. Brasília: UNB/FS, 2007.

SPOSATI, A. Especificidade e intersetorialidade da política de assistência social. In: *Serviço Social e Sociedade,* São Paulo, Cortez, n. 77, ano XXV, 2004.

SOUSA, C. T. A prática do assistente social: conhecimento, instrumentalidade e intervenção profissional. *Emancipação*, Ponta Grossa, v. 8, n. 1, p. 119-132, 2008. Disponível em: <http://www.uepg.br/emancipacao>. Acesso em: 6 nov. 2017.

SOUZA, M. F. de. A participação do assistente social na judicialização dos conflitos sociais. *Ser Social*, Brasília, n. 19, p. 59-83, jul./dez. 2006.

TAVARES, D. S. *O sofrimento no trabalho entre servidores públicos*: uma análise psicossocial do contexto de trabalho em um Tribunal Judiciário Federal. Dissertação de mestrado, Faculdade de Saúde Pública da Universidade de São Paulo, São Paulo, 2003.

TAVARES, M. A. Marx, marxismos e Serviço Social. *Katálysis*. v. 16, n. 1, 2013.

TAVARES, M. L. Carentes de justiça. *Revista da EMARF*, Rio de Janeiro, v. 3, n. 1, p. 39, mar. 2001.

TAVOLARO, S. B. F.; TAVOLARO, L. G. M. A cidadania sob o signo do desvio: para uma crítica da "tese de excepcionalidade brasileira". *Revista Sociedade e Estado,* v. 25, n. 2, maio/ago. 2010.

TAYLOR, C. La política del reconocimiento. In: TAYLOR, C. *El multiculturalismo y la política del reconocimiento.* Tradução de Mónica Utrilla de Neira. México: Fondo de Cultura Económica, 1993.

TEODORO, R. Da isenção tributária dos serviços sociais autônomos – estudo de sua compatibilidade com a imunidade das entidades beneficentes de assistência social à luz do art. 195, § 7º, da CF/88 e da jurisprudência do STJ. *Revista Jus Navigandi,* 2014. Disponível em: <http://jus.com.br/artigos/29116/da-isencao-tributaria-dos-servicos--sociais-autonomos#ixzz38iDN7oW7>. Acesso em: 9 nov. 2017.

THOMPSON, E. P. *Senhores e caçadores*: a origem da lei negra. Rio de Janeiro: Paz e Terra, 1987.

TOCQUEVILLE, A. de. *A democracia na América.* 2. ed. São Paulo: USP, 1987.

TÓTORA, S. A questão democrática em Florestan Fernandes. *Lua nova,* São Paulo, n. 48, dec. 1999.

VALENTE, M. L. C. da S. Serviço Social e Poder Judiciário: uma nota histórica. *Libertas,* Juiz de Fora, v. 3, n. 2, jan./jun. 2009.

VIANA, A. L. D.; LEVCOVITZ, E. In: VIANA, A. L. D.; ELIAS, P. E. M.; IBAÑEZ, N. (Orgs.) *Proteção social* – dilemas e desafios. São Paulo: Hucitec, 2005.

VIANNA, F. J. de O. *O idealismo da Constituição.* São Paulo: Companhia Editora Nacional, 1927.

_____. *Populações meridionais no Brasil.* São Paulo: Paz e Terra, 1973.

VIANNA, L. W. *Liberalismo e sindicato no Brasil.* 4. ed. rev. Belo Horizonte: UFMG, 1999.

_____.; BURGOS, M. B.; SALLES, P. M. Dezessete anos de judicialização da política. In: *Tempo Social,* v. 19, n. 2, 2007.

_____.; CARVALHO, M. A. R.; MELO, M. P. C.; BURGOS, M. B. *A judicialização da política e das relações sociais no Brasil.* Rio de Janeiro: Revan, 1999.

WEBER, M. *Economia y sociedad*: esbozo de sociologia comprensiva. 11. ed. México: Fondo de Cultura Económica, 1997.

WEBER, T. A ideia de um "mínimo existencial" de J. Rawls. Revista *Kriterion,* Belo Horizonte, v. 54, n. 127, jun. 2013. Disponível em: <http://www.scielo.br/scielo.php?script=sci_arttext&pid=S0100-512X2013000100011&lng=en&nrm=iso>. Acesso em: 9 nov. 2017.

WOOD, E. M. *A origem do capitalismo.* Rio de Janeiro: Jorge Zahar, 2001.

_____. *Democracia contra capitalismo*: a renovação do materialismo histórico. São Paulo: Boitempo, 2003.

YASBEK, M. C. Os fundamentos históricos e teórico metodológicos do Serviço Social brasileiro na contemporaneidade. *Serviço Social*: direitos e competências profissionais. Curso de capacitação à distância. Brasília: CFESS/UNB, 2009.

YOUNG, I. M. Categorias desajustadas: uma crítica a teoria dual de sistemas de Nancy Fraser. *Revista Brasileira de Ciência Política*, Brasília, n. 2, 2009.

_____. Representação política, identidade e minorias. *Lua nova*, São Paulo, n. 67, 2006.

ZAFFARONI, E. R. Dimension política de un poder judicial democrático. In: *Revista Brasileira de Ciências Criminais*, n. 04, 1993.

_____. *Direito penal brasileiro*. Rio de Janeiro: Revan, 2003.

_____. *Poder Judiciário*: crise, acertos e desacertos. São Paulo: Revista dos Tribunais, 1995.